教师专业发展的理论与实践研究

基于教师教育的"肇庆模式"

肖起清　肖晓玛　洪清◎著

新 华 出 版 社

图书在版编目（CIP）数据

教师专业发展的理论与实践研究：基于教师教育的
"肇庆模式" / 肖起清，肖晓玛，洪清著. —北京：
新华出版社，2022. 4
ISBN 978-7-5166-6250-2

Ⅰ. ①教… Ⅱ. ①肖… ②肖… ③洪… Ⅲ. ①师资培
养-研究 Ⅳ. ①G451. 2

中国版本图书馆 CIP 数据核字（2022）第 063660 号

教师专业发展的理论与实践研究：基于教师教育的"肇庆模式"

作　　者：肖起清　肖晓玛　洪　清

责任编辑：赵怀志　　　　　　　　　封面设计：米　乐

出版发行：新华出版社
地　　址：北京石景山区京原路 8 号　　邮　　编：100040
网　　址：http://www.xinhuapub.com
经　　销：新华书店、新华出版社天猫旗舰店、京东旗舰店及各大网店
购书热线：010-63077122　　　　中国新闻书店购书热线：010-63072012

照　　排：北京人文在线文化艺术有限公司
印　　刷：三河市龙大印装有限公司

成品尺寸：170mm×240mm　1/16
印　　张：22. 25　　　　　　　　字　　数：342 千字
版　　次：2022 年 4 月第一版　　印　　次：2022 年 4 月第一次印刷

书　　号：ISBN 978-7-5166-6250-2
定　　价：86. 00 元

序

　　我与肇庆学院教师的交往始于其改革之年，应肖起清教授之邀，多次去肇庆学院，每次去都会听到肇庆学院的教师教育改革的故事，也会给肇庆学院未来卓越教师"砚园班"同学们讲一次课，甚至会参与到相关的教师教育项目中，如给怀集县的校长和教师做报告，这样的工作对于肇庆学院教师教育改革中所要克服的艰巨性而言不足挂齿，但深切地感受到肇庆学院教师教育改革的精神，这种精神不仅体现在认真落实党和国家的教师教育政策精神，而且体现在自主地探索教师教育改革之路的精神。

　　中共中央、国务院 2018 年颁布《关于全面深化新时代教师队伍建设改革的意见》（以下简称"深改意见"），提出"百年大计，教育为本；教育大计，教师为本"的核心思想。强调要全面提升国民素质和人力资源质量，加快教育现代化，建设教育强国，必须把全面深化新时代教师队伍建设改革作为保障和基本条件；明确了我国要实现教育强国目标，必须坚持"兴国必先强师"总体指导思想。"深改意见"提出要加强师德师风建设，培养高素质教师队伍，倡导全社会尊师重教，形成优秀人才争相从教、教师人人尽展其才、好教师不断涌现的良好局面。同时，为我国教师教育提出了中期目标：到 2035 年，教师综合素质、专业化水平和创新能力大幅提升，培养造就数以百万计的骨干教师、数以十万计的卓越教师、数以万计的教育家型教师；要实现教师管理体制机制科学高效，实现教师队伍治理体系和治理能力现代化。为了实现这一目标，"深改意见"提出要大力振兴教师教育，不断提升教师专业素质能力。具体措施包括：①加大对师范院校支持力度。实施教师教育振兴行动计划，建立以师范院校为主体、高水平非师范院校参与的中国特色师范教育体系，推进地方政府、高等学校、中小学"三位一体"协同育人；强化教师教育师资队伍建设，在专业发展、职称晋升和岗位聘用等方面予以倾斜支持。②支持高水平综合大学开展教师教育。创造条件，推动一批有基础的高水平综合大学成立教师教育学院，设立师范专业，积极参与基础教育、职业教育教师培养培训工作。③全面提高中小学教师质量，建设一支高素质专业化的教师队伍。提高教师培养层次，提升教师培养质量；根据基础教育改革发展需要，以实践为导向优化教师教育课程体系，强化"钢笔字、毛笔字、粉笔字和普通话"等教学基本功和教学技能训练，师范生教育实践不少于半年。④不断提高地位待遇，真正让教师成为令人羡慕的职业。提升教师的政治地位、社会地位、职业地位，吸引和稳定优秀人才从教。

同年教育部等五部门印发的《教师教育振兴行动计划（2018—2022年）》将教师教育工作准确定位，认为"教师教育是教育事业的工作母机，是提升教育质量的动力源泉"。为了全面提升教师教育水平，提出"重点建设一批师范教育基地，发挥高水平、有特色教师教育院校的示范引领作用。加强教师教育院校师范生教育教学技能实训平台建设，组建实体化的教师教育学院"。同时要促进"制定县级教师发展中心建设标准，以优质市县教师发展机构为引领，推动整合教师培训机构、教研室、教科所（室）、电教馆的职能和资源，按照精简、统一、效能原则建设研训一体的市县教师发展机构"。为了贯彻落实这些精神，广东省在全国率先提出要建立"五级一体化"的教师专业发展体系，不仅要促进146万教师的整体发展，还要通过"新师范"推动广东教师教育的改革，实现"新教育"八个新的目的。

广东省教育规模在全国属体量大的省份之一，中小学教师队伍数量也位列全国前几名，但由于广东省的经济社会发展极不平衡，珠三角与粤东西北的差距较大，导致省内教育、教师队伍质量不平衡，教师队伍极需整体提升。为此，广东省在乡村教师生活补贴、待遇、职称评聘、评优等方面全面倾斜，全力投入，更重要的是广东省教育厅对全省教师的专业发展有了整体的规划和系统的保障。为了全面落实"深改意见"和《教师教育振兴行动计划（2018—2022年）》的精神，建设一支高水平的教师队伍，广东省教育厅对教师教育工作进行了整体布局，在所有高校要建立提升高校教师教学能力的教师教学发展中心，同时依托高校建立 8 个省级中小学教师发展中心，对全省中小学教师的专业发展提供全面、有效的保障。肇庆学院作为一所以教师教育为办学传统和办学主体的地方高校，在几十年的办学过程中，一直以培养中小学教师为职责，同时以为广大中小学教师发展提供各种服务为使命。为此，开展了多年的教师教育改革，通过全面改革，建立了独具特色的教师教育教学课程及其教学标准体系、实训平台及其技能标准体系、实践平台及其工作标准体系、素质竞赛及其竞赛规程体系、教师专业发展平台及其能力提升体系，2016 年建设了高水平的教师发展中心，融职前职后于一体，包含教师职业道德、教师伦理、教师形象、教育传统文化、教师基本能力、教学能力、教育能力、创新能力、自我发展能力等元素，拥有 36 个功能室，近 6000 平方米的多功能教师发展中心。

肇庆学院省级中小学教师发展中心成为广东省乃至全国有名的教师发展中心，不仅广东省教育厅所有领导均来中心现场指导与调研过，并给予了高度评价，原任厅长罗伟奇教授调研后强调肇庆学院教师发展中心应该帮助其他中心的建设；景李虎厅长调研后认为肇庆学院教师教育就是品牌，是广东省教师教育的一面旗帜，教师发展中心就是一流水平；王创副厅长多次到中心调研指导，在全省教师发展中心建设项目推进会上，提出了教师教育的"肇庆学院模式"。教育部教师工作司两任司长均到中心进行深度调研，原司长王定华教授于 2017 年 12 月 22—24 日在肇庆学院教师发展中心进行调研，给予充分肯定："肇庆学院教师发展中心就是国家级示范教学中心，在肇庆学院我看到了想看到的一切，看到了在许多师范大学看不到的内容。"王定华教授回到北京，在国家教育行政学院多次宣传肇庆学院教师教育改革、重视师范生技能训练、建设高水平教师发展中心的经验。教师工作司现任司长任友群教授于 2019 年 11 月 22—23 日在肇庆学院参加全国乡村教师专业发论坛，深度调研了肇庆学院教师教育改革，并到中心进行了全面的考察，在六会上给予了教师教育要推广"肇庆经验"的提议，并建议学校好好总结教师教育经验，要在广东、在全国进行推广。

肇庆学院教师教育改革与教师发展中心的建设，形成了一定的社会影响，前后有全国 330 多所高校的同人前来考察交流；并在全国地方院校教师教育论坛的鞍山会议、贺州会议、安康会议进行了主题发言；在肇庆学院先后召开了全省的中小学教师发展中心建设项目推进会，全省艺术学科教师发展联盟成立大会，全国乡村教师专业发展论坛等；2019 年 2 月 15 日，受邀在教育部新春新闻发布会上，作为全国唯一高校代表将教师教育改革和新师范建设经验进行了交流，并先后得到中国教育电视台、中国教育报、中国教师报等专题报道。

肇庆学院教师教育改革与经验，特别是教师发展中心的建设，为广东省广大中小学教师的发展实实在在提供了积极的服务与提升工作，先后完成省教育厅强师工程项目 100 多项，有 8000 多名中小学教师、校长、"三名"工作室主持人等在中心得到有效培训，获得了广大基础教育工作者的高度认可。

在教育部等五部门印发的《教师教育振兴行动计划（2018—2020年）》提出，要推动整合市县教师发展机构，以优质市县教师发展机构为引领，更好为区域教师专业发展服务。广东省教育厅为了培养数以千计的教育家型教师、数以万计的专家型教师、数以十万计的骨干教师，要在省级中小学教师发展中心建设的经验基础上，要在 21 个市、128 个县市区全覆盖建设好市、县教师发展中心，形成省、市、县、教师专业发展学校、"三名"工作室五级一体化的教师专业发展体系，全面提升广东省教师的整体水平，实现南方教育高地建设的目标。

在与全国教师发展中心交流和省内市县教师发展中心建设过程中，发现教师发展中心建设存在几个突出的问题需要解决。一是高校的教师发展中心的定位不准，投入不够，导致一些高校教师发展中心的建设难以推进，甚至名存实亡；二是中心建设理念难以在地市级落地，市县教师发展中心的主管机构缺乏教师教育的认知体系和操作体系；三是中小学教师发展中心的队伍建设是难中之难，主要表现是缺乏专业人员与学科队伍；四是中小学教师发展中心建设思路不清，功能不明、机构整合难，人员编制不到位等问题突出，导致市县教师发展中心建设进程缓慢；五是中小学教师发展中心的管理与运行存在激励机制不成熟，内部管理制度薄弱，教学队伍与管理队伍较弱。各层级教师发展中心的建设、运行、管理不仅缺少经验，同时也缺少理论的支撑，更需要有效和顺畅的管理机制。为了解决上述问题，帮助中小学教师发展中心更好地建设，更流畅运行，更好地发挥其服务功能，肇庆学院教师发展中心、中小学教师培训专家工作室对中心建设与教师专业发展平台研究课题进行积极谋划，自主提出研究计划，同时全面整理中心建设的经验，并系统阐述国内外教师教育发展的理论、政策、评价、研究等成果、经验，为我国教师教育发展，教师发展中心的建设提供积极的、全面的借鉴和启示，以期我国教师教育工作和教师发展中心得到更好的发展。

本书是肇庆学院教师教育改革的成果，既有理论的建构，又有经验的总结，还有政策的咨询，真正体现出了教师教育的科学属性，也就是教师教育的学术、实践和政策属性的统一。它的出版将一定可以为我国教师教育改革提供有益借鉴。

2020 年 12 月于北京

前　言

　　"教师教育是教育事业的工作母机，是提升教育质量的动力源泉。"教师专业发展作为教师教育体系的重要链环，其核心在于推动教师队伍职业品质、专业性的整体提升，这是一个持续的过程，需要建立起一套完整、系统的平台体系、制度保障体系。世界各国在促进教师专业发展上都有各自的传统、理念和制度设计，我国20世纪末提出教师专业化以来，通过多年的探索形成了自己的模式、经验、特色。其中，教师教育"肇庆模式"就多次受到社会各界的高度关注。多年来，肇庆学院通过机制体制创新，在广东高校中最早创立教师教育学院（内设教师专业能力发展中心、教师教学发展中心），最早挂牌建设高水平省级中小学教师发展中心，这些教师教育平台与实体机构在构建教师专业发展体系中发挥了重要的载体作用。同时，秉持"融入式、全程式、需求导向、能力为本"的内涵理念，以四个山区县教师教育改革创新试验区、四个珠三角区镇级的协同育人合作区为基础，以省级中小学教师发展中心为桥梁，形成了高校、政府、中小学校协同助力教师专业发展的新模式，该模式充分实现了"省、市、县、校、师"五级一体化的多层次融合，"教、研、训、改"实践一体化的多功能融合，"政策、经费、学科资源、课题资源"资源一体化多要素融合，"职前、职后"人才培养一体化的全过程融合，全方位助力中小学教师专业发展。

　　教师专业发展机构是服务和支持教师专业发展的组织体系和重要平台。当前，全国各地市、县都在进行教师专业发展机构改革，将科研、教研、培训、电教四个部门职能进行整合，着力打造一批基于"四位一体"的市、县（区）级教师发展中心。与此同时，省级教师专业发展机构也存在不同的形式，有些属于独立事业单位，有些属于省级教育行政部门的内设机构，有些挂靠师范院校，不同的管理结构发挥着不同的效果。然而，通过实地调研，我们发现各级教师发展中心在建设过程中还面临不少问题，如教师专业发展体系如何构建，理念目标如何落地，各级教师发展中心如何准确定位、上下联系、多维联动，管理队伍、专业队伍、技术队伍如何组建，教科研如何发挥引领作用，实训平台如何建设，师训项目如何设计、如何管理、如何评价，信息化建设如何融合等，目前还有很多中心尚未形成系统的工作思路，需要科学的理论指导和落地的经验借鉴。

以上这些问题不仅关乎教师专业发展体系的构建和教师专业发展机构的运行，更关乎教师能否从中切实获得专业性的发展和综合素质的提升。为此，本书专家团队着重梳理了国内外教师专业发展的理论、政策和实践成果，通过对广东、湖南、江苏等地教师专业发展体系改革的经验进行介绍，并基于教师教育"肇庆模式"的探索，重点对教师专业发展体系建设、教师专业发展机构建设进行阐述，希望能够为我国教师专业发展的实践和研究工作提供一些参考价值。全书分上、下两篇，共十章内容。

上篇包含第一章至第四章，主要从教师专业发展的理论和制度层面进行阐述。第一章梳理了国内外教师专业发展的主要理论、政策和经验，尤其是美国、日本和欧盟地区的教师教育制度，并提出促进我国中小学教师专业发展的政策和启示；第二章重点介绍国外中小学教师专业发展的模式，包括发展理念与目标、组织机构、运行模式、教师专业发展的内容和形式，以及国外经验存在的问题和带给我们的启示；第三章阐述我国中小学教师专业发展机制的历史沿革，我国教师进修院校的历史变迁，以及教师专业发展机构的发展现状；第四章阐释未来中小学教育发展的趋势，以及对未来教师专业发展的需求，并提出未来中小学教师培养培训的发展趋势及教师专业发展机构发展趋势的构想。

下篇包含第五章至第十章，主要围绕中小学教师发展中心运行与组织管理的核心模块进行具体介绍。第五章阐述中小学教师专业发展机构的性质、定位、职能及各级机构运行联动机制，并重点介绍广东地区的教师专业发展体系，包括队伍建设、项目管理、质量管理、科研管理及文化建设等的工作思路；第六章介绍了中小学教师专业发展实训平台的构建，包括实训平台的功能、原理、功能室结构与应用等；第七、八、九章则较为详细地介绍了教科研、教师培训、研训一体及信息化建设等几个工作模块的实践探索与经验；第十章选取了国内省、市、县、校级中小学教师专业发展机构的典型案例进行介绍和分析，包括湖南省中小学教师发展中心、广东省中小学教师发展中心、江苏省苏州市教师发展中心、广东省佛山南海区教师发展中心、广东省东莞松山湖实验学校教师发展中心等。

本书是广东省教育厅专项资助的研究成果，是广东省中小学教师培训专家肖起清工作室的研究成果和集体智慧，是由工作室成员进行充分论证和共同形成的成果。其中，第一章主要由肖起清完成，第二章主要由洪清完成，第三章主要由黄珍宇完成，第四章主要由徐洁完成，第五章主要由洪清、徐洁共同完成，第六章和第十章主要由肖晓玛完成，第七章主要由朱美仙完成，第八章主要由郭轶完成，第九章主要由黄燕芬完成。全书由洪清负责统稿。

本书的大量资料离不开国内外诸多专家学者的既有文献和研究成果，亦得到了肇庆学院、岭南师范学院、深圳市教育科学学院、肇庆学院省级中小学教师发展中心、湖南省中小学教师发展中心、苏州市教师发展中心、佛山市南海区教师发展中心、茂名市茂南区教师发展中心、东源县教师发展中心、东莞松山湖实验学校等单位的友情帮助，以及各界同仁的大力支持，在此表示中心感谢！此外，还要特别感谢北京师范大学教育学部朱旭东教授为本书作序。

由于作者的水平有限，书中难免有疏漏和不足之处，恳请各位专家、同仁和广大读者不吝赐教。

肖起清

2020 年 3 月 10 日

目 录

上 篇

下　篇

上　篇

第一章
国内外教师专业发展理论概述

美国最早提出教师教育的概念和构建教师教育环境和体制，"1936 年哈佛大学首创的教育硕士模式强调在大学或学院中培养师范生的通识素养以及他们对学科知识的掌握，同时他们通过在中小学中的一线教学经验来获得教学技能，因此，在这一项目中开设的专业教学法课程十分有限"。①并于 1950 年创办了《教师教育学刊》，数十年来，重点研究美国教师教育重大问题和突出问题，同时关注教师教育的实际经验、认知科学和批判性思维、教师信念、教师绩效等。到 20 世纪 60 年代，美国教师教育进入一种迅速规范化的组织模式，把教师教育引进大学，教师教育最终得以在大学中开展，接受教育学院或大学的学院中教授的领导。2001 年美国国家教师教育认证协会（National Council for Accreditation of Teacher Education，NCATE）为了促进教师教育的实践导向，提出了教师专业发展学校的定义和标准，认为"教师专业发展学校是为在满足所有儿童需要的背景下用以支持候任教师和教师发展的环境。"②为教师教育环境的发展形成了依据。因为美国的示范与引领，欧洲等西方发达国家也在 20 世纪 60 年代将师范教育改变为教师教育。教师教育的理论在西方发达国家逐步形成、发展，成为我国教师教育研究与改革的重要依据。

---

① 玛丽莲·科克伦-史密斯，沙伦·费曼-尼姆赛尔，D·约翰·麦金太尔. 教师教育研究手册：变革世界中的永恒话题（上卷）［M］. 范国睿，等译. 3 版. 上海：华东师范大学出版社，2017 年：267.
② 玛丽莲·科克伦-史密斯，沙伦·费曼-尼姆赛尔，D·约翰·麦金太尔. 教师教育研究手册：变革世界中的永恒话题（上卷）［M］. 范国睿，等译. 3 版. 上海：华东师范大学出版社，2017 年：316.

第一节　国内外教师教育发展综述

　　教育作为强国保障，教师就成为强国的关键。各国将教师教育摆到重要的战略地位，重视教师教育的政策体系建设，加大教师教育工作的投入，重视教师教育的队伍建设和评价体系的建设，促进教师教育整体水平的提升。各国教师教育的发展，以发达国家中的美国、日本以及欧盟等国为代表，其教师教育实践形成了丰富的教师教育形态和体系，值得我国教师教育工作学习。

一、美国教师教育

（一）美国教师职前教育：实践导向

　　美国基础教育教师的培养基本是按幼儿教育、小学教育与中学教育三个阶段进行，其教师资格证书包括幼儿教师证书（婴儿到小学三年级）、小学教师证书（学前班到八年级）、中学教师证书（五年级到十二年级），音乐、体育、美术教师证书（分中学和小学）以及特殊教育教师证书①。在康涅狄格州教师培养则是小学阶段大多是 1~6 年级，不分专业；中学则大多是指 7~12 年级，按英语、数学、历史、生物、化学、科学、西班牙语等学科专业来培养。在师范生中，女生占比 75%，男生占比 25%，其中毕业生选择当小学教师的占比 75%，25% 的学生选择当中学教师，中小学教师的性别结构失衡成为全世界的问题，教育的特殊性和教师待遇的有待提高，成为青年选择教师职业的重要自变量，也成为决定教师职业整体水平的重要外部条件。

　　康涅狄格州的教师教育体系比较发达，从事教师教育的高校有 13 所，既有公办高校，也有私立高校，师范生的培养既有 5 年制的，也有 4 年制的。师范生的培养模式主要是实践导向与职业导向，如圣心大学是康涅狄格州从事教师教育的私立大学，规模较大，其教育学院有学生 300 名，师范生的培养过程中采取"4+1"的 5 年制的培养模式，四年本科总学分为

---

① 杜新秀. 美国中小学教师专业发展的制度设计［J］. 基础教育参考，2017（20）.

120 学分，其课程结构第一年主要是学习基础课，第二年开始学习专业课，第三年开始教授师范课程，第四年完成本科教育和毕业论文。完成本科教育后，第五年进行教育实习，同时晚上要回学校完成 30 学分的课程学习。完成五年学习任务，则授予教学艺术硕士学位。在整个培养过程中，既重视职业导向，又重视专业素养的导向。在整个培养过程中教育实习是一年的时间，实践导向的特征十分突出，强调实践过程与教学理论的学习，围绕学生教师职业的教学这一核心素养，进行教学实操能力的培养，师范生毕业有专业考试和教育技术的考试。师范生如果在公立大学，学费则很低，如果是在私立学校，学费则很高。富有创意的是第五年师范生白天在基地学校全职实习，相当于国内的顶岗实习，事实上为学区的教育教学分担具体的工作。因此，学生晚上回学校学习的 30 学分的学费则由学区支付，学区这一支持措施，既解决了师资来源和选拔问题，也解决了师范生第五年的学费问题。

在师范生的培养过程中，非常重视实践领域所需要的素养培养，埃弗里特提出"教师需要进行四个'核心'方面的学习包括（1）学科知识；（2）教学方法；（3）学校管理；（4）教学实践"。[①] 同时，非常重视融合教育（Inclusive Education）理念的渗透，融合教育是联合国教科文组织（UNESCO）于 1994 年 6 月在西班牙召开的"世界特殊教育大会"提出的思想，主要观点是让所有儿童（包括特殊需要儿童）都享有公平的教育，使每个儿童都得到最佳生长机遇，实现最佳的社会生活适应，并且要求教师关注学生的个性和基本受教育权利。强调教师对残疾学生的态度，尤其是融合教育班级中的教师和普通学生对等残疾学生的态度有所转变，已经可以接受普通班级中有残疾学生。通过融合教育理念的渗透，在康涅狄格州实现了特殊需求学生基本能随班就读，并在学校均表现出比较和谐和自然。

美国重视师范生的培养，认为师范基础和师范教育对一个未来好教师非常重要，决定了一个教师的职后发展方向与水平，甚至认为好的师范教

---

① 玛丽莲·科克伦-史密斯，沙伦·费曼-尼姆赛尔，D·约翰·麦金太尔. 教师教育研究手册：变革世界中的永恒话题（上卷）［M］. 范国睿，等译. 3 版. 上海：华东师范大学出版社，2017 年：144.

育超过了所有职后的训练与影响。为此，特别建立了一种有利于师范生作为候任教师身份进行实践和提高的基地——教师专业发展学校。在这种学校中，把学生的学业成绩看得很重要，不断改进教师专业发展学校与大学的新型关系，进而改革教师教育和改善学生的学习。在教师专业发展学校的礼堂中每天都能看到大学教师。"候任教师在实地中学习，基本上都在一所学校待上几个星期，并对学校的目标、政策、流程及教师、学生和教室非常熟悉，他们与大学教师以及所在学校教师合作开展行动研究项目以改进学生的学习。候任教师把自己看成是专业人员，打磨技能，通过研究获得专业发展"。① 通过教师专业发展学校的文化浸润，职前教师可以获得有关工作场所的深层次文化知识，意识到智慧的价值，致力于服务学习，并创设与文化相关的课程。文化浸润的观点认为职前教师需要长期的与本地文化的互动，以理解未来学生的文化。教师专业发展学校对师范生影响的内容：①学校的目标是使所有教师理解工作的内容。②教学目标是让学生掌握重要的知识，尽管这可能意味着他们接触的信息不是特别多。③学校的目标应适用于所有学生，包括那些很难教会的学生。④教师运用辩证的方法指导学生，以适应个别学生的需要和理解。⑤学生要积极地学习知识，因为知识是理解的基础，而知识也服务于实践。⑥教师应对学生从真实情境中并运用信息的能力进行有效评估。⑦教师专业发展学校中的学习共同体为学生所需要获得的价值观念进行了示范，包括展示协商、辩证的学习过程。⑧专业教师是一个持续学习者，他们寻求与其他人合作，并对学生的学习需求做出回应。⑨学校让教师有时间进行教学反思，并为辩证的学习环境进行必要的规划和咨询。⑩学校的目标是给学生的需求提供一体化的支持服务。⑪教师专业发展学校是一个探究中心，有助于产出学术文献，用以解决与教学和学习相关的实际问题。② 事实上，教师专业发展学校和实践过程也让教师教育工作者更深刻思考职前教育的意义和影响

---

① 玛丽莲·科克伦-史密斯，沙伦·费曼-尼姆赛尔，D·约翰·麦金太尔. 教师教育研究手册：变革世界中的永恒话题（上卷）［M］. 范国睿，等译. 3 版. 上海：华东师范大学出版社，2017 年：311.

② 玛丽莲·科克伦-史密斯，沙伦·费曼-尼姆赛尔，D·约翰·麦金太尔. 教师教育研究手册：变革世界中的永恒话题（上卷）［M］. 范国睿，等译. 3 版. 上海：华东师范大学出版社，2017 年：315.

力，在众多教师的职后发展中也证明，其教育观念、教育能力、教育品质决定于师范期间的养成，这种养成比职后发展更为深刻而长远。

（二）美国新教师入职教育：教学导向

美国中小学教师的招聘决定权在学区，小学由学区按学生人数变化的实际需要形成教师需求人数，中学则由学生选课的需要来决定教师人数与学科结构，最后由学校进行具体招聘。新教师入职后，如果是本科生，必须在 5 年内拿到硕士学位，才能转为正式教师，也基本上是终身教职，因此，新教师就是指任职前 5 年的教师。在新教师的培养中非常注重教师职业道德的提升，以帮助新教师在未来职业发展中获得良好的社会认同和发展。"教师教育的道德和认识论目的不仅可以提高从教者的教学质量，而且对于提高教学职业的公共地位，也是非常关键的"①。

对于新教师的教学发展和教学能力提升，普遍采取教学教练帮助模式。在教师发展中有一个有趣的现象，就是教师愿意与教练讨论教学中的问题，而不愿与校长、同事讨论教学工作。教学教练就是基于这种第三方的态度，纯粹是从业务角度帮助新教师的教学能力提升和教学问题分析，教学整改和教学发展方案形成，真正实现新教师的赋能与发展。在世界其他国家也都强调新教师的实践培训和专业发展，土耳其的教师培训体系就认为教师候选人通过在实践学校获得的学校经验和教学应用课程，在一定程度上进行在职培训是非常重要的。

对于新教师的培训，培训计划、方案和实施过程非常重要。康涅狄格州特别重视培训方案的设计，在培训方案制定上形成了几个相关原则：一是培训目的与目标性原则，突出培训的价值与功能导向；二是培训强调适合性、积极性和多样性，保证精准培训与效果；三是协同合作与工作相关的培训，提高新教师的团队意识与专业意识；四是有效教学的方式与模式，提升教学效率与学生提升效率；五是为新教师提供专业支持和帮助，提供政策指导，助力新教师尽快过渡和适应教职的需要；六是进行反馈机会与渠道的培训，帮助新教师学会采集教学信息、反馈教学情况、掌握教

---

① 玛丽莲·科克伦-史密斯，沙伦·费曼-尼姆赛尔，D·约翰·麦金太尔. 教师教育研究手册：变革世界中的永恒话题（上卷）［M］. 范国睿，等译. 3 版. 上海：华东师范大学出版社，2017 年：47.

学动态；七是形成多次循环的原则，对新教师进行一个长期、可持续的发展培训，有利于职业发展。在培训内容方面，康涅狄格州会基于调研会形成以学生管理、学生发展为中心的培训倾向，在培训主题方面，主要是新教师如何学会学生纪律、学生管理；如何理解学生阅读障碍，帮助学生学习提升；教学技术的运用与开发；教育教学中计算机、手机、软件等使用培训；学生分类分层的培训；特教学生个别教育计划（IEP）制定与实施的培训。在教学实践中对新教师（学生教师）专业发展的提升注重团队教学模式、辅助教学模式探索，教学教练或导师与新教师通过合作与互动，获得在现场学习机会，双方均获得专业成长，更主要促进新教师的教学设计、教学实施、教学组织等经验的生成和能力的发展。

在美国，新教师入职教育被各级教育机关作为重要的阶段，同时有系统的政策体系、评价体系和支持体系保障新教师的成长。美国新教师入职阶段被认定为"学习教学的特定阶段的、教师职业社会化的开端过程、教师专业发展的连续阶段"①。美国新教师入职教育体系的形成，非常注重新教师自身内驱力的形成，不仅强调自我效能与自我认同，同时自我决定理论深刻分析新入职教师的需求体系中自主性、能力和相关性，得到满足就会提升自我快乐，成为有效的学习者。从外部机制来看，新教师的入职教育体系有教师自我经济回报、教师职业竞争、教师自我发展的外部动力，形成新教师入职教育的行动机制。

（三）美国教师的在职教育：校本研修

教师的职后发展是一个长期的过程，甚至是与职业永远相伴随的需求，因此，一名教师转为正式教师后，不代表专业发展的终止，相反是一名教师专业发展的新的开始。在职教师培训通称为专业发展（PD），是教育的重要组成部分，美国教师的专业发展包括"专业教师（career teacher）、指导教师（mentor teacher）、高级教师（master teacher）的职业发展阶梯"②。在职教师专业成长发展是一个长久的过程，也是一个分阶段发展的过程。"第一阶段：思考、规划和实验中的自信；第二阶段：对于获得背

---

① 赵萱. 美国教师入职教育理论范式演变：基于话语转换的视角 [J]. 教师教育研究，2019 (4).
② 苗学杰. 美国中小学教师专业成长新路径——教师进步计划述评 [J]. 基础教育参考，2008 (2).

景知识的渴望；第三阶段：课程建设概念的发展；第四阶段：把他们的工作与学校之外的世界相联系"。① 教师发展是一个系统的过程，也是一个校本研修为主的过程，因此，在职教师的校本研修就成为研究的重点。有研究认为教师在校本研修中，将获得如下专业能力：批判性观察、发现问题或提出问题、系统调查、备选解决方案、决策选择、实施干预、行动反思、评估、专业对话、讨论和交流、阅读、研讨会介绍、授权、职业自信、职业责任、写报告、作为研究者的教师。②

美国公立学校教师具有一定的沉动性和稳定性，说明在职中小学教师的专业发展也是有差异的，同时也是公立学校办学质量、待遇和教师发展的差异导致的。有研究表明，在肯塔基州公立学校系统中，有85.6%的教师坚持留在原学校，相对32~49岁年龄段的教师5.0%~6.7%的比例，31岁以下和50岁以上的教师离开肯塔基州公立学校系统的比例较高，达到13.0%和9.1%。为了提高在职教师的稳定性，减少教师的流动性，中小学教师普遍开展丰富的校本研修以提升教师的专业发展水平。具体的研究方式有项目式学习和教师巡课制度。项目式学习（Project Based Learning PBL）创意于杜威的做中学（Learning by doing），由克伯屈的设计教学法发展而来，主张教师围绕真实的问题或挑战设计一系列的体验和探究活动，以促进学生运用所学知识与技能来学会分析问题、解决问题，并能将学习成果充分表述、交流和展示出来，主张学习过程中的反思、评价、修正和协同③。而教师巡课则是"一种源于医疗教育模式，以教师自身的课堂实践为基础，并充分利用教师合作学习的力量，着眼于发展教师的洞见、实践能力和专长的专业发展形式。教师巡课发生于作为专业学习共同体的巡课小组中，其过程包括三个基本阶段：巡课前准备、巡课、巡课后的交流、反思、实践和分享"。④ 巡课的意义在于教师在团队中能将教学过

---

① 玛丽莲·科克伦-史密斯，沙伦·费曼-尼姆赛尔，D·约翰·麦金太尔. 教师教育研究手册：变革世界中的永恒话题（下卷）［M］. 范国睿，等译. 3版. 上海：华东师范大学出版社，2017年：812.

② Rukya Hassen. Journal of Education & Practice Female Teachers Professional Development Through Action Research Practice［J］. 2016（7）.

③ 王淑娟. 美国中小学项目式学习：问题、改进与借鉴［J］. 基础教育课程，2019（6上）.

④ 周成海. 美国中小学"教师巡课"介评［J］. 外国教育研究，2015（8）.

程分享，并能在分享过程中相互交流，通过交流提升教学的设计、实施、互动与效果，全面提升教学活动的有效性与教学质量。

在多种形式的校本研修中，集体培训是一种核心的形式。对学校教师的培训是以学生为中心的，中小学的具体做法表现在以下几个方面：一是学区建立网站，形成教师教学的优秀案例，通过网站让教师全面了解以学生为中心的教学内涵与要求；二是每年 10 月 30 日学区组织专家进学校对所有教师听课诊断，提出改进意见，形成以学生为中心的教学方式和基本探索；三是通过教师在实践中的研究与完善，逐步形成以学生为中心的教学模式。

所有教师发展都是为了学生发展，教师的专业发展基本理念是适应学生发展的需要和学生教育的客观现实。美国中小学对学生的发展需求实施差异化教学，促进学生个性化发展。要实施差异化教学，教师的校本教研，特别是学科组的教研尤其重要。Weston High School 是康涅狄格州拿到绿丝带的唯一学校，也是全美最好的 150 所中学之一，学校宗旨是"团结、有效、激情、世界公民"，学校的办学精神是满足学生进步与提高的多样化学习需求，加强学生心理和社会情感发展。学校通过扎实的教研，促进教师全面实施差异化教学，学校要求教师每个月学习两次，要写出可行的差异化教学计划书，同一学科组的教师每 8 天要举行一次教研活动，教学中要进行协作式分组教学，按学生兴趣进行差异性设计，让学生进行讨论、小组学习，加上辅导和个性化的家庭作业，对学生的学习结果也进行差异性的区别与对待，保证学生在教学中能获得充分的发展。

在制度设计上，美国中小学教师专业发展也是一个不断提升的过程，制度上通过更新证书而促进在职教师不断努力提升而改变自己。首先，美国国家资格认证委员会（American National Qualifications Board，ANQB）主要依据五个方面的核心内容来考查教师是否合格：①教师全身心投入到学生和学习中去。②教师掌握所教科目，知道如何教授这些内容。③教师有责任组织和督促学生学习。④教师能系统地反思教学实践，吸取经验教训。⑤教师是学习共同体的成员。① 其次，学区会通过校本研修活动、校区活动、教师团队活动等引导中小学教师参加相关专业发展活动获得职后教育学分，学分积累到一定程度就可以更新相关专业证书，以此激发教师的学习积极性。具体的专业发展活动主要分为两种形式：校区导向的活动包括暑假校区主导的教师专业发展活动，学年开始前为期两天的专业发展建设活动，每次 1.5 小时共 10 次的专业发展建设活动，校区内容为主的专业发展活动，带薪的教师导向专业活动，春季全天专业发展活动；教师导向的个人专业发展活动主要内容是发表文章，成为国家专业教学标准委员会的董事，获得专业的职业委员会证书，担任师范生的合作教师，担任实习辅导教师的合作教师，担任教师学院学生的辅导教师，承担一门大学课程教学，开展专业演讲，开展教育研究，开展自我导向的教育发展活动。② 丰富多样的校区研修和教师自我研修，推动着中小学教师的专业素养由外及内不断发展。

在美国，对教师的核心素养的要求比较系统，核心素养体现在教师自身方面、教师与学生关系方面、教师与社区方面，内容主要是专业知识、专业能力、专业态度三个方面的要求。专业知识方面，教师要能够理解学科结构、核心概念、研究工具，能理解并运用相应的教学策略，能基于学科知识、社区和课程目标设计教学，能够理解并使用交流媒介工具，能够跨学科进行教学；能够理解学生认知水平与发展潜能，能够理解学生的差异，能够理解个人、群体的行为动机理论；能够理解学校环境及其对学生的影响因素。在专业能力方面，教师能够使用有效的媒介交流技巧支持课堂教学与教育活动，能够不断评估自己对学生、家长以及学习共同体中的其他专业人士的影响，并能积极寻求专业发展的机会，成为反思性教育实践者；能为学生智力、个性化及社会化的发展提供学习机会，能因材施教，能为学生创造积极互动的社交环境，激发学生的学习动机与自我效能感，促进教学中的积极探究、协作，使用不同的评价方式进行评估，确保

---

① 玛丽莲·科克伦-史密斯，沙伦·费曼-尼姆赛尔，D·约翰·麦金太尔. 教师教育研究手册：变革世界中的永恒话题（上卷）［M］. 范国睿，等译. 3 版. 上海：华东师范大学出版社，2017 年：165.
② 杜新秀. 美国中小学教师专业发展的制度设计［J］. 基础教育参考，2017（20）.

学习者体力、智力及社会性的持续发展；能够在更大范围内形成与学校同事、家长和机构的良好关系，能支持学生的学习和发展，积极参与学校活动。有学者强调教学中道德行为及其影响，"认为教学是一种显著的道德行为，教师个体所持有的道德目的主要是儿童的综合发展，所持有的认识论目的则是整合学术性知识与理智性和道德性美德"①。因此，美国教师专业发展中非常重视专业态度，认为专业态度能够将批判性思维和自主学习作为一种习惯，能够意识到自己所从事的职业责任，不断增强文化敏感度；能够尊重所有学习者的多样性，乐于倾听学生，尊重学生隐私，关注学生发展；能够积极与团队合作，乐于给予并接受帮助，支持同事的发展。②

二、日本教师教育

日本教师教育自 1872 年创立第一所师范学校开始，其教师教育逐步发展，到第二次世界大战后全面升格为教育大学，到 21 世纪又上升为教师教育研究生院，全面提升了教师教育的层次。在日本，教师的地位在全世界有目共睹，《教育公务员特例法》将教师确定为教育公务员，而《学校教育法》则明确了教师的范围，正因为教师作为教育公务员，具有其他国家不可比拟的地位与待遇，因此，日本教师教育在世界上也具有学习和借鉴的重要意义。自第二次世界大战后，日本的教师教育制度由封闭型转变为开放型，学费调整为自费，并将中小学教师培养融合为一体。教师教育的开放政策吸引了大量的师资进入教育领域，导致教师饱和。2006 年，日本中央教育审议会颁布有关未来教师教育及教师资格制度的有关做法，提出了教师教育改革三项政策：提高教师教育的学历要求、创立教师教育专门培养机构、实施教师资格证更新制度。在日本的教师教育中，推出教师教育研究生院之后，从本科阶段主要培养教师的基本教育教学能力，上升为

---

① 玛丽莲·科克伦-史密斯，沙伦·费曼-尼姆赛尔，D·约翰·麦金太尔. 教师教育研究手册：变革世界中的永恒话题（上卷）[M]. 范国睿，等译. 3 版. 上海：华东师范大学出版社，2017 年：51.

② 孙兴华，薛玥，武丽莎. 未来教师专业发展图像：欧盟与美国教师核心素养的启示 [J]. 教育科学研究，2019（11）.

培养卓越教师，注重教师教育专业性和持续性，明确了培养具有高度实践能力的新型教师的目标，同时形成了教师教育新体系。日本不仅重视教师教育的职前教育，同时非常重视教师教育的职后教育。职后培训是教师获得实践经验，形成实践技能，提高职业素质的重要途径。日本的国立学校和公立学校的新任课教师任教一年后都要接受培训，县教育委员会有责任开展培训，目的是使教师能完全意识到自己作为教师有能力独立自主地开展培训。新任课教师参加培训有具体的规定，"每周2天或每年大约60天，培训期间，新任课教师从指导教师处得到指导，每周有一天或者每学年大约有30天要参加讲座、论坛以及各种各样的实践培训课程，包括校外其他机构的教育中心举办的研讨会。"①

三、欧盟教师教育

在欧洲的教师教育研究中，形成了比较系统的教师核心素养理论体系，并通过评价体系和教育体系保证教师专业发展的内涵能够适合教育发展的需要。同样主张教师的教育专业知识与教育的理解，强调教师要具备结构化、组织良好的课程知识、教育理念、教育评估等结构性知识，同时要具备教学内容、教学环境、教学目标理解的能力；在专业技能方面，教师应具备课堂教学与管理的能力和策略，能够熟练使用母语及一门外语进行沟通与教学，具备数学、科学及现代教育技术素养，使用多种技术与能力进行教学，同时要具备与同事、家长和社会服务人员合作的能力，研究教育教学的能力。不仅如此，教师还应具备良好的职业信念、职业态度和职业价值观，要形成相应的敬业精神，强调教师应该从社会和文化层面对教育具有深刻的理解，形成与职业相对应的人格特征，具有与人合作的积极态度，不仅要具有创新精神，也要有对自己教学进行批判的态度②。

英国教师专业发展形成了比较系统的标准，1998年英国教育与就业部（Department for Education and Employment，DfEE）发布《教师：变革中迎接挑战》，提出了现代教师必备的条件。当年，英国师资培训署（Teacher

---

① 杨艳玲. 日本教师教育的发展趋势及启示 [J]. 国家教育行政学院学报，2007（8）.
② 孙兴华，薛玥，武丽莎. 未来教师专业发展图像：欧盟与美国教师核心素养的启示 [J]. 教育科学研究，2019（11）.

Training Agency，TTA）颁布了《国家学科组长标准》，2007 年英国学校培训和发展署（Training and Development Agency for Schools，TDA）出台《教师专业标准框架》，从教师专业品质、专业知识和理解、专业技能等方面提出了基本要求，并将教师分为合格教师、核心教师、熟练教师、优秀教师和高级技能教师，形成了比较系统与完善的教师专业发展标准和评价制度。英国 2011 年发布《教师标准——给学校领导、职员和管理机构的指南》，对教师的价值、教学要求、专业行为准则等提出的要求。英国教育部于 2016 年又颁布《教师专业发展标准》（STPD）和配套的实施指南[①]。因此，英国教师职业标准已经系统化，对教师专业发展发挥出重要的指导作用。

在教师教育工作中，建立教师发展中心成了最重要的基础与保障，教师发展中心的建设与运行在世界各国均成为促进教师专业发展的重要举措。建设教师发展中心比较早的有美国、英国与澳大利亚等，我国教师发展中心起步较迟。美国的教师发展中心比较普遍，为高校新入职教师提供教学资格培训的有哈佛大学的博克教学中心，针对所有教师教学发展的有加州大学各分校的教师发展中心、密歇根大学的学习和教学研究中心，针对中小学教师和校长教学发展的有哥伦比亚大学的教师学院、康涅狄格州的校长中心等。在英国，促进大学教师个性化发展的有伦敦大学、伦敦皇家学院、牛津大学、杜伦的教师发展中心，具有鲜明的特点。英国的教师发展中心整体表现出机构完善、分工明确，个性服务、满足需求，强调交流、拓宽视野，专业发展、促进教学。[②] 澳大利亚各大学均有自己的教师发展中心，重在提升大学教学质量，促进教师教学能力的发展。

四、我国教师教育

我国拥有世界上最庞大的教师队伍，教育部发布的《2020 年全国教育事业发展统计公报》数据显示，我国各级各类学校共 53.71 万所，在校生 2.89 亿人，专任教师 1792.97 万人。其中，幼儿园教职工 519.82 万人，

---

① 宁莹莹. 英国教师专业发展标准的形成、特点及启示 [J]. 教学与管理，2018（7）.
② 唐小燕，楼桦，罗大晕. 国外名校教师发展中心建设经验分析及其启示 [J]. 常州信息职业技术学院学报，2018（5）.

专任教师 291.34 万人；小学教职工 596.63 万人，专任教师 643.42 万人；初中教职工 450.31 万人，专任教师 386.07 万人；特殊教育学校共有专任教师 6.62 万人；普通高中教职工 294.87 万人，专任教师 193.32 万人；成人高中教职工 2361 人，专任教师 1769 人；中等职业教育学校共有教职工 108.30 万人，中等职业教育学校共有专任教师 85.74 万人；普通高等学校教职工 266.87 万人，专任教师 183.30 万人①。

如此庞大的教师队伍，由于我国 1993 颁布的《中华人民共和国教师法》对教师合格学历的规定有一定的历史背景和特殊性，导致现在的学前、小学、初中和高中教师学历整体偏低，不能适应教育强国的战略发展需要。其次，是我国教师教育体系需要重构和完善，原有的"中师、专科、本科"三级师范教育体系，经过 20 世纪 90 年代中等师范学校的改造，90 年代末的高校扩招，导致师范生来源整体质量下降，现在的教师教育专科层面的教师教育虽然生源质量大不如从前，远不适合于"让优秀的人来培养更优秀人"的目标，但"本科、硕士、博士"新的三级师范体系构建仍任重道远。

我国现有的从事教师教育工作的高校，也存在观念与实践体系的问题。其一，在观念上还没有完全转变到终身教育领域的教师教育，不少高校仍然是在办学历教育，而并非专业化的教师教育。其二，在高校的教师教育过程中，课程体系、实训体系、实践体系和发展体系建立仍需时日，因此，师范生的职业素养仍需要不断加强。其三，大多数教师教育高校没有将职前教育与职后教育有机结合，校内功能划分仍是条块分割，将职前教育与职后成人教育分成不同的管理模块，相互之间难以实现融合，导致师范生的培养目标缺乏针对性，也导致教师的职后培训缺乏精准性。其四，当前的教师教育研究十分苍白，大多数教育研究机构，特别是地位较高的教育研究专门机构，往往脱离教育实践，成为无病呻吟；而一线教学教育研究者又往往因为缺乏学科理论的支撑，导致研究的缺乏话语权和科学性。因此，教师教育研究的成果具有创新性的太少，具有引领性的更

---

① 教育部. 2020 年全国教育事业发展统计公报 [R]. http：//www.moe.gov.cn/jyb_ sjzl/sjzl_ fztjgb/202108/t20210827_ 555004.html

少，导致教师教育实践领域出现混乱和目标不明确。

为了解决教师教育中的问题，实现教师教育的专业化、卓越化、开放化、协同化发展，教师发展中心就应运而生，其建设与推广就成了当前最突出的教师教育变革手段和措施。教师发展中心承担各级教师的教学、教育的发展重任，承载教师教育研究、教育信息形成、教育技术运用、教师培训等功能，同时能将教师教育职前与职后融合于一体的平台，以此推动教师队伍建设。现在，服务于大学教师的教师发展中心在高校普遍建立，比较有影响的有广东外语外贸大学的教师发展中心、重庆大学教师发展中心等；服务于中小学教师的教师发展中心比较有影响的有肇庆学院的中小学教师发展中心、陕西师范大学的教师专业能力发展中心等。

肇庆学院教师发展中心是集高校教师教学发展、中小学教师专业发展和师范生训练于一体的综合平台，其核心逻辑是将师德、传统文化、基本技能、教学能力、教育素质、创新素质和自我发展等价值转化成实体化的训练平台与功能室，促进教师的发展。2016 年 6 月建设完成，运行以来，效果良好，先后有全国 330 多家教师教育类高校前来考察交流，成为教师教育领域内有影响的中心，同时肇庆学院教师发展中心及教师教育改革经验在教育部 2019 年 2 月 15 日新春新闻发布会上得到宣传，被中国教育电视台、中国教育报、中国教师报等专题宣传，肇庆学院教师发展中心已成为国内一个知名品牌。

第二节　国内外教师教育主要理论分析

教师教育是一个综合教育学、心理学、行为科学、组织理论、社会学、管理科学、政策理论等多学科理论的社会实践活动，同时又与社会政治、经济、人口、教育本身的发展密切关联，在教师教育发展中，影响和推动教师教育的理论就必然是多元的。但由于独特的历史原因、体制原因，导致我国教师教育理论的缺失，缺乏系统性和完整性，不能适应教师教育改革发展的需要。① 为此，在教师教育理论的构建和发展上，必须充

---

① 黄正平. 论我国教师教育理论的缺失与建构 [J]. 南京社会科学，2017（5）.

分借鉴各国教师教育发展过程中形成的有价值的理论，为我国教师教育事业发展服务。

一、终身教育理论

传统的教师教育是完成学历教育后，入职教师在岗位上长期从事教学教育工作，完成个人的职业发展。虽然教师入职门槛较低，容易解决教师队伍的数量与需求，但其不足也非常明显。一是学历层次整体偏低，教师素质整体较差；二是教师队伍的职业成长主要靠自觉、自悟，成长体系不完善；三是教师队伍的教学教育研究能力偏弱，缺乏理论素养与创新能力。在成人教育与教师教育中影响比较大的理论首选终身教育理论，终身教育理论是针对所有成人的职后发展，提出工作与学习的结合，通过不断学习来提升自己的职业素养，适应不断变化的事业挑战和社会变革，促进工作效能的提升和个人创新能力的发展。

终身教育理论是 20 世纪成人教育运动中形成的教育思想，是法国成人教育倡导者保罗·朗格朗提出的。保罗·朗格朗 1948 年进入联合国教科文组织工作，先后担任秘书、科长、成人教育局负责人等职，在 1965 年联合国教科文组织召开的第三届促进成人教育国际委员会会议上，保罗·朗格朗首次提出了终身教育的主题和概念，1971 年保罗·朗格朗出版专著《终身教育引论》，使终身教育思想系统化。终身教育思想强调成人教育的地位与体系的意义，认为建立一个完善的成人教育文化设施网，才能把成人教育和学校教育联系在一起，构成一个终身性的教育学习体系。预见在教育的发展过程中，为了满足多样的教育与精神生活需求，教育模式必须由原来的精英教育、单一化教育走向大众化教育、多样化教育和民主化教育。同时，保罗·朗格朗将现代教育定义为具有"自由、民主、平等、与实践相结合"特征的教育①，而终身教育就是现代教育的产物，为此，提出全民教育、终身学习、全纳教育、学习化社会等概念，并用终身学习来实现人的全面、自由、充分发展的目的。教师作为教育者，从应然逻辑上

---

① 李国强. 保罗·朗格朗与终身教育理论——兼论西方终身教育理论对我国教育现代化的启示 [J]. 教育研究，2017（6）.

教师就必须是一个终身教育的推动者与组织者，同时也是终身学习的楷模和示范者，终身教育是教师教育的核心概念，教师教育要建立在终身教育基础上，才具有发展性。

二、全人教育理论

人的全面发理念自古就有，我国先秦时期就有"礼、乐、射、御、书、数"六艺的教育体系，对知识分子有"琴、棋、书、画"四方面素养的要求；古希腊也有"逻辑、语法、修辞、数学、几何、天文、音乐"七艺的教育要求。到了后来有马克思的人的全面发展学说，强调人的体、脑充分、统一的发展，我国逐步形成的"德、智、体、美、劳"的教育也是以人的全面发展为目的，到了当代，全人教育理念逐步发展为理论体系，对教师教育具有重要的影响作用。全人教育（Holistic Education）理论形成于 20 世纪 60 年代末 70 年代初，是在继承、吸收、发展人本主义以及存在主义等教育思想的基础上形成的一种教育思潮，由美国学者隆·米勒（R. Miller）正式提出"全人教育"概念，是基于人的全面发展的理论样态，主张培养完整的人（The Whole Man），培养躯体、心智、情感、精神、心灵力量融汇一体的人。[①] 全人是一种人性假设，强调人的身、心、社、灵四位一体，人的发展是跨文化身体适应是基础，跨文化心理适应是关键，跨文化社会适应是保障，跨文化灵性适应是根本。全人教育理论认为全人教育不是偏智教育，是人本主义教育，是以人的绝对价值和手段价值为根本的。日本学者小原国芳认为全人教育的内涵包括"学问教育、道德教育、艺术教育、宗教教育、身体教育、生活教育"[②]，实现人的和谐、自由和人文发展。因此，在许多地区的全人教育实践中，不断完善和推动了理论的发展，"全人教育理论尊重人的潜能与个别差异，倡导以人文教育方法建立完整人格，力求促进人的主体意识的觉醒以教人成人，强调和谐的

---

① 田振华. 全人教育理论视阈下小学全科教师的培养研究 [J]. 天津师范大学学报（基础教育版），2018（4）。
② 李谊，周婷. 小原国芳全人教育思想的理论构架及其渊源 [J]. 湖南行政学院学报，2006（3）.

人际关系"①，正是现代教育的缺失和不足，也正是现代教育的需要与追求。教育的最终目的是培养全人，但要实现全人教育的目的，必然需要具有全人素质、全人理念和全人教育手段的教师，因此，在教师教育中推行全人教育思想，实现全人教育模式，才是重要的条件。

三、赋权增能理论

赋权增能理论是美国教育发展提出的促进教师专业发展的理论，美国教育发展几起几伏，杜威曾经提出的教育改革促进了教育的民主化，将传统教育的改革发动，并形成了新的课程体系、教学模式，强调做中学，主张经验中心、活动中心与学生中心。杜威的改革虽然提高了儿童的地位，促进了动手能力的发展，但随着 1957 年苏联人造卫星的上天，美国朝野震憾，开始反思这种教育改革。到 20 世纪 60 年代，人们开始反思杜威的改革，反思基础教育的质量，强调基础教育的认知与知识重要性，出现了布卢姆的认知、技能、情感发展理论，强调学生的全面发展；其次出现了布鲁纳的认知结构理论，强调学生要学习结构化的知识，并且是通过发现法自主学习。对知识体系掌握的重要性的关注，形成了官方对基础教育质量的标准化和水平的统一管理。同时，形成了大量的认证机构，建立了系统的认证标准，加强了教育质量的控制。卡特于 1977 年成为美国第 39 任总统，就着手建立了美国联邦教育部，加强政府对教育的控制。而里根成为美国第 40 任总统，并任职到 1989 年，他提出了重振美国精神、振兴美国教育的目标，出台了《国家在危机中——教育改革势在必行》《教育合并与促进法》等指导性文件，加强教育经费的管理，减少教育行政机构与人员，调整联邦教育部与州政府教育机关的管理机制，提高教师地位、收入及入职标准，全面提升教育质量。

但美国教育界却认为教育的失败仍是官方干预与控制太多所致，这种干预与控制导致广大教师只是政策的对象和教育活动的因素，没有成为教育的主体，未能参与到教育改革之中，没有充分发挥其积极性，莱特富特1986 年在其著作《论学校教育中的善：赋权增能的主题》中首次提出赋权增

---

① 张少平. 刍议台湾全人教育：理论基础 核心理念 当代价值 [J]. 文化学刊，2017 (1).

能概念。美国教师教育改革因此随之开展，"教师专业化"（the Professional Development of Teachers）与"教师赋权增能"（Teacher Empowerment）① 成为美国教育发展中最有影响的两大主题。希望通过教育和培训，候任教师和新教师能够达到教师的要求，"学会教学可以概括为四大主题——学会像教师一样思考（think），学会像教师一样认知（know），学会像教师一样感知（feel），学会像教师一样行动（act）"。② 学会像教师一样思考就是强调在教学中的理性工作和认知科学在教师学习研究和发展中的重要性。要求候任教师和新教师，学会像成熟教师一样思考，要求对现有教育理念和质量理念进行批判性反思，使教师理念向教学性思维发展和转型，促进自身教育本体意识和理解的发展。在研究中得到证实的是教师的教育理念及其应用理念的形式和方式，会影响其在学科与专业教育教学中，对研究对象和学习内容的选择。学会像教师一样认知则是强调教师广泛而扎实的知识体系是保证教学的条件，这个体系包括教师在实践中生成的经验类知识。他们需要具备基础扎实的专业知识，能够因时、因地和对象的差别灵活地运用教学方法。教师需要理解学生的成长和学习基础、背景和文化、语言对他们学习的影响。教师需要理解课程、教学法、课堂活动的设计、组织、管理和评价。学会像教师一样感知，要求这些候任教师和新教师要理解教学和学会教学是非常个性化和特色化的工作，教师的情感、认知以及智慧均有不同的表现形式和效果。教师必须学会将思维方式、认知方式、感知方式和行为方式整合为一种有原则的、快速的教学实践模式和教学实践过程。赋权增能强调要通过改革，在教育管理、教育改革与教育发展中，加强广大中小学教师在教育中的参与权、自主发展权、获得承认以及继续学习的权利与能力，发挥广大教师的教育主动性，提升教育的质量与教师自身的发展。

此外，还有人力资本理论、自决理论、关怀教育理论对教师教育具有一定的推动作用。人力资本理论认为人本身就是重要的资本，通过身体健

---

① 叶长红. 赋权增能理论下中小学教师专业发展的新路径［J］. 教学与管理，2019（6）.

② 玛丽莲·科克伦-史密斯，沙伦·费曼-尼姆赛尔，D·约翰·麦金太尔. 教师教育研究手册：变革世界中的永恒话题（上卷）［M］. 范国睿，等译. 3 版. 上海：华东师范大学出版社，2017 年：710.

康的保健、知识能力的培养与道德素养的提升形成的综合素养就是人力资本。在人力资本理论中，教育投资是人力资本投资中最为核心的部分。我国广大教师的职业培训与职前教育的改革，就是将教师作为教育最核心的人力资本，要实现教育的现代化，必然要先实现教师教育的现代化，以教师队伍的现代化为基本条件。教师教育发展的一个理论，自决理论(Self-Determination Theory，SDT) 假设人类有一个基本的增长动力，并会不断寻求这一动力。当成人能体会为什么要学习某些东西，了解正在学习的内容，并能在学习过程赋予自主性，则会激发成人的学习动力，这种内在动机包括获得知识的需要和渴望①。关怀教育理论是美国哲学家、教育协会主席诺丁斯提出的，强调将幸福作为教育的目的，致力于培养关心型教师和学生，使教育向着幸福发展。在这一理论中，始终将人作为教育的中心，强调活着的人永远比任何理论重要，认为作为关心伦理的核心观念，每个学生都是一个不断发展的个体，具有主动性和个体差异性，教育者应该拒绝普遍关怀，因为平等与公平并不能等同。关心伦理最基本的思想是对每一个个体的需要予以恰当的反应，目的是建立并且维护关心关系。认为教育的主要目的是培养有能力、关心人、爱人并且可爱的人。②

第三节　国内外中小学教师专业发展政策与启示

一、发展政策

1958 年美国颁布《国防教育法》，提出国家应该加强科学、数学、外语教师的培养，引导联邦政府、州政府重视教师教育的课程和模式，相继出台教师教育法案、增加教育拨款等对教师教育进行调整。1965 年颁布了《初等与中等教育法》《高等教育法》，1966 年颁布了《儿童营养法》《成人教育法》，1968 年颁布《职业教育法》。1978 年美国佛罗里达州开始推行教师入职教育项目，到 2001 年美国有 33 个州通过制定政策推进教师入

---

① 赵萱. 美国教师入职教育理论范式演变：基于话语转换的视角 [J]. 教师教育研究，2019 (4).
② 杨晓娜. 诺丁斯关怀教育理论与教师的重解读 [J]. 文教资料，2018 (13).

职工程，22 个州通过入职项目授权新教师上岗，后来美国 50 个州的法规
政策对教师入职教育都加以关注，其中有 27 个州通过州立法确认强制性施
行教师入职教育①。1983 年美国颁布《为我国学校提供教师：全国性的危
机》，指出美国教师教育处于非常态化和危机之中，建议国家重塑教师形
象和强化教师角色的重要性。1994 年颁布了《改进美国学校法》，2000 年
美国教师教育方面颁布《2000 年标准》，2002 年颁布《不让一个孩子落
伍》，2009 年颁布《2009 美国复苏与再投资法案》，2010 年颁布《国家教
育技术规划 2010》《通过临床实践转变教师教育模式：国家优秀教师培养
策略》，2011 年的《转变教学：连接专业责任与学生的学习》《我们的未
来，我们的教师》，2012 年的《"PESPECT"计划：构思 21 世纪的教学职
业》《教师准备改革法》等②。美国这一系列政策，强化了联邦政府对教师
教育的导向与控制作用，通过改革提高教师的人才培养质量，通过加大教
师教育资助力度吸引优秀青年入职教师行业，同时注意重塑教师形象，提
高教师的社会地位，由此，将教师教育引领至世界前沿。

教师专业发展要有全面的要求，教师的职业品质主要反映在教师资格
测试中的要求。美国教师资格测试的理论与实践部分内容非常广泛，包括
了 12 个部分："①如何管理一所学校？②作为学生的精神导师，教师应具
备怎样的精神？③用什么方法来激励教师？道德还是金钱？④教师在教学
过程中想要达到奏响打动心弦、余音绕梁的旋律的效果需要做什么特殊的
准备？⑤你认为教师的职责是什么？⑥教室应该如何通风？⑦教室应该是
什么样子的？⑧教师对孩子的健康负有何种责任？⑨心理学的知识对教师来说
是不是一种有用的储备？为什么？⑩教师是否应该为学生的智力发展负责？
⑪描述学生"学习的顺序"；⑫教师是否应该承担学生的道德和宗教信仰
的教育？"③

加拿大新入职教师教育的政策，加拿大各省和地方教育行政部门专门

---

① 赵萱. 美国教师入职教育理论范式演变：基于话语转换的视角 [J]. 教师教育研究，2019（4）.
② 高燕林，梁婷婷. 21 世纪以来美国教师教育政策评析及启示 [J]. 现代教育科学，2016（1）.
③ 玛丽莲·科克伦-史密斯，沙伦·费曼-尼姆赛尔，D·约翰·麦金太尔. 教师教育研究手册：
变革世界中的永恒话题（下卷）[M]. 范国睿，等译. 3 版. 上海：华东师范大学出版社，
2017 年：951-952.

为新入职教师教育制定了相应的标准，亚伯达省为指导新入职教师教学、职业生涯发展和评价，制定了教学质量标准（TQS），英属哥伦比亚、安大略为引导新入职教师终身学习和发展，制定了教师职业生涯发展标准①。

在欧洲，为了保证教师能力及资格的可比性，欧洲委员会于 2005 年就教师能力及资格发布了《欧洲教师能力及资格的共同准则》（*Common European Principles for Teacher Competences and Qualifications*），对各国教师需要具备的共同能力以及资格进行了全面阐述，提出了共同原则、关键能力、政策建议等具体内容。在共同原则中强调未来教师队伍必然是高素质的教师队伍、终身学习的职业、流动的职业、合作的职业；倡导未来教师必须具备协作、掌握知识、技能与信息的能力，融入社会等关键能力；明确教师的发展应该涵盖职前、入职与在职专业发展三个环节，鼓励教师流动，注重教师培养过程中各方利益相关者的参与。② 在欧洲，德国的教师教育政策或许可以成为典型性的代表，既具体又具有实际指导性。东西德统一后，为了缩小相互之间的差距，开始制定一体化的教师教育政策，在各州多样化的中小学教育体制与教师教育类型基础上，确定了 6 种教师教育类型，先后出台了《有关相互认可柏林、勃兰登堡、梅克伦堡-前波莫瑞、萨克森、萨克森-安哈特、图林根等 6 个州的教师资格证书考试协议》《有关进入小学任教的教师职前教育与考试要求的框架协议（教师资格类型 1）》《有关进入中等教育第 2 阶段（普通科目）或文法中学任教的教师职前教育与考试要求的框架协议（教师资格类型 4）》《当前教师的职责——教师作为促进学习活动的专业人员》《有关吸纳来自其他州的师资力量的决议》《有关教师教育职前教育阶段推行学士、硕士学位和模块化教学以及增强专业间透明性的相关问题的决议》《教师教育标准：教育科学》等，21 世纪又颁布了《各州有关教职工生涯、薪酬、薪酬保障、公务员地位等文件规定的信息交流的协议》《各州有关教师教育专业学科与专业学科教学法共同内容的要求》《各州有关满足教师队伍建设需求的共同指导方针》《各州有关见习阶段的规划与第二次国家教师资格证书考试的共同

① 杨莉君，王彦峰. 加拿大新入职教师教育政策及其对我国的启示 [J]. 教师教育研究，2014 (5).
② 覃丽君，陈时见. 欧盟教师教育政策及其发展走向 [J]. 比较教育研究，2013 (12).

要求》《有关教师教育第一阶段能力倾向测试指南》① 等政策文本，有力促进了德国教师教育的一体化、标准化和卓越化，同时也促进了联邦政府的教育职能不断扩大，同时增强了各州之间的教师教育合作。

日本作为教育质量较好，教育制度与体系较为完善的国家，其教师队伍也是世界一流，教师教育对于我国具有很强的借鉴价值。在日本，教师是教育公务员，1949 年颁布的《教育公务员特例法》明确提出"地方公务员中，根据《学校教育法》所规定的公立学校的校长、副校长、学部长、教师、大学生的部长、大学附属的研究所、图书馆长，教育委员会的教育长、指导主任、社会教育主任等，均是教育公务员。"2000 年，日本的《教育改革国民会议报告——改变教育的 17 个提案》发表，在"建设新时代新学校"中提到"制定能够回报教师工作热情和努力的评价体制"②，强调在教育评价中提高教师工作的热情和动力，并通过待遇实现其内在动力机制的形成。在上述基础上，2001 年日本公布了《公务员制度改革大纲》，教师作为教育公务员，深受这一制度的影响。2006 年日本通过了《未来教师教育及教师资格制度的应有做法》，提出要提高教师教育的学历要求，创立教师教育专门培养机构并施行教师资格证更新制度，设立教师教育研究生院等措施。2007 年日本中央教育审议会发布《关于今后教师工资状况》报告，强调通过教师发展评价，提高教师工作积极性，提升教育活动质量，应该按照教师职务给予多样灵活的工资评价方式，促进教师的自信与热情。2008 年的《关于教育振兴计划——面向实现"教育立国"》报告，强调教师专业发展评价要尊重个性、提高能力、培养作为个体和社会成员应有的生存能力，提高教师工作热情和职业信任感。

澳大利亚 2000 年正式实施《高品质教师计划》，通过政府引导，由联邦政府、州政府、地方政府、大学、中小学、教师协会组织等相关利益部门共同参与讨论，形成复杂、系统、庞大、多维的政策体系。强调优质教师的内涵随着改革的深化不断提升，逐步融入信息计划能力、职业素养等

---

① 覃丽君. 德国教师教育政策的历史变迁与发展特征［J］. 教师教育学报，2014（4）.
② 殷爽，陈欣. 日本公平中小学教师评价制度改革：背景、内容与问题［J］. 外国教育研究，2016（5）.

新的要素①。澳大利亚的教师教育也经历了几个阶段，一是第二次世界大后到 20 世纪 80 年代，从职业培训转变为专业教育；二是从 80 年代中期到 20 世纪末，从专业教育转向能力于发者的培养；三是 21 世纪后教师教育改革的全面推进②。

我国教师教育政策的演变。我国教师教育政策不断完善，逐步走上系统化、全面化，保证了教师教育工作的快速发展与战略地位的提升。在我国教育政策的发展过程中，形成了几个特点鲜明的阶段。

一是变革与不稳定阶段（1949—1977 年），早期重点在于重新构建适合新中国体制的教师教育体系，出台了基本的教师教育政策，全面仿效苏联改造旧师范体系，形成了新的师范教育模式，但在"文化大革命"期间却对教师教育形成了巨大的冲击，教师教育政策体系废止。

二是恢复与改革阶段（1978—1984 年），"文化大革命"结束后，国家进入拨乱反正时期，重点在于恢复教师教育工作体系，全面恢复高考和师范教育体系，形成了新时代的教师教育政策法规体系，1978 年教育部出台了《关于加强和发展师范教育的意见》，同时于 1983 年发布了《关于发展农村幼儿教育的几点意见》，结束了混乱的教育状态，构建了教师教育工作体系。

三是发展与系统化阶段（1985—1999 年），国家进入正常秩序后，教育受到关注和重视，教师教育地位也得到提升。1985 年中共中央颁布的《关于教育体制改革的决定》明确了教育体制改革在社会发展中的作用，并于次年颁布《中华人民共和国义务教育法》规定了教师的权利和义务，1993 年颁布的《中华人民共和国教师法》全面确定了教师的地位、权利、义务、职责和发展。1999 年中共中央、国务院发布了《关于深化教育改革全面推进素质教育的决定》和国务院批转的教育部《面向 21 世纪教育振兴行动计划》，加快了教育的改革，促进了教师教育的发展。

四是完善与创新阶段（2000—现在），2001 年，国务院发布的《关于

---

① 俞亚萍，王红梅，梁云. 美英澳教师教育政策的共性研究及启示［J］. 黑龙江高教研究，2019（12）.

② 张燕. 二战后澳大利亚教师教育政策的变革［J］. 职业教育研究，2016（1）.

基础教育改革与发展的决定》，正式确定了教师教育的概念。2002年教育部出台的《关于"十五"期间教师教育改革与发展的意见》，提出进一步完善教师教育制度，提升教师素质，着重提出完善教师教育制度，提升教师素质，同时国培计划、特岗计划、乡村支持计划等政策相继出台。2011年教育部颁布了《教师教育课程标准（试行）》《教师资格考试标准》，2012年又颁布了《中小学教师专业标准（试行）》，从职前、入职到职后，全面规范了教师的基本素质与能力，明确了教师专业发展路线。2018年，中共中央、国务院印发的《关于全面深化新时代教师队伍建设改革的意见》和教育部等五部门印发的《教师教育振兴行动计划（2018—2022年）》更是从战略高度，规范了教师队伍建设的路线。

二、评价模式

美国教师的评价：基于能力提升的教师教学评价。评价是管理的手段，也是一种价值导向，更是一种发展条件。在美国中小学教师的教学评价中，非常重视教师的教学能力提升和教学中学生发展性测量，突出教学能力体系。教师的教学评价分为校长评价、同行评价和开放式的社会评价三种形式。不论哪种评价都是基于教学实践的需要而进行的，并且是以教师专业能力提升为目的的。其中，同行评价的优势在于："全职的咨询教师有足够的时间对负责的教师开展评价提供帮助；针对不同学科、不同年级，评价与支持教师专业发展，有效地应用绩效标准；同伴听证和咨询教师会议确保教师教育活动和评价的多视角的参与；因为教师工会参与评价过程，解聘教师这一过程更科学、可信；由于咨询教师、校长、评价委员会对评价的质量和准确性有十分的把握，咨询教师愿意提出解聘建议"①。同行评价对于教师均是基于教学实践过程进行，具有很强的能力效能。校长对教师只负责教学评价，而不负责教师指导。校长或副校长对教师的教学评估是基于课堂本身进行的，校长或副校长要对每个教师每年听3~5次课，通过全面了解教师的教学实际情况，对照教学评价依据和指标体系，最终对教师给出年度教学评价。教学教练或学区主任，只负责与教师进行

---

① 严玉萍. 美国中小学教师同行评价研究［J］. 内蒙古教育，2011（8）.

教学交流、诊断，提出建设性意见。开放式的社会评价则来自家长、社区和第三方社会组织等。

教师的教学评价最终可以分为未达标型（Below standard）、发展型（Development）、成熟型（Proficien）、示范型（Exemplary）四个等级。同时，教师专业发展评估是依据多元原则、生本原则、教师发展提升原则进行，对教师的专业发展评估是一个工作过程与学习过程、研修过程的评价，评价方式有培训评价、正式听课评估、非正式听课评估、课外观察、日常交流反馈、打分等。教师的课堂教学评价主要从四个方面进行：一是教室环境、学生的激励与交流状态；二是教学计划和学生主动学习状态；三是教学过程中的学术、价值引导性；四是教师的专业能力、职业责任与领导力。教师的教学评价着重于几个指标：一是必须量化评估学生成长或发展性；二是依赖数据驱动，用大数据说话；三是持续性的监测；四是学区目标与学校目标的一致性。教师教学评价量化得分权重分别是：教学中学生成长与发展占45%，家长教学调查占10%；学校全体学生学习水平地位占5%；教师绩效观察与实践占40%。美国专业机构对于教师的专业发展非常重视，美国教育研究协会在1984年成立了一个新的分部（K部门），用以专门研究"教学和教师教育"情况，包含五个不同的部门：①负责研究教学的主题；②负责研究教学的合作或联合的环境；③负责研究多元文化背景下的教学；④负责研究教师工作中的教与学，进一步划分为教学法和组织两部分；⑤独立负责自主学习、从业者调查和教师与教学研究①。另一方面，好的评价是基于评价的研究与政策，自20世纪末以来，美国教育咨询机构十分重视教师队伍的研究，1996年美国卡内基教育和经济论坛工作小组发表了《国家为培养21世纪的教师作准备》的报告，之后霍尔姆斯小组又发表了《明天之教师》《明天之学校》《明天之教育学院》三份关于教师专业发展的系列报告，在美国教育界产生了积极的作用。在此教师专业发展强烈的理论与政策背景下，纵观美国中小学教师的专业发展评价，具有几个鲜明的特点："评价目标具体明确、评价模式层

---

① 玛丽莲·科克伦–史密斯，沙伦·费曼–尼姆赛尔，D·约翰·麦金太尔. 教师教育研究手册：变革世界中的永恒话题（下卷）［M］. 范国睿，等译. 3版. 上海：华东师范大学出版社，2017年：1175.

次清晰、评价组织多样化、评价注重教师工作效率和学生学习成果、评价标准的最优化、评价过程具有连续性和系统性"①。

教育评价不仅是教育质量与教育价值的诊断与评估，还是一种教育发展方向和价值的引导，更是教育事业发展的控制与保障。教师专业发展的方向与价值就得益于教师教育评价的不断发展与改革。纵观国外教师教育专业发展的评价模式，有诸多可取方式，也有许多可借鉴经验。

为了教师教育类高校提升师范生培养质量及广大中小学提升新入职教师的职业能力，提升教师的教学领导力和学生促进力，国家教师教育认证协会（National Council for Accreditation of Teacher Education，NCATE）作为美国最权威的教师教育认证机构，在 2000 年明确将增强职前教师促进学生学习的能力作为教师培养的重要评价维度。这一改革受到美国众多州与高校的响应，当年就有来自美国 10 个州的 10 所高校组建了"教师质量提升复兴联盟"（the Renaissance Partnership for Improving Teacher Quality），并发起了为期五年的改革项目，倡导教师培养从关注职前教师"专业知能"向关注其"应用知能促进学生学习的能力"转变，增强"教"与"学"之间的联系。到 2002 年，教师质量提升复兴联盟以西俄勒冈大学（WOU）的"教学工作样本（Teaching Work Sample）模型"作为原型设计了复兴联盟教学工作样本模型，以学生学业成就为评价指标，以记录职业教师影响学生学习过程为方式，以衡量职前教师专业发展水平为目的②。

美国对教师队伍多样化评估中，重视并坚持以行动为核心的评估，2011 年 11 月，全国 20 多个主要的引领和支持教育的组织聚集在一起，召开了为期三天的会议，主题为"基础的丧失：教师队伍多样化全国峰会（Losing Ground：A National Summit on Diversity in the Teaching Force）"。③ 由此，美国中小学教师的评价出现了 PAR 模式、RTWS 模型等，反映出教师评价越来越倾向于将教师评价与学生成绩相结合，突出教与学的利害关

① 教鑫，刘桂秋. 美国中小学教师专业发展评价探究及启示［J］. 延安职业技术学院学报，2012（1）.
② 郑洁. 教师教育认证背景下美国中小学教师入职评价模型研究——教学工作样本模型解析及启示［J］. 江苏第二师范学院学报，2019（5）.
③ 玛丽莲·科克伦-史密斯，沙伦·费曼-尼姆赛尔，D·约翰·麦金太尔. 教师教育研究手册：变革世界中的永恒话题（上卷）［M］. 范国睿，等译. 3 版. 上海：华东师范大学出版社，2017 年：506.

系。教师的评价的 PAR（Peer Assistance and Review）模式就是同行协助和审查，其评价主体是咨询教师（Consulting Teachers），对于要负责的 10 名左右评价对象，咨询教师既是指导者、帮助者，又是评价者。评价对象主要包括没有任何教学经验的初任教师、刚到新学区任职的在职教师、在教学上有困难或是管理者认为有困难的在职教师、想要改善教学表现和自愿参与评价的在职教师、想要参与定期评价的在职教师。这种模式的评价内容主是教学程序、课堂管理、学科知识的准备、专业责任等①。而评价中的 RTWS（the Renaissance Teaching Work Sample）模型最主要关注教学的情境因素、学习目标、测评计划、教学设计、教学决策、学生学习结果分析、教学反思与自我评价等因素。

在美国，州际新教师评估与支持协会构建了新教师评价的示范性标准②：①学科知识：教师要理解所教学科的核心概念、探究工具和学科结构，并能建构学习经验以使学科的这些方面对学生有意义。②学生发展和学习：教师要了解学生是如何学习和发展的，并提供学习机会来支持他们在智力、社会和个人层面的发展。③多样化学习风格：教师要了解学生在学习方法上的差异，并提供适合多样化学习者的教学。④教学策略：教师要理解和运用多样化的教学策略去鼓励学生发展批判性思维、问题解决能力和表现技能。⑤学习环境：教师要运用对个体和群体动机、行为的理解，去营造学习环境以鼓励学生积极地进行社会互动、积极地参与学习和自我鼓励。⑥交流：教师要运用有效的口头和非口头语言以及媒体通信技术方面的知识，培养学生在课堂上的积极探究、合作和支持性互动。⑦教学设计：教师要基于学科知识、学生、社区和课程目标来设计教学。⑧评价：教师要了解和运用正式和非正式评价策略，来评估并确保学习者在智力、社会和生理层面的持续发展。⑨专业发展和反思：教师是一个反思性实践者，需不断地评价自身的选择和行为对其他人的影响，并积极寻找专

① 郝世文，饶从满．由问责走向合作：美国中小学教师评价 PAR 模式研究［J］．现代教育管理，2019（10）．
② 玛丽莲·科克伦-史密斯，沙伦·费曼-尼姆赛尔，D·约翰·麦金太尔．教师教育研究手册：变革世界中的永恒话题（上卷）［M］．范国睿，等译．3 版．上海：华东师范大学出版社，2017 年：518-519．

业发展机会。⑩合作与人际关系：教师要与学校同事、家长和更大共同体中的能动者建立关系以支持学生的学习和幸福生活。

在科罗拉多州针对优秀教师的遴选构建了自己的评价系统。科罗拉多州示范评价体系（Colorado State Model Evaluation System，CSMES），其中的中小学教师示范评价体系（Colorado State Model Evaluation System for Teachers）对中小学优秀教师的评价形成了具体规定，提出了有效教师的概念，认为有效教师能为全体学生提供优质、公平的学习机会、满足学生成长的需要，能够支持学生成长和发展，缩小个体差异，能够帮助学生成为终身学习者，形成公民必备的基本技能等。评价的主要内容与标准包括教师展示所教授的内容和教学专业的知识、教师建立多元包容的学习环境、教师提供有效的教学、教师反思与实践、教师的领导力、教师对学生的学业负责等①。

在教师评价过程中，校长的角色非常重要，在美国教师评价主要有增值评价（Value-Added）和基于标准（Standards-Based）两种形式，在这两种评价形式中校长都是不可或缺的评价者。校长要科学、系统评价每一个教职工，必须具备相应的评价指标体系：对教职员工的评价体系有一个全面的理解，并且理解评价在教师发展中的重要作用；为教职员工提供支持、资源和矫正来提高他们的工作绩效；记录教师的优点与不足，并提供及时的正式、非正式的反馈；使用与学区政策相一致的多样化的评估手段来评价教职员的表现并进行准确的评估；对教职工的提拔和滞留做出推荐，使之与已建立的政策、程序相一致，并把学生学习作为重要的考虑因素；教职工基于评价结果参与设计和实施最佳教学实践，以提高他们的教学并最终提高学生的学习成绩②。

德国中小学教师的专业发展评价模式主要由四个层次组成③：①反应层。评价内容是教师培训过程中对培训方案设计、活动组织及培训效果的看法、反应；评价方式是问卷调查、访谈，评价方向就是教师培训质量的

---

① 李玲晨. 美国科罗拉多州中小学教师示范评价体系及其启示［J］. 教育测量与评价，2019（9）.

② 刘淑杰，谢巍. 美国中小学校长在教师评价中的作用及面临的挑战［J］. 教育测量与评价，2016（5）.

③ 孟潇潇，张晓霞. 德国中小学教师专业发展评价研究［J］. 教师教育论坛，2018（4）.

满意度及认可度。②学习层。评价内容是教师专业是否提升，包括职业态度、教学技能、专业技术等，评价方式是卷面测试、教学示范、绩效考核，评价方向就是衡量培训成效。③行为层。评价内容是对培训是否转化为实际工作效能进行考察，评价方式是学生、同事、家长等持续观察及考评，评价方向是教师工作态度及教学实践的改进情况。④效果层。评价内容是增加就业率效力、提升教学质量等宏观层面因素考察，评价方式是借助网络信息平台进行考察，评价方向是培训成效的跟踪调查。

在我国关于中小学教师专业发展评价形成了许多研究成果，关于中小学教师水平评价标准，其内容十分丰富，包括思想政治素质和职业道德素质、身心素质、学历、支教经历、教师资格与专业知识、继续教育、年度考核等基本条件，计算机能力、外语水平、班主任工作、学生满意度、育人职责履行、注重学生发展等教书育人状况，教学获奖、学科特色、教学影响力、公开课与示范课、课时与任教年限、教育技术、综合实践活动等教学水平因素，论文发表、课题研究、教材专著、创新能力、自我反思、团队合作等教研能力，学科知名度、指导学生与教师、教学改革、送教下乡等引领能力等①。

例如，广东省中小学教师正高级教师的评审标准由基本条件、专业条件两部分组成，基本条件包括思想品德、学历、资历、计算机应用能力等，具体规定了大学生本科以上学历，高级职称上任职 5 年以上；如未有本科以上学历，则需要任职 10 年以上。专业条件将高中、初中、小学、幼儿园学段分开，但其共同点包括担任班主任 10 年以上，具有深厚的教育基础理论，教学效果显著。同时，对教学工作量、教学竞赛成绩、荣誉、课题与论文等有具体的规定，同时强调在区域内具有教育教学示范作用，影响较大。这种评价标准体系不仅含有教师基本素质、基本条件，还关注教师的职责履行、工作效果，更将教师教科研能力与成果概括进来，是一个超教学的指标体系。

---

① 肖清清，朱华. 17 省市中小学教师胜任力评价标准比较研究［J］. 江苏教育，2019（54）.

三、政策启示

各国教师专业发展政策在实践过程中，形成了具体的实践经验和启示，能够在我国教师教育工作中得到有效的应用，提升教师教育工作的水平与教师专业发展水平。

一是各国教师教育政策形成与实施中突出体现的是政府意识到未来国家发展与竞争中，教师教育在强国战略中的地位和意义，体现出主动介入并利用政策驱动，全面推动教师教育工作的改革与创新。美国教师教育改革政策中《我们的未来，我们的教师》《不让一个孩子掉队》显然是将教师质量与教育质量、国家发展联系在一起，将教师教育工作作为保证国家竞争力的手段。英国的《教学的重要性》《培训下一代卓越教师》就是要通过培养与培训出卓越教师，保证英国基础教育在世界的领先位置。

二是各国教师教育政策均强调整体改革，不断完善教师教育培养体系，保证教师职前教育质量，确保基础教育优质师资的来源。美国、英国、澳大利亚等都颁布了卓越教师培养计划，美国的《我们的未来，我们的教育》、澳大利亚 2000 年实施《高品质教师计划》、英国 2011 年颁布的卓越教师《讨论稿》《执行计划》，均是强化教师资格证书制度，严格规范教师准入机制，推动教师职前教育改革，同时通过提高奖学金、吸引优秀青年进入师范体系，并通过基础教育改革，推动卓越教师的培养。

三是各国均着力于构建教师专业发展标准，推动师范专业评估和强化教师资格认证，保证教师教育质量水平。美国建立了比较系统与完善的教师专业标准体系，先后颁布了《教师教育职前专业标准》《全国通用教师入职标准》《卓越教师评价标准》《优质教师专业标准》，对教师教育工作的职前、入职、职后均有整体的指导。而英国先后颁布的《合格教师资格标准与教师职前培训要求》《教师专业标准框架》，全面规范了教师的职业品质，应具备的教学技能、教学关键能力等①。

四是系统的政策体系是教师专业发展的重要保障。好的顶层设计不仅

---

① 俞亚萍，王红梅，梁云. 美英澳教师教育政策的共性研究及启示 [J]. 黑龙江高教研究，2019（12）.

是长远的，更是有效的，美国教育的危机意识较强，教育发展的规划相对而言具有较强的建设性和实践性。1983 年，美国国家卓越教育委员会（National Commission on Excellence in Education）向社会颁布了《国家处在危险之中——教育改革势在必行》（*A Nation at Risk：The Imperative for Educational Reform*）；1991 年，总统布什签发旨在教育改革的文件《美国 2000 年教育战略》；美国 1999 年开始实施的教师进步计划（Teacher Advancement Program，TAP）旨在吸引、留住、培养和激励人才等，实现教师发展专业化的核心工程，对促进中小学生学业成绩的改善、吸引更多优质人才资源充盈教师队伍、稳定中小学师资队伍起到积极作用①；2002 年美国总统布什签署《不让一个孩子落伍法》，成为全民教育，促进教育公平的重要标志。《2009 年美国复苏与再投资法案》为培养和遴选卓越教师，对教师的能力和水平提出了新的要求，认为卓越教师不仅要有相应的教学能力，还要具备一定的领导能力，能够激发学生的创新力。2010 年，美国国家教师教育认证协会蓝带小组提出《通过临床实践转变教师教育：一项培养有效教师的策略》认为教师培养应效仿医学教育的模式，注重教学实践，积累临床经验。2012 年美国教育部发布《RESPECT 计划：展望 21 世纪教学职业》报告，要求美国必须确保教师职业成为受人尊重和支持的职业。2013 年奥巴马政府颁布了《认识教育成功、专业卓越和协作教学的蓝图》构建了通过合作性的实践团体，培养卓越教师的合作能力与领导能力。2013 年奥巴马政府颁布了《联邦政府 STEM 教育五年战略计划》，2016 年奥巴马政府颁布了《STEM2026：STEM 教育创新愿景》，确定五年内要招聘 10 万名 STEM 教师，在未来增加 100 万名 STEM 顶尖人才的教育战略目标。2016 年美国教育部还出台了《在教师培养项目中推进教育技术的发展》（Advancing Educational Technology in Teacher Preparation），认为教师培养过程应该形成网络课程学习计划，提升教师的职前的专业能力②。这些系统的政策文本成为教师队伍发展的重要保障，解决了教师队伍专业发展的现实性问题和瓶颈性困难。相信我国在教师教育领域相关的政策系

① 苗学杰. 美国中小学教师专业成长新路径——教师进步计划述评 [J]. 基础教育参考，2008 (2).
② 曲铁华，杨洋. 奥巴马政府时期的美国联邦教师教育政府探析 [J]. 外国教育研究，2019 (10).

统会越来越完善、越来越着眼于长远。在这个过程中，借鉴是完善和发展的重要方式。

五是在教师教育政策实施过程中，各国均强化高校在教师培养、教育实习等环节与基础教育、教育行政部门的合作，全程促进教师教育的专业发展。美国在中小学中建立和开展专业发展学校、伙伴学校、城市教师驻校项目等推动高校与中小学的合作。注重教师职业能力的实践训练与培训，美国国家教师教育认证协会于2010年颁布《通过临床实践转变教师教育：培养高效教师的国家策略》，英国在《培训下一代卓越教师》中提出大幅度调整现有的以建立大学与中小学合作伙伴关系为主的教师培训制度，构建以中小学为基地的教师实践培养模式，到2015年，英国有一半以上的培训转移到中小学，让中小学教室与课堂作为教师教学能力提升的重要基地。结合美国与加拿大、英国等国教师教育政策启示，我国教师教育政策应重点关注：教师教育职前教育和职后教育的一体化与相互融合；不断优化新教师的入职教育管理及其课程体系的建设；促进新教师的入职教育多样化与多元化，提升新教师入职教育的效率与目的性；加强在职教师的分层、分类、分级、分段的个性化、针对性培训，保证所有教师的专业发展；提高教育实习工作的管理与科学性、系统性、养成性和有效性。

六是各国教师教育政策突出区域间教育均衡发展，注重教育公平和落后群体、弱势群体的发展。美国《我们的未来，我们的教师》指出教育的最终目的是让每个孩子都拥有他们值得尊重的有效教师，享受优质教育，美国的特许学校和磁石学校，就是通过教师的调配、办学条件的改善，来实现教育的相对公平。英国教育政策也是要实现均衡发展、公平教育的目的，对薄弱学校加强财政的扶持，同时鼓励优质学校与薄弱学校的交流，委派优秀教师和大学生到薄弱学校支教，提升薄弱学校的教育质量。

四、历史启示

各国教师教育工作的漫长发展过程，形成了各具特色的模式和具体影响，各国教师教育发展对教育的影响也各不相同，教师教育的地位有高有低，但各国教师教育发展历史所形成的经验教训，值得我国教师教育工作吸取和反思。

一是苏联的教师教育工作经验教训所形成的启示。苏联的教师教育的经验教训首先表现在师范院校设置的课程多偏重于理论，与教师的培养目标不符；其次是苏联培养的教师队伍虽然庞大，但由于教师职业地位偏低、待遇偏差，导致教师队伍整体质量参差不齐。我国整个教育体制与苏联具有一定的一致性，同样的问题与教训都存在，因此，我国教师教育必须注重教师教育类高校本身的改革，加强教师教育的职前培养体系的整体改革，全面提升教师待遇、提高教师职业地位，吸引优秀青年进入教师行业，同时优化高校教师教育的教学、实训、实践，提升教师的职前培养质量。

二是欧盟等国教师教育历史经验及其启示。欧洲教师教育重视教师的文化素养、名种语言素养、数学素养、科学技术和工程素养、数字化素养、个人社会及学会学习的素养、公民素养、创新精神、文化觉识与文化表达素养的培养，重视教师专业知识的理解、专业技能与实践、专业精神与职业情感，对我国教师教育工作具有重要的借鉴作用。德国中小学教师队伍的培养与培训可以分为修业阶段、见习阶段和继续教育阶段，其中修业阶段以理论学习为主；见习阶段以实际教学为主，教师不仅要进行 听课和试教，而且要深入学习理论体系，包括教学技能、相关法律法规、特殊问题处理方法等；继续教育阶段，教师培训有州级集中、地区性进修及学校间与学校内部进修三种方式，教师逐级参加培训，主要是为了提升教学水平。德国中小学教师专业发展评价以第四代评价理论"共同建构"为核心思想，将评价对象纳入评价主体范畴，以此来保证评价对象获得平等话语权，中小学教师专业发展评价采用反应层、学习层、行为层、效果层组成的"四层次评价"模式①。在我国提出教育强国战略背景下，富有专业素养、职业技能、教师情怀、职业信仰的教师队伍就成为重中之重，教师教育要从外延的改革转向内涵发展，从培养、管理、培训和评价等方面重视丰富教师职业内涵，赋予广大师范生和在职中小学教师适应未来发展需要的能力和品质，促进教师教育工作能全面引领我国教育的发展，形成具有竞争力的教育趋势。

三是美国教师教育历史经验及其启示。美国联邦政府相对于其他国

---

① 孟潇潇，张晓霞. 德国中小学教师专业发展评价研究［J］. 教师教育论坛，2018（4）.

家，虽然没有对教育进行高强度的控制与管理，但其与州政府、学区管理相互结合，权力下放的管理模式，让其教师教育具有独特价值和特色，值得我国教师教育学习与借鉴。美国教师教育鼓励教师对教育的反思和批判，并在此基础上促进教育的发展和完善，特别是教育制度的完善。专家认为教育中的批判工作有五项任务：①它必须要"见证负面现状"，这意味着，它的一个主要功能在于呈现出在广泛的社会背景下教育政策与实践是以何种方式同剥削和支配联系起来。②它要进行类似的批判分析和理解，必须指明矛盾和可能的行动空间。③有时，它还需要界定什么才算是"研究"。④在这个过程中，批判工作还要保持激进工作传统之生命力。⑤批判工作也必须协助创立批判社群，支持社会运动与动员，并参与到他们的行动当中，向他们学习，这样我们可以共同进步。①

其一，美国教师教育与国家的危机意识密切结合，形成了超前发展的政策体系，在我国教师教育战略的提升和教师职业地位提高上具有直接的借鉴意义。其二，美国教师教育工作实际管理下放到州、学区，利于各州、各学区均在自主发展教师教育，形成了各地方的特色，对于我国教师教育中各高校的办学自主权、各地方教育行政部门管理上的价值选择应该加强有借鉴作用。其三，美国教师教育中特别注重教师的公平、爱和平等理念的教育与养成，对于我国教师教育中教师职业品质养成具有积极的借鉴意义。其四，美国教师教育中发达的评估与认证机构，完善的评估与认证标准体系，确保了美国教师教育的质量和品质。在我国教师教育工作体系庞大、国情复杂、师资队伍参差不齐的情况下，教师教育评估与认证就成为最重要的保障和导向手段。

教师培养、培训是实现教育权利的基本条件。教师培养是教师来源最重要的保障，培养机制与政策水平决定了新增教师的质量与水平。美国师范生的职业训练与培养过程有几点值得我们借鉴与学习：一是师范生的职业训练比重较大，本科学分相对权重较大；二是教育实践时间有保障，硕士甚至要有一年教育实习，值得我国广大师范院校借鉴，需要从理念上重

---

① 玛丽莲·科克伦-史密斯，沙伦·费曼-尼姆赛尔，D·约翰·麦金太尔. 教师教育研究手册：变革世界中的永恒话题（上卷）[M]. 范国睿，等译. 3 版. 上海：华东师范大学出版社，2017 年：116.

视实训与实习过程；三是师范生的培养过程重视人文修养过程，特别是面对学生的态度、情感、伦理教育值得我国师范教育中教师职业道德课程的改革中借鉴。美国基础教育的地方性必然导致区域差异性，其中办学资金来源差异决定了教育经费差异和教育条件判别，最终形成教育的不平等。康涅狄格州有 169 个学区，办学经费 80% 来自各学区居民所缴的地产税，各社区富裕程度不一决定了公立学校的条件和师资的差异。这种差别必然带来学校之间师资能力、师资水平的差别，为了实现教育资源的平等与公平的教育原则，学区就必然在教师水平、教师资格与教师能力等方面尽量通过培训与调配实现均衡与平等。此外，州政府通过 7%～12% 的少量占比的教育经费调节，特别是用教师培训经费、办学经费的平衡来实现教育资源的趋近，促进公立学校的平等发展。

美国教师培训改革与创新经验。美国分权式的教育管理和教育权的下放，一方面会导致联邦教育的内部判别永远存在，同时也会促进各地教育特色的形成。在教师培训方面，重视教师能力的培养。认为教师能力是"为了让学生达到课程和学业标准，让学校达到责任要求，教师掌握的适应应该更加深入和灵活，教师需要理解学科知识和教学法知识的关系，并掌握一些基本技能，如多种分组策略、评价技术等。此外，教师还要形成积极面对改变的品性，致力于促进学生的学习，并坚信所有的学生都具备学习的能力"。① 在教师培训过程中以教学与教育过程为主线，以工作中的问题为方向，培训讲究效能，校本培训为主，有较好的实践基础。虽然也会面临一些问题，但美国中小学教师培训改革出现了一些可贵创新与改革发展趋势，值得分享和借鉴：①减轻学生和教师负担；②开展个性化教学；③加强教师培训，提高培训的创造性、灵活性；④注重培训领导力建设；⑤注重多形式的培训；⑥构建良好的培训环境。针对当前我国中小学生学业负担过重的普遍现象，很值得反思和改进，如何减轻学生学业负担，既有制度原因，也有教师教学水平和教学能力因素，因此，在培训中全面提升教师专业水平，促进教师教学领导力，形成教学与学生发展的统一关

---

① 玛丽莲·科克伦-史密斯，沙伦·费曼-尼姆赛尔，D·约翰·麦金太尔. 教师教育研究手册：变革世界中的永恒话题（上卷）[M]. 范国睿，等译. 3 版. 上海：华东师范大学出版社，2017 年：127.

系，成为当下最为可行的实然选择。要提升教师的专业水平，对于我国现有庞大的教师队伍唯有通过全员、有效培训来实现，因此，教师培训工作通过借鉴、反思来改革成为最需要研究和思考的问题。

四是日本教师教育历史经验及其启示。日本作为我国文化体系影响下的邻国，近一百多年来的教育发展有目共睹，日本教师教育独到的政策体系、教育内容、职业地位、教师待遇等方面均值得我国教师教育、教师管理工作借鉴。首先是日本教师职业地位高，作为教育公务员保障了教师队伍能吸引到最优秀的青年进入教师队伍，同时能加强国民对教师的尊重，对教育的重视，更有利于培养更优秀的国民。我国教师职业地位一直在不断提升，但仍存在地位整体偏低，需要从法律或政策上进行全面提升，近年提出实行教育公务员制应是一种积极的选择和可预期的目的。其次，日本教师的待遇在全世界具有很强的竞争性，教师待遇高，特别是乡村教师和偏远地区教师的待遇更高，应成为我国教师教育和教师管理最值得学习的地方，现有的乡村教师生活补贴方向很好，但还不足以让乡村教师反超城市教师待遇，更未让乡村教师成为令人羡慕的职业，因此，我国乡村教师的地位与待遇的提高还要不断加强。

五、教师专业发展理论的启示

教师专业发展理论基于多学科基础，形成了十分丰富的理论成果，对我国教师教育工作具有重要的启示作用。终身教育理论的形成，首先为教师职业发展形成了一个基本的理论框架和职业发展指导思想。教师职业是一个发展性职业，也是一个需要终身教育与学习的职业，教师必须作为终身学习者出现。同时，教师教育机构、中小学校必然要成为学习型组织，为教师职业的发展发挥自组织功能和教育功能。其次，终身教育理论为我国教育现代化提供了重要的思想指导和行动纲领，联合国教科文组织以终身教育理论为指导，2015 年发布的《仁川宣言》《教育 2030 行动框架》为我国制定《中国教育现代化 2030》具有重要的直接指导作用①。而《中

---

① 李国强. 保罗·朗格朗与终身教育理论——兼论西方终身教育理论对我国教育现代化的启示 [J]. 教育研究，2017（6）.

国教育现代化 2030》为《全面深化新时代教师队伍建设和改革的意见》《教师教育振兴行动计划（2018—2022 年）》具有直接的影响，为我国教师教育工作提供了宝贵的借鉴作用。终身教育理论中提出要实现终身学习、学习化社会，必然要强调教育资源的整合。一是终身教育体系就是要把幼儿教育、小学教育、中学教育、职前教育、成人职后教育都联系起来，使每一个人在其中都能获得适时适当的教育机会。同时，终身教育强调各种教育形式的协调与一体化，给予所有的人自由充分适合于自己的教育手段和方法，获得最佳的学习功课的机会①。从而实现教育资源的纵向与横向整合，为受教育者提供最丰富、最便利、最充分的教育资源与教育机会。在教师教育改革与发展中，教育资源也需要不断融合，为广大教师的职业发展提供多样化平台，多种合适的教育机会，多元促进手段，最终实现教师的全面发展与充分发展。

中小学教师赋权增能理论的意义。在美国中小学校，普遍观察到对教师的教育教学过程进行赋权增能，不断提升教师的教育权利和教育能力，从而提升教育质量。赋权增能的提出得益于"1986 年莱特富特的《论学校教育中的善：赋权增能的主题》"② 提出的赋权增能理论，提出教育管理必须让权与教师，以促进教师的专业能力与自我发展，对于我国现阶段的教师教育振兴和新时代教师队伍建设具有极其重要的借鉴作用，教师强才有教育强，但要真正建立一支高水平的教师队伍，必然要让广大教师有一个教育主体地位和充分的教育教学参与权、管理权，同时有强烈的教育责任感和自我发展意识。

六、教师专业发展评价的启示

联合国教科文组织为实现全民教育六大目标和"千年发展目标"，2015 年实施《变革我们的世界：2030 年可持续发展议程》，致力于"在学前、小学、初中、高中和职业技术培训等各个层面实现全纳、公平的优质教育"，强调所有人都应该获得终身学习的机会。并在其目标中提出：到

---

① 王金龙，徐义武. 终身教育理论漫谈 [J]. 山东电大学报，2002（2）.
② 叶长红. 赋权增能理论下中小学教师专业发展的新路径 [J]. 教学与管理，2019（6）.

2030 年，大幅度提高合格教师的供应数量，包括通过国际合作在发展中国家特别是最不发达国家和小岛屿国家开展教师培训。为全面提升我国教师专业发展目标，依据联合国教科文组织提出要求，形成教师整体建设的有关策略：发展适合不同性别需要的策略吸引最优秀和最有积极性的教师候选人，并确保把他们安置在最需要的地方。这包括通过政策和法律措施，改善工作条件、保障社会福利、确保教师和其他教育人员的工资至少与相似和同等资质的其他职业有可比性，使得教学工作吸引现有和潜在工作人员；审查、分析和提高教师培训质量，为所有教师提供优质的职前教育和持续的职业发展和支持；开发针对教师、教师培训人员、教师管理人员和检查员的资格框架；制定和实施全纳、公平和适应不同性别的教师管理政策，涉及招聘、培训、部署、工资、职业发展和工作环境，提高教师和教育工作者的地位和教学质量；使教师具备足够的技术能力管理信息、通信技术和社交网络，具备媒体素养和信息来源的批判技巧，并提供如何应对有特殊教育需求学生所带来的挑战的培训；发展和实施有效的反馈系统来支持良好的教学和教师专业发展，确保培训对教师工作的积极影响；加强学校领导力，并提升推动教学和学习的积极性；建立或强化运作机制，使与教师及其代表的组织的社会对话制度化，确保他们全面参与教育政策的制定、实施、监测和评价①。

建立教师专业认证标准体系与认证机构。我国教师教育的快速发展，特别是《全面深化新时代教师队伍建设改革的意见》《教师教育振兴行动计划（2018—2022 年）》等的颁布，我国教师教育制度体系、实践体系均有了较大的改观，但在教师的专业发展水平上除了师范专业认证、教师职称评审、各类优秀教师评审、教师校内的教学评估外，教师教育的认证体系、教师评价改革的合作机制等急需构建和完善。

美国教师教育通过几十年的实践逐步形成了比较完善的教师专业标准体系和机构，形成了美国国家教师教育认证协会（NCATE）、州际教师评价与支持联盟（INTASC）、国家教师专业教学标准委员会（NBPTS）和优

① 罗天豪. UNESCO《教育 2030 行动框架》对于我国现行教师专业发展评价方式的启示［J］.四川省干部函授学院学报，2018（2）.

质教师证书委员会（ABCTE）等机构合作建立了符合美国教育发展需要的教师专业标准体系，四大机构的功能不同，基本形成了针对候选教师、刚入职教师、优秀教师和杰出教师制定的有关职前、入职、和在职教师的专业标准。① 在全国建立权威的、科学的、有效的教师教育认证体系进一步完善中小学教师的专业发展体系显得尤为重要。美国教学标准与认证在当前师范专业认证、中小学教师资格认证和教师专业发展评价中值得借鉴。

依据教师专业发评价的 RTWS 模型、PAR 模式、科罗拉多州示范评价模型中的中小学教师示范评价体系（CSMEST）的经验，形成几点必须借鉴的启示：要全面提升我国教师专业发展评价的整体水平，必须重视专业发展评价与认证机构的建设，注重这些机构的人员专业性和实践经验，注重这些机构的资质和教学研究能力；在认证与评价过程中，特别是对教师专业发展的认证必须重视教师的实践养成过程，重视教育实习与技能训练，同时将教育实习纳入认证体系；建立校际联盟，合作开发基于证据且融"教学、评价和发展"于一体的教育实习表现性评价模型；加强教学评价人员的遴选和培训工作，在广大一线教师中培养一批教学评价的专家型教师；营造有利于同行评价实施的良好环境，在教师队伍中选择优秀教师作为新入职教师和普通教师的导师，成为教学教练，在实践中提升广大教师的教学水平；在教师专业发展评价过程中，充分发挥校长这一角色的重要作用，全面提升校长的教育教学专业水准，提升其教学评价与教师评价的实践能力与测评能力，形成良好的工作机制，让校长参与到教学与专业发展评价中来，促进校长的一线评价作用②；在评价过程中，注重教学评价指标体系的科学性和系统性，同时提升指标体系的灵活性和差异性，确保教学评价的公平性与客观性，注重专业发展评价的引导性和教学建设性；加强教师专业发展信息的管理．在加强平台建设的基础上，强化信息化技术人员的参与，完善信息管理制度建设，强化信息与数据的采集、分类、共享、运用，推动教师专业发展评价的现代化；在评价过程中，要注重评估过程的建设性，注重评建结合，全面促进评价的实际意义。

---

① 汪群，高琨，胡永斌. 美国中小学教师专业标准：介绍与启示 [J]. 中国教育技术装备，2018（6）.
② 刘淑杰，谢巍. 美国中小学校长在教师评价中的作用及面临的挑战 [J]. 教育测量与评价，2016（5）.

第二章

国外中小学教师专业发展模式

中小学教师专业发展是基础教育阶段教师培养质量的关键链环，而在教师专业发展过程中，教师职后学习则是教师专业发展的枢纽阶段，是造就卓越教师的决定性阶段，是教师教育改革的发力点。联合国教科文组织在 2007 年的报告中也指出，"在发展中国家，尽管教师培养的前两个阶段——学徒观察阶段与职前培养阶段尤为重要，但他们更加相信：教师入职教育与在职持续专业发展阶段更具有实质性意义"。①

教师专业发展组织体系的坚实根基是教师个体或群体的专业发展。近年来，世界各国或地区都在促进教师专业发展上进行了重要改革，出台了一系列政策措施，明确了教师专业发展工作的内涵与目的，鼓励多元性机构参与服务教师专业发展，采用多样化的学习形式，开展多种类的学习项目，多种举措相互配合，协同作用于教师专业发展。

第一节　内涵理念与组织机构

一、内涵理念

任何教师专业发展活动都是有目的的活动，都是为了促进各种教育发生积极的变化而展开的，这成为世界各国教师专业发展实践的内涵起点。

---

① John Schwille，Martial Dembelé，UNESCO－IIEP. *Global perspectives on teacher learning：improving policy and practice*［J］. International Institute for Education Planning Unesco，2007.

教师参与专业发展活动的直接目的是提高自身专业素养与工作能力，进而促进学生身心积极、全面、健康的发展，并最终带动社会各项事业的蓬勃发展。因此，关注国外中小学教师专业发展体系，我们应首先了解其内涵与理念，及其根本目的和重要价值。

（一）提升教师专业素养

教师参与教师专业发展活动的直接目的是提高自身多方面的专业素养，满足教育事业发展的多样化需求，增强自身对教育工作的胜任力与自我专业发展力。正如经济合作与发展（OECD）报告所言，教师专业发展的基本目的是：根据教育领域最新发展需要，更新教师的学科知识；根据最新教学目标、教学环境与教育研究成果，更新教师的教学技能、态度与方法；促使教师适应课程与教学实践方面的变革；促使教师研发有关课程及其他教学做法的新策略；在教师社群中分享教育信息与专业知识；帮助后进教师实现专业提升，使之工作得更有效等。[①] 这些目的可以概括为五个方面：提高专业素养、适应教学变革、创新教学策略、共享先进经验与开展专业帮扶。费曼（Feinman·Nemser）也认为，教师专业发展的主要目的是更新教师专业素养。他指出，中小学教师专业发展的具体目的，在于深化并扩展教师的学科知识理解；拓展更新教师的专业储备，使其与学生的需要与兴趣紧密联系起来；强化教师的专业秉性与研究教学活动的技能；扩展教师的课程领导责任，以领导者身份广泛参与学校与专业生活；培养教师的人格自我等。[②] 简言之，教师的专业素养主要涉及专业知识、能力、责任及其专业储备。

在欧盟，中小学教师专业发展的基本目的也是定位于"发展教师专业素养"，具体包括使教师具备欧盟《关于终身学习关键能力的建议》中所罗列的各种一般能力；为教师营造基于共同尊重与合作发展的安全而又有吸引力的学校环境；有效胜任学生来源多样化、能力差异悬殊且具有多元化能力与多样化需要的异质课堂教学；能够与同事、家长及更大范围内的

---

① Walshe J，Hirsch D.Staying Ahead：In-service Training and Teacher Professional Development［R］. OECD Publishing，1998：23-26.

② Concept of Teacher Ducation［DE/OL］. http：//www. mu. ac. in /myweb_ test /ma% 20edu / Teacher% 20 Education % 20-% 20IV. pdf，2012-09-01.

社区进行亲密合作；能够通过反思性实践与研究活动来探究新知识、变革教育实践；能在各种工作与教师专业发展活动中使用信息技术；在终身专业发展中成长为自主的学习者。① 这些与教师专业发展有关的内涵理念不仅涉及狭义的教师教学能力、自我发展能力与专业适应能力，还包括教师在学校及其外围环境中创设有利于学生发展环境的能力。为此，我们也可以看到欧盟在教师专业发展内涵上的拓展，以及欧盟社会对教师群体赋予的独特使命。

在加拿大，教师专业发展有两大核心目的：其一为提高教学有效性，其二为支持教师专业成长。前者体现着教师专业发展活动的内在目的，后者体现着教师专业发展的外在目的，两者内外结合，共同推动教师专业素养与工作绩效的提升②。据此，国外学者雷斯伍德（Leithwood）指出，教师专业发展应该重点关注六个发展目的的实现，即发展教师生存技能、提高教师基本教学技能、增强教师的教学灵活性、促进同事的专业发展、锻炼教师参与决策的领导力等。③

（二）培养专家型教师

教师专业发展是一个促使教师实现从新手教师向专家型教师（Expert Teacher）或富有经验型教师（Experienced Teacher）的提升过程。相对新手教师而言，专家型教师具有以下鲜明特征：丰富厚实的知识基础；对各种知识在实践中加以整合的能力；基于过去经验对教育情境问题进行直觉判断的能力；研究解决一系列教学问题的愿望；对学生需求及其学习过程的深刻理解力；对教学目标的意识；对学习环境的深刻意识；教学的流畅性与自主性；教学设计的高效率等。④ 格拉泽（Glaser）认为，要达到专家型教师的要求，教师专业发展活动应该确立起以下目标：在学科专业方面，专家型教师必须在自己的领域与特定的专业背景中达到卓越的程度；

---

① European Commission.Notices from European union Institutions and Bodies ［J］. Official Journal of the European Union，2007（6）：1-4.

② 龙宝新.论国外教师专业发展的现状与走向 ［J］.现代基础教育研究，2016（3）.

③ Leithwood，K.A.The Principal's Role in Teachers' Development ［J］// Fullan，M. Hargreaves，A.（Eds.）. Teacher Development and Educational Change. London：Falmer Press，1992：112-116.

④ Richards，J.etc. Richards JC. Fartell T. Professional Development for Language Teachers：Teaching portfolios ［J］. 2005，10.

在自主性方面，专家型教师要能针对专业领域中经常出现的某些事件予以自主应对；在任务需求与社会情境方面，专家型教师应该有任务需求的敏感性，以及对其对应的社会情境的敏感性；在机会与灵活性方面，专家型教师要能更有效地利用自身的专业机会，更灵活地采取专业策略，回应学生的反馈；在解决问题的方式方面，专家型教师要有独特的处理教育教学问题的智慧，对问题具有独特的理解与看法，使问题得以有效解决；在认识模式方面，在具体情境中，专家型教师能够用一种有意义的认知模式来思考问题。① 总的来说，专家型教师最主要的特点在于知识经验的丰富性、问题认识的智慧性、专业发展的自主性、情境反应的灵敏性、教育教学的高效能性等。为促进新手教师向专家型教师发展，各国教师专业发展机构都在围绕这一目标进行制度设计，并基于此目的开展教师专业发展活动，促使教师专业发展体系不断完善。

（三）推动基础教育改革

国外学者认为，教育改革与教师专业发展之间是双向、互动的关系，教育改革一定要纳入教师专业发展这一环，才能真正取得成功。世界各国的教育改革与发展经验当中，我们常看到，教师在专业工作中的一些创举常常可能成为引发国家教育改革的起点与线索。因此，国家教育改革必须借力教师专业发展，高度重视教师专业发展，才可能取得满意的改革效果。② 简而言之，教师专业发展与教育体制改革之间是相互牵引的关系：在教育改革中潜藏着教师专业发展的经验与机会，而任何科学的教育改革都会给教师专业发展提出要求，因此教师会在教育改革大船的驱动下得到改变或提升，如确立更明确的专业信念、生成更高的专业技能，进而提升专业认知、实现专业发展③；反过来，教师专业发展的行动与要求，以及自主、科学的教师专业发展活动，也同样会推进教育制度与教育政策的变革和优化。

---

① Glaser, R.Thoughts on Expertise [J] // Schooler, C. Schaei, W. (Eds.). Cognitive Functioning and Social Structure over the Life Course. Norwood, New Jersey: Ablex, 1987: 45-49.

② 蔡其勇. 论基础教育课程改革与教师专业发展 [J]. 中国教育学刊, 2003, (8): 46-50.

③ Darling-Hammond, Linda, Mdaughlin, W Milbrey.Policies that Support Professional Development in an Era of Reform [J]. Phi Delta Kappan1995 (8): 597-604.

学者福特瑞尔（Futrell）曾经对美国九个学区的教育改革现象进行了研究，结果发现教师专业发展与教育改革关系的影响因素有七个：①地区关注点，教育改革与当地需求与本土化解决方案的契合；②重要资助，地区管理者对教师专业发展活动的资金保障；③当地领导，改革要获得地区政府与学校领导者的支持；④长远规划，即对教育改革，包括教师专业发展进行的长远规划；⑤教师参与，把教师及其专业发展纳入改革中，提高改革成功可能性；⑥协同合作，社会各个层面和主体的协作；⑦时间保障，教师专业发展需要一段时间，而非立竿见影的。[①] 学者安赛斯（Ancess）也指出教育政策支持的重要性，并提出促进教师专业发展的条件，即激发教师探究的动机，为教师创设探究机会，培养教师创新创造能力，尊重教师的自主权，时间、资源与管理制度的适度灵活性。[②]

总而言之，教师专业发展在教育改革中起着重要作用，而不仅仅是辅助性的存在，因此，我们的教育改革要给予教师专业发展足够的政策支持，给予教师群体丰富的学习与发展机会，发挥教师的专业作用和主体作用。那么，教师专业发展机构在开展工作中，只有尽可能考虑到这些专业发展条件，才能让教师专业发展真正成为推动教育改革的实质因素与强大动力，教育改革也才可能最终立足于坚实根基之上。

二、组织机构

教师专业发展相关的服务与支持机构是教师得以实现专业发展的环境与依托，构筑科学合理的体系对教师专业发展至关重要。在国外，这些组织机构主要是中小学校自身，及形形色色的教师中心、教师发展中心、教师学习中心或教师培训中心等，同时还有社会公益组织的适度参与，许多在职教师的专业发展活动常常放在固定的组织或机构进行。这些组织机构有些是公立的，具有公益属性，如高校、社区、各种教育专业协会等，此

---

① Futrell，M.etc.Linking Education Reform and Teacher Professional Development：the Efforts of Nine School Districts ［M］. Washington，DC：George Washington University，1995：32-37.

② Ancess，J.Teacher Learning at the Intersection of School Learning and Student Outcomes ［J］// Lieberman，A. Miller，L.（Eds.）.Teachers Caught in the Action：Professional Development that Matters.New York：Teachers College Press，2001.

类机构的出资者常常是国家各级政府、各种国际组织及一些慈善基金组织；有些是私立的，以企业的形式运作，并具有明显的市场化色彩。

（一）美国的教师专业发展机构

在美国，教师学习活动的提供者主要是学校（基于"校本"）与学区（州县、社区），全美大约有600余家以各种名义存在的教师中心，如职工发展中心、教育合作社、培训综合机构、社区实训基地、学习资源中心等，培训者主要来自本区教师、学区教师、专业咨询师、本校教师和课程资料出版者等。[1]

从设置上看，美国的教师专业发展机构一般可分为七类：①独立培训中心，一般由当地教师自愿组织创办，其对教师培训需要反应敏感，组织活动高度灵活，但经济来源很不稳定；②接近独立的培训中心，一般与高校或公立学校关联，教师可以自愿参加，培训活动非常关注受训教师与项目领导的要求；③专业组织举办的教师中心，这类中心常常受专业组织主导，关注点较为狭窄，一般以某一学科或专业领域的培训内容为主；④单一运作的教学中心，此类中心较为常见，常常受某一教育机构管理，该机构通过教师培训实现整个机构的发展目标；⑤自由合伙型教学中心，其形式通常是中小学校与大学自由合作，不受政府规定限制，整个项目的运作服从两个机构的共同目标；⑥自由联合教学中心，其特点是由三个或三个以上机构自愿发起建立起来的培训组织，其目的是借助教师培训共同推广一些教育项目；⑦立法或政策性的培训机构，此类机构的培训活动对教师具有一定的强制性，它以州县为主要举办主体，教师培训项目较为复杂且经常变化。[2] 多样化的教师培训组织与机构非常重视教师培训项目的质量，在有效促进美国中小学教师专业发展方面发挥了很大作用。[3]

美国学者怀特海（Whitehead）曾根据舍恩的观点把教师专业发展组织架构分为四类：①"中心—边缘"模式，其中既定的培训资源会从机构中心扩散到组织边缘或教师群体中去；②"次中心增值"模式，在教师专业

① Neil R.Current models and approaches to in-service teacher education ［J］. British Journal of In-service Education，1986（2）：58-67.
② Neil R.Current models and approaches to in-service teacher education ［J］. British Journal of In-service Education，1986（2）：58-67.
③ 龙宝新. 当代国际教师教育研究 ［M］. 北京：科学出版社，2018（1）.

发展组织中，特定区域内的教师员工会从核心部门获得学习或培训信息并对其进行解释；③"外围—中心"模式，该组织中各个层次人员之间会形成一种网络式互动关联。与之相应，怀特海认为，教师专业发展组织变革会采取多样化的方式：研究、发展与传播的方式，它常常采取自上而下、高度集中的方式进行；社会互动的方式，即采取组织内部员工间关联的方式进行；问题解决的方式，即通过对教师在教育活动中遇到的新问题求解来促进教师专业发展组织结构的变革。①

【拓展资料 2-1】

美国科学研究机构助力中小学科学与数学教师专业发展

美国政府鼓励和支持全美科学研究机构参与教师教育，旨在提高广大教师的创新能力。"科学院培育教师科学家"项目（The Department of Energy Academies Creating Teacher Scientists，DOE ACTS）是由美国能源部科学办公室设计的教师发展项目，旨在用恰当的知识和科学研究经验培育杰出的科学与数学教师，使其成为地方或地区教学的带头人或积极教育改革的引领者。通过这一项目，中小学教师与指导他们的科学家和教学伙伴建立起一种长期的合作关系，哪怕他们回到一线课堂，仍能得到支持。

参与"科学院培育教师科学家"项目的实验室有：
- 埃姆斯国家实验室（Ames National Laboratory，Iowa）
- 阿尔贡国家实验室（Argonne National Laboratory，III.）
- 布鲁克黑文国家实验室（Brookhaven National Laboratory，N.Y.）
- 费米国家加速器实验室（Fermi National Accelerator Laboratory，III.）
- 劳伦斯·伯克利国家实验室（Lawrence Berkeley National Laboratory，Calif.）
- 劳伦斯·利弗莫尔国家实验室（Lawrence Livermore National Laboratory，Calif.）
- 洛斯阿拉莫斯国家实验室（Los Alamos National Laboratory，LosAlamos，NewMexico）
- 国家再生能源实验室（National Renewable Energy Laboratory，Colo.）
- 橡树岭国家实验室（Oak Ridge National Laboratory，Tenn.）
- 西北太平洋国家实验室（Pacific Northwest National Laboratory，Wash.）
- 普林斯顿等离子物理实验室（Princeton Plasma Physics Laboratory，Princeton，NJ）
- 桑迪亚国家实验室（Sandia National Laboratory，N.M.）
- 托马斯·杰斐逊国家加速器实验室（Thomas Jefferson National Accelerator Facility，VA）

资料来源：http://www.scied.science，doe.gov/scied/ACTS/program_ desc.htm

---

① Whitehead D J.The Disseminiation of Educational Innovations in Britain London ［M］. Houghton and Stoughton，1980.

（二）英国的教师专业发展组织

英国的教师专业发展活动一个鲜明特点也是非常重视"合作"[1]，既表现为专家、培训者与中小学教师的合作，又体现为组织机构与中小学以及教师学习共同体之内的合作。在英国，向中小学教师提供专业发展活动的组织机构主要有大学、高等教育学院、开放大学、教师专业团体、皇家督学团、教育部与地方教育局等，在教师专业发展方面，中央、地方政府与学校都发挥着组织和领导作用，地方教育局在教师在职培训中承担着关键角色，英国皇家督学团每年假期为教师组织大量的短期进修课程。大学和其他高等教育机构长期以来都在教师职后专业教育中占有重要地位，它们为在职教师提供了各种各样的课程，长期课程既包括可以获得硕士、博士学位的课程，也包括其他的文凭课程，长期课程偏向学术性，而短期课程或专题研讨会则偏向实践性、实用性，其内容着重于实际问题的解决，而非仅仅是教育理论学习。当然，由于学习主要面向在职教师展开，因此，无论是长期或短期，全日制或非全日制，其学习内容都贴近中小学的教育教学实际。随着中小学校与中小学教师工作自主性的增强，越来越多的大学教授走出大学校园，亲临中小学教学第一线帮助在职教师开展实地培训。除此之外，英国的开放大学在全英各地区设有教师发展中心（亦称"教师专业中心"），中心由地方教育局督导机构主管，其主要职责是更新教师知识，提升教师专业能力，提供学习咨询与教学服务。它实行学分制，修满一定学分可得相应的证书或学位。[2] 除此之外，教师工会和学科协会也是教师专业学习活动的提供者之一。英国的全国教师工会每年都会有一整套专业发展计划，而各类学科协会也会为某一学科教师的专业发展提供广泛资源。在校本研修方面，教师专业学习活动与学校自身发展紧密联系，英国政府鼓励学校教师和领导定期聚在一起，并规定学校一段时间内要有固定的 5 天作为教师专门学习时间。同时，英国近年来也鼓励运用信息交流技术来促进教师的跨地区交流。政府还先后设立了特色学校（Specialist Schools）、灯塔学校（Beacon Schools），实施教育行动区（Edu-

---

① 杜静. 英国教师在职教育的特点探析［J］. 教育研究，2012，（12）.

② 陈永明. 国际师范教育改革比较研究［M］. 北京：人民教育出版社，1999：95-102.

cation Action Zones）和城市学校卓越计划（Excellence in Cities），为校际互助打开了通道。①

（三）其他国家与地区的教师专业发展组织

2007年起，欧盟委员会提出协调各教师培训利益相关者，大力支持教师培训学习活动，让教师与同事、家长与社区建立密切合作关系，促使教师参与到学校发展中来，要超越僵化、垂直的组织程序，促使教师专业发展组织适应日益膨胀、多变的学校变革观念。

法国中小学教师专业发展支持体系分省、学区和国家三级。各级教师专业发展活动依赖不同的组织机构。其中，初等教育教师的专业学习活动主要由省一级负责，各省均设初等教育教师委员会，全面负责初等教育教师培训工作，既参与制订培训计划、组织培训和效果评价等工作，也负责向教育行政当局提出教师专业发展工作方面的专业建议。各省培训计划确定后，主要由大学的师范学院在本省的教学中心或各师范学校负责实施。中等教育教师的专业学习活动主要由学区负责，各学区先后建立了"学区培训工作组"，组长由教育部长任命，组长必须是大学教授，成员由组长和学区长共同确定。工作组的主要任务是调查学习与培训的需求、制定培育计划和组织落实。在法国部分地区，工作组也被纳入本学区大学师范学院的组成部分。另外，一些专业性较强的培训学习活动会由国家组织。国家教师专业发展组织根据不同时期的重点问题确立研修方向，通过举办各种专题短训班，由教育部提供经费支持，政府、学区和民间团体均可参与。②

芬兰中小学教师专业发展机构主要包括开放性高等教育机构、普通大学的继续教育中心、民办院校以及一些其他教育机构和组织。开放性高等教育机构是指开放性大学和芬兰的暑期大学；普通大学的继续教育中心主要是为教师提供长期培训课程和在线的网络培训课程。其中，国家教育专业发展中心（OPEKO）是芬兰中小学教师在职培训的最大教育机构。③

① 范冰. 教师在职培训：英国的经验与启发 [J]. 比较教育研究，2004，（1）.

② 陈永明. 国际师范教育改革比较研究 [M]. 北京：人民教育出版社，1999：125-127.

③ Anna Lindh Foundation. National Centre for professional Development in Education [EB/OL]. http：//www.euromedalex.org/about，2012-08-20.

2017 年，芬兰成立教师专业发展新机构——国家教育局，该机构由芬兰国家教育委员会（FNBE）和芬兰国际交流中心（CIMO）合并而成。芬兰国家教育局将在其前身负责的领域里继续提供专业服务：发展教育和终身学习，促进国际交流与合作。[①]

近年来，北美地区教育专家在协助拉美国家教师专业发展中也形成了一些特色。如引入"教中学"理念而设立的巴西加速学习项目（Accelerated Learning Program）[②]，为促进乡村教师专业发展而设立的智利教师培训微中心（Microcentros）[③]。其中，智利教师培训微中心由智利教育部依托"提升教师质量与公平项目"的农村子项目建立。微中心不是地理意义上的区域概念，而是指教师主导的专题研讨会，这些会议由感兴趣的教师倡议发起，由片区代表予以指导。微中心组织的论坛专门提供给乡村教师。借助微中心论坛，乡村教师也有机会与其他教师分享经验，共同参与活动，向其他教师学习。有了这一培训服务，乡村教师在课堂上发现的具体问题就可以及时得到解决，而这些问题的解答者就来自微中心的教师群体。

第二节　教师专业发展内容与形式

一、教师专业发展内容

联合国教科文组织有关报告指出，世界各国中小学教师培训学习内容集中在四个领域：①通识教育，旨在提高教师的一般教育背景与社会常识；②教学培训，主要包括研讨教师所教学科知识体系、探讨学生学科学习特点、发展教学实践技能、学习新颖教学策略、学习教育技术知识等；③专业伦理教育，即强化教师工作的专业性与教师专业伦理意识；④变革社会所需的知识技能学习，即教给教师与动态社会变革相应的专业知识与

---

① 来源：世界教育信息杂志 2017 年第 06 期

② Navarro J C，Verdisco A. Teacher Training in Latin America：Innovations and trends. http：//www. iadb. org/sds/edu，2000-08-01.

③ 同②。

技能等。① 联合国教科文组织对教师培训内容的阐述具有一定的代表性，大致能反映世界各国教师培训的核心内容。

例如，在英国，中小学教师很容易获得参加各种机构组织的教师培训活动机会，而且国家、学校鼓励教师参加与履行其工作责任相关的教师专业发展活动，不断提高自己的工作能力与专业素养，满足学校发展的现实需要。这些培训活动有的在学校校内进行，有的在地区教育局建立的教师培训中心举行，教师按照自己的情况有选择性地参加。无论是哪种机构组织的教师培训活动，它一般包括以下主题内容：①课程问题研讨；②教学目标设计与评价；③针对个别教师的具体要求开展的培训活动；④专业精神培育；⑤教学创造与改革问题研讨；⑥教育技术培训等。② 欧盟大力倡导以"工作嵌入、小组合作"为特点的教师专业学习活动，内容主要包括学校文化分析、教学实践、同伴观察、小规模课题研究、小组研讨活动、针对新课程、新教材或辅助学校提升计划而开展的学校发展与改进活动、学生课堂行为模式的案例研究等。③

美国学者在其教师教育改革报告《教师发展影响深远》（*Teacher Development Making an Impact*）中对世界各国教师培训内容进行了更进一步地细化与梳理，集中在了以下系列化培训内容上。这些内容大致可分为三个方面：④

第一，课程与教学培训。这是各国教师培训的核心内容组成，包括六项内容：①教学胜任力培训，如教师所教学科知识、教学经验等；②师生互动培训，包括教师应该善于与学生沟通，关注特殊学生，如给受挫折的学生以专门关怀等；③课程组织培训，如教会教师按照学习目标、学习策略来选取

---

① UNESCO Institute for Statistics, 2006 ［EB/OL］. http：//www.uis. unesco.org/Pages/default.aspx, 2006-06-01.

② Prospect Primary school teacher ［EB/OL］. http：//www.prospects.ac.uk/primary_ school_ teacher _ job_ description.htm.2014-08-01.

③ Caena F.Education and training 2020 thematic working goup "professional development of teachers".http：//ec. europa. Eu/education/policy/strategic - framework/doc/teacher - development _ en. pdf, 2011-06-01.

④ Craig H J, Kraft R J, Du Plessis J.Teacher development：Making an impact ［M］. US Agency for International Development，1998：125-129.

教学内容，并按照一定的主题与序列加以组织等；④课堂活动培训，即引导教师按照一定逻辑顺序并用清晰的语言上课，努力提高学生课堂参与度的专业技能培训；⑤教学策略培训，即教师针对学生学情差异、学习需要不断变化教学做法方面的培训；⑥教学专业发展支持性培训，即辅导教师利用各种教师专业发展活动确保有效教学的实现，如现代教育技术的运用等。

第二，课堂支持培训。这是各国教师培训的重要内容，是确保教学效能的重要条件，主要包括三项内容：①课堂管理培训，即有助于教学目标达成的安全有序的学习环境建设与学习纪律管理培训；②课堂监督与评价培训，即不断检查学生进步情况，并给予反馈与激励，促使其学习动机与成绩持续提高的培训；③奖励与刺激系统培训，即教师通过各种奖励、寻求家长帮助、告诉学生进步情况以及目标评价等手段来增强学生学习毅力的培训等。

第三，专业精神培训。这是各国教师培训的关键内容构成，它是确保教师教学活动富有活力的精神动力条件，包括两个方面：一方面是积极教学态度培训，主要包括教师对教学的信心、对学生的积极态度以及同事间的合作关系等内容；另一方面是养成对学生的高期待，如引导教师对学生学习成绩持有相对较高的期待，相信学生都能够取得成功等。

【拓展资料2-2】

芬兰中小学教师"合作行动计划"

对于教师专业发展活动，一些国家通过推行各种特别项目或是计划，完善教师的在职专业学习。"合作行动计划"是芬兰教师专业发展的一种实践模式，它以教师行动为基础，使在职教师在真实的教学情境中改进教学观，提高教学技能，并通过广泛的合作交流促进教师之间的相互学习。教师课堂教学经验是"计划"关注的重点，旨在让教师通过集体讨论的方式，审慎地去反思和分析教学活动。"计划"的独特性体现在以下几个方面：第一，基于教师的认知冲突，为在职教师提供良好环境，转变教师身份，重视教师的理论学习，提倡教师的经验表达，关注社会文化。第二，"合作行动计划"的实施以学校为单位展开，为教师达成一体化教学开设为期一年的培训学习课程，负责构思、执行、参与和评估该课程的团队包括一名管理者、一位来自高校的教育专家和若干实验学校指导教师和新手教师。管理者通常为实验学校校长，统筹规划并执行整个教师培训计划；指导教师是学校中的老资历者，教龄长且教学经验丰富，一名指导教师和一名新手教师组成一个合作小组；新手教师是指刚进校工作不久的教师，既包括师范院校毕业生，也包括若干从外校调动至校的教师，他们都与指导教师互动；教育专家也可称为研究者，是指高等院校中的教育研究人员，主要提供理论指引。第三，"合作行动计划"的授课时间总共为一年，第一阶段和最后一个阶段是理论学习，第二阶段和第三阶段为实践学习阶段，理论与实践培训相结合。前期理论学习阶段学习教学理论，时间为一周；前期实践阶段尝试课堂教学；后期实践阶段在前期实践阶段基础上，优化课堂教学；后期理论学习阶段主要是总结反思与评估，为期一周，由管理者、教育专家、指导教师和新手教师共同参与，以集体讨论形式进行。

资料来源：虞伟庚. 合作行动计划——芬兰在职教师教育实践模式 [J]. 外国中小学教育，2011（5）.

二、教师专业发展形式

如果说教师专业发展的基本组织形式是教师专业发展项目，那么，每一个教师专业发展项目都是一系列具体教师专业发展目的、活动与途径的具体组合形态，厘清世界各国教师专业发展具体途径是确保教师专业发展质量持续提升的基础工作内容。进一步来说，教师专业发展形式是各教师教育主体，包括教师教育举办者与教师个人，在提升教师专业发展水平中所采取的具体操作路径，它既是教师专业发展模式的基本构成元素，又是实现教师专业发展目标的物质依托。[①]

然而随着教师专业学习活动的不断更新，那些仅依靠专家讲座形式的学习方式日渐退出历史舞台，一系列新颖的教师专业学习形式出现。这里所说的专业学习形式，不仅指教师专业发展机构组织教师学习活动的具体方式，也指达成教师专业发展目标所采取的各种措施。

学者古斯基（Guskey）曾将美国中小学教师经常采用的教师专业发展形式进行划分，包括七大类：①培训，如展示、工作坊、示范、模仿、讨论、研讨、座谈会等；②课堂观察（或评价），如观课、反馈以及同伴相互指导、领导督导等；③教学改进，如改进课程、项目设计，实施新型教学策略，解决教学问题等；④研究小组，如研究教师遇到的共同问题，也

---

① 龙宝新. 当代国际教师教育研究 [M]. 北京：科学出版社，2018（1）.

可能是不同小组研究问题的不同方面；⑤行动研究，主要活动内容是选择研究问题、决定具体研究行动等；⑥个人导向活动，主要包括发现自身需求、提出个人计划、评价计划的实施程度等；⑦辅导，如召开例会，与有经验的教师结对来改进教师教学活动等。① 法国学者 Reicher S R 研究发现，教师专业发展活动的形式大致有四个：利用积极思考机会、组织系列会议、创新挑战性互动与为课堂提供广泛支持。② 经济合作与发展组织（OECD）在其研究中指出，世界各国经常采取的教师专业发展形式大致有九种，在实践中的使用频率差异较大。这九种专业发展形式主要是：非正式交流、培训课程（包括工作坊）、阅读专业文献、召开教育会议、利用教师专业发展网络、研究（包括个人研究与集体合作研究）、辅导（包括专门辅导与同伴辅导）、课堂观察访课、资格证项目等。其中，采用最多的是非正式谈话、培训课程，其次是阅读专业文献、召开会议等。③ 埃莉奥诺拉·维莱加斯－赖默斯（Villegas Reimers）执笔的联合国教科文组织（UNESCO）研究报告《教师专业发展：国际文献综述》（*Teacher Professional Development：an International Review of the Literature*）对成员国教师专业发展形式进行了概括，主要分为两大类：一类是以某一特定组织或不同教师专业发展机构间合作为基本组织的多元支持形式，包括教师专业发展学校、大学—中小学合作伙伴、校际教师交流、学校协作网络、教师协作网络、远程教育等；一类是借助小规模组织如学校、课堂或个人等为基本组织单位的发展形式，包括教学督导、学生绩效评价、培训课程（包括工作坊、学术研讨、培训会等）、案例研究、自我导向学习、合作专业发展、观摩优秀教学、教师轮岗、技能训练、反思、工作学习、行动研究、教育叙事、喷泉式培训、教练辅导、工作档案袋等。④ 此外，也有学者 Zeichner 和 Tabachnick 对教

---

① Guskey，T.Evaluating Professional Development［M］. Thousand Oaks：Sage Corwin，2000：22-29.

② Reicher S R.Urban teacher in-service training：building teacher resiliency. http：//www.nasponline. org/conventions/handouts2008/posters/PO% 20058% 20Urban% 20Teacher% 20In－Service% 20Handout%20Final. doc，2015-01-23.

③ OECD.Creating Effective Teaching and Learning Environments：First Results from TALIS［M］. Organization for Economic Cooperation & Devel，2009：48.

④ UNESCO：International Institute for Educational Plannin.Teacher Professional Development：an International Review of the Literature［EB／OL］. www.unesco.org /iiep，2003-10-15.

师发展阶段进行划分，认为不同阶段应当采取不同的专业发展形式和指导方式①，如在教师刚入职的生存阶段，培训者应该给予直接指导；在教师发展中的专业调适阶段，可以采取合作指导方式；在教师成熟阶段，培训者应该强调教师工作的独立自主性，给予其独立创新的机会与空间。②

【拓展资料2-3】

芬兰中小学教师专业发展形式

芬兰为中小学教师设计了多种专业发展形式，其中有针对初中和高中在职教师提供的必修或选修项目（compulsory or optional programme），也有认定或非认定的培训项目（accredited or nonaccredited programme），还有模块和非模块的学习项目（modular or nonmodular programme），以及基于经验共享（sharedex pertise）的院校合作形式。这些形式的基本思想是中小学教师在基于日常专业实践的基础上，进行反思与总结，大学教师则在自身研究成果的基础上将不同学习和方法领域的最新研究进展与中小学教师分享。根据这种学习形式，芬兰设置了不同形式的课程内容，主要侧重于教师所面临的未来挑战和教学中的现实问题，即教师专业化的"三维度"（认知能力、实践能力和伦理道德）和"四方面"（归纳、演绎、推理和教学法），包括学科知识的补充、教学法的应用、本地区关注的课题和一些专业性或特殊性知识。

芬兰的"ITT"计划（In-service Training for Teachers Project）是芬兰为教师设立的一个长期在职训练学习计划，旨在丰富教师的教学主题和教育学学科知识，加强教师的合作与反思，进而促进教师的专业发展。该计划有多种培训方式：第一，面对面式培训：教师利用暑假和周末等业余时间进行，一般包括196小时的讲座和44小时的研讨会。讲座主要由大学教授、讲师或者助教根据培训课程的内容并结合培训目标而制定的一系列专题。研讨主要是教师以小组形式合作学习并相互讨论。第二，远程教育式培训：以教师所在学校为单位，将3~5个教师分为一组，以小组方式在他们学校网站上进行自主指导和远程指导。第三，反思学习式培训：要求教师制订个体学习计划以及计划中要实现的目标，在培训过程中以及培训结束后做自我总结和评价。

资料来源：

1. 程振响. 芬兰普通高中课程改革新进展［M］. 北京：中国科学技术出版社，2006：23.

2. 汪波. ITT：芬兰教师在职培训计划述评——以物理教师为例［J］. 外国中小学教育，2013（5）.

---

① Zeichner K, Tabachnick B R.Are the effects of university teacher education "washed out" by school experience?［J］. Journal of Teacher Education, 1981（3）：7-11.

② Lambert G R.Why is continuing education necessary?［J］. Ottawa：Canadian Teacher's Federation, 1976：19.

【拓展资料 2-4】

美国优秀教师成长项目：建立课题引导的培训载体

2001 年美国国会通过、2002 年由布什总统正式签署的《不让一名儿童落伍法》明确要求，于 2005-2006 学年结束时，全国公立中小学各主科教师都必须是优质教师（Highly Qualified Teachers）。主科是指英语（包括阅读、语言艺术）、数学、科学、历史、地理、经济学、公民和政府、外语、艺术（舞蹈、音乐、演讲、舞台艺术）。于是，2002 年美国教育部向国会提交的年度师资报告就取名为《迎接优质教师的挑战》。

为了促进中小学教师专业素质的提升，美国教育部所属的教育研究所开展了 11 个项目的研究，包括 6 个早期阅读教师教学职业发展研究、2 个数学教师职业发展研究、3 个证书测试有效性的评估研究及教师测试分数对学生学业提高的预测意义研究。

从 2004 年起，联邦政府教育部门建立了优秀教师成长项目，给在职教师提供见面交流、分享实践经验、开展科学研究的机会，其主要途径包括以下三个方面。

一是举办教学研讨。研讨会由在相对薄弱学校成功任教的教师来主持，在阅读、数学的教学策略和学校领导能力的实践基础上进行理论研讨。相对较弱的成长环境能为教师的专业成长提供途径和机会，薄弱学校涌现出来的成功教师案例更具榜样作用。此类教师在实践经验和理论总结的基础上形成自身对教育教学和专业成长的领悟，会直接影响教师专业成长的路径和动力。

二是实现资源共享。优质学校和薄弱学校之间存在的较大差距在于所占有的教育资源的数量和质量，其中包括教师能够获取并加以利用的各种各样教育资源。通常来讲，薄弱学校中的教师由于教育资源占有量明显不足，因此在科学研究的过程中不占优势。鉴于薄弱学校教师成长保障不力、发展路径缺乏明晰度等状况，联邦政府以课题研究为引领，为中小学教师提供 23 个学习站点，其中包括有关阅读、数学教学的知识和用收集的数据转化的教学改进信息，中小学教师可以通过网络技术的形式对这些课程进行学习。

三是开展示范引领。以评选美国教学之星的方式带动优秀教师的成长。每年 50 个州和华盛顿特区会各评选出一位候选教师，候选教师是那些有效提升学生成就、使用创新教学策略来教学生，并且给学生的生活带来变化的教师。成为美国教学之星的教师，则会成为全国教师学习的榜样和楷模。虽然教学之星的评选本身不是具体的培训方式，但为中小学教师参加培训实现专业水平的提升提供了动力，因此也可作为发现并培养优秀教师的重要载体。

资料来源：《美国基础教育：观察与研究》（王定华著，人民教育出版社 2016 年 1 月出版发行），转载自人民教育出版社微信公众号

第三节 启示与思考

一、国外教师专业发展模式存在的问题

通过对国外教师专业发展的文献资料研究和现场考察，我们发现国外教师教育也存在一些问题，这些问题不一定存在于特定的某个国家，而是全世界中小学教师专业发展面临的一些共同问题。

（一）教师参加专业发展活动的机会和时间较少

教师专业发展活动赖以展开的前提是教师有参与学习的机会与时间。一方面，各国教师专业发展活动中存在的一个通病正是教师培训需求与培训机会间的不匹配性，这一点在欧美等国表现得较为明显。经济合作与发展组织的一份研究报告《有效教师的吸引、发展与留任项目》（Attracting Developing and Retaining Effectuie Teachers Project）表明，教师参训机会受制于多项因素，如为教师提供的带薪学习时间及替代教师、教师的培训投入程度、薪水等级激励与国家政策支持等，而实际上，这些学习条件的提供常常遭遇瓶颈，导致教师参与机会非常有限。[①] 机会的不匹配性还反映在不同学科教师层面，如数学、科学、外语等学科的教师长期得不到优质培训与补给。[②] 另一方面，各国教师专业学习时间难以令中小学教师满意。近年来，亚洲国家，如日本、韩国、新加坡、加拿大、中国等，不仅为教师设置了定期学术休假制度，还提出了阶段性教师参训时间要求，客观上保证了教师的充足受训时间。而在欧美，大多数国家教师工作时间相对较长，培训学习时间难以保证。例如，在美国，每学年教师需要在某些专门领域，如专业技能与学生学习等方面进行至少 50 学时的专业培训，而实际上美国绝大多数教师的在职学习时间无法得到保证；甚至高达 57% 的教师反映他们在一年中接受培训的时间不超过 16 学时，只有近 25% 的教师反

---

① OECD. Teachers matter：attracting developing and retaining effective teachers［EB/OL］. http：//www.oecd.org /education /school /34990905.pdf，2005-06-01.

② UNICEF. In-Service Teacher Training：Rights and Obligations in a Changing Society［J］. Informationfor the Educational Press，1997（2）：57-68.

映他们每年能够得到至少 33 学时的培训。① 例如，在欧盟，有近 80% 的国家初中教师每年参加专业发展活动时间总量未超过 10 天；甚至少数国家初中教师年培训学习时间未达 4 天。② 相比而言，部分亚洲国家对教师专业学习时间要求不断提高，如韩国要求教师每 3 年要学习 90 学时的培训课程，3 年后还有资格注册参与政府提供的为期 5 周（180 学时）的专业发展活动，参训后可以获取更高等级的资格证，凭此证教师才有进修资格③；在新加坡，中小学教师每年有 100 学时的培训权利，教师享有"学术发展假"，真正将自己视为"终身学习者"④。可见，与亚洲国家相比，欧美国家中小学教师工作负担相对重，培训机会相对稀缺。

（二）教师专业发展活动缺乏针对性与系统性

教师专业发展活动需要有针对性地从教师需求层面出发，并进行系统化的课程体系设计。但当前，欧美国家教师专业发展活动主要受限于两方面因素：一方面，教师专业发展活动在教师职业生涯中持续时间较长，学习活动零散，加上学习内容未能符合教师专业发展需求，则会削弱教师的参与热情；另一方面，多数国家教师专业发展活动的主导权在学区、学校、教师本人，各级各类培训学习活动间差异很大或交叉重叠，缺乏系统规划。例如，美国教师专业发展活动主要由个别学校或学区负责，常常是在一学年中零零碎碎地进行一整天或几个晚上的工作坊活动。也有部分州对教师在职学习没有设定任何具体要求，总体来说管理较为松散，这也是美国难以系统规划教师专业发展活动的根源所在⑤。再从学习专题来看，美国教师学习专题广泛但未成系统。美国教师学习专题中，最为普遍的是

---

① L Darling-Hammond，RC Wei，AAndree，N Richardson，S Orphamos et at. Professional Learning in Learning Profession：A Status Re-port on Teacher Development in the United States and Abroad ［EB/OL］. http：//learningforward. org / docs/pdf /nsdcstudytechnical report2009. pdf？sfvrsn = 0，2009-02-10.

② Peter Birch et al. The Teaching Profession in Europe：Practices，Perceptions，and Policies ［EB/OL］. http：//ec. europa. eu /eurydice，2015-07-10

③ Kang N.，Hong M. Achieving excellence in teacher workforce and equity in learning opportunities in South Korea ［J］. Educational Researcher，2008（4）：102-118.

④ UNESCO Institute for Lifelong Learning. Global Report on Adult Learning and Education ［R］. https：//uil.unesco.org/adult-education，2019.

⑤ 龙宝新. 当代国际教师教育研究 ［M］. 北京：科学出版社，2018（1）.

课程与教学标准方面的培训，常常同时进行教育技术整合、专题研究、新教学方法、学生表现评价等方面的培训；另外还有针对特殊教育或语言障碍学生的教学方法培训，以及鼓励学生参与、课堂管理、学生纪律、针对不同文化背景学生的特殊教育需求等方面的培训。① 然而，基层教师最急需的实地工作问题解决在其中却找不到，这是美国教师专业学习活动缺乏针对性的直接表现。正如世界经济合作与发展组织报告所言，在各成员国教师专业发展活动中存在的主要问题就是：松散零碎、缺乏强度、没有跟踪指导、与教学实践缺少关联。②

（三）教师专业发展活动未能适应教育发展需要

在欧美国家，随着移民的增加与全纳教育的推进，公立学校中，教师常常面对的是正常儿童、特殊儿童及多文化与多母语儿童共处一室的复杂课堂环境，这已成为大变革时期欧美基础教育的显著特征。为此，教师专业发展活动应当帮助这些教师提升有效应对复杂教育环境的能力，但现实却是，欧美国家教师的培训学习都尚未能有效适应这一教育发展要求。在美国，大多数教师几乎没有获得过针对特殊儿童以及语言能力发展滞后儿童辅导方面的足够培训。③ 在欧盟地区，教师专业发展活动面临的挑战之一同样也是它无法有力应对中小学课堂中日益多样化的学生来源以及由此引发的系列教育问题，如特殊儿童教育问题、多样化文化冲突问题④。欧盟呼吁各成员国不能因此而责怪教师对教育行业和教师职业的不满度，而

---

① Aubrey H.Wang. Preparing Teachers Around the World ［EB／OL］. www.ets. org／re search／pic，2003-05-01.

② Pauline Musset. Initial teacher education and continuing training policies in a comparative perspective—Current practices in OECD countries and a literature review on potential effects ［R］. www.oecd. org／edu／calidad educativa，2010-10-01.

③ L Darling-Hammond，RC Wei，AAndree，N Richardson，S Orphamos et al.Professional Learning in Learning Profession：A Status Re-port on Teacher Development in the United States and Abroad ［EB/OL］. http：//learningforward. org／docs/pdf／nsdcstudytechnical report2009.pdf？sfvrsn＝0，2009-02-10.

④ European Commission. Notices from european union institutions and bodies ［J］. Official Journal of the European Union，2007（12）：1-4.

应加快教师专业发展组织体系改革，通过教师专业发展激发教师专业满足感①。

（四）无法将教师专业发展活动整合到更大的教育政策与体制中去

在欧美，接受培训学习常常被教师认为是提高自己专业水准的手段，被视为使教师行业达到国家法定专业要求的工具，由此容易引发教师的种种功利化心态，导致教师培训蜕变为表面性、形式性、功利性的活动，成为教师忙于应付的一件差事，致使教师培训活动始终难以被根植到教育事业健康发展的内循环系统中去。② 同时，在这种心态下，欧美国家许多教师参与专业发展活动的直接意图蜕变为获得证书、文凭、学分（积分）或为"保住饭碗"③，而非为了实质性地提升专业自我，更谈不上追求专业发展这一目标。长此以往，教师专业发展活动便无法融入教师的教育生命当中，对培训学习结果的关注逾越了对培训学习过程的关注，是典型的"伪装式培训""凭证主义"培训。④ 当然，这些问题也是世界各国教育同行仍在思考的问题，即如何将教师专业发展活动整合到有关教师的教育政策中去，进行一体化设计，而不是像当前这样，始终处在游离状态。

（五）教师专业发展活动效果难以持续

欧美等国的学者研究发现，许多教师培训学习项目常常是短命的，教师专业发展活动的效果刚刚"预热"又很快冷却下来，教师培训学习效能的持续性无法实现。⑤ 在美国，有调查发现，参训教师中有56%的人认为他们在参加项目后有中等或较大水平的提高，而44%的教师觉得这些教师

---

① European Commission. Study on Policy Measures to improve the Attractiveness of the Teaching Profession in Europe［EB /OL］. http：//ec. europa. eu /education /library /study /2013 /teaching - profes sion1_ en.pdf，2013-08-15.

② 龙宝新. 当代国际教师教育研究［M］. 北京：科学出版社，2018（1）.

③ Aubrey H. Wang. Preparing Teachers Around the World［EB /OL］. www.ets.org /re search /pic，2003-05-01.

④ Navarro，Juan Carlos；Verdisco，Aimee et al. Teacher Training in Latin America：Innovations and Trends［EB /OL］. www.iadb.org /sds/edu，2000-08-01.

⑤ Navarro，Juan Carlos；Verdisco，Aimee et al. Teacher Training in Latin America：Innovations and Trends［EB /OL］. www.iadb.org /sds/edu，2000-08-01.

专业发展活动只对他们"产生了一点点影响"①；在欧盟，中小学尽管进行了多轮、多形式的教师培训学习活动，但仍有超过33%的中小学教师缺乏有效训练，教学工作表现仍不佳。② 我国教师培训中无疑也存在这一问题，即便是进行了几次甚至几轮培训学习活动，仍旧是"听起来感动，想起来激动，回头却一动不动"的状态。受训教师在接受完一段时间培训学习之后，他们的教学行为很快又回归以往的习惯，培训学习活动实效性有限。因此，如何把教师在培训学习课堂上的"心动"转变为教师"持续的改革行动"是世界教师专业发展活动的难题之一。

二、对我国教师专业发展模式的经验借鉴

对于教师专业发展与教师在职培训，世界各国都进行了有效探索，并建立了适合本国国情的、与职前教育一体化的教师专业发展模式。虽然上面我们分析了一些国外教师专业发展中存在的问题，但也有很多宝贵经验值得我们借鉴与深思。

（一）加强顶层设计，建立"一体化"教师专业发展体系

随着时代的发展，人们逐渐意识到，一劳永逸式的教师培养方式已经难以适应新时代的需要，高等院校不可能在短短的几年时间内将全部知识传授给学生，即便师范生在校期间学到很多知识，毕业后也不可能解决所有问题，必然会面临不断更新补充知识和不断提升专业素养的问题。因此，应该建立相关的教师专业发展机构，将职前教育、教师在职培训学习和教师职后专业发展融为一体，为师范生、新教师和所有在职教师的专业发展提供持续和完整的支持系统，使教师专业能力的发展和提升成为一个动态、持续的过程。③

在教师教育一体化过程中，尤其强调高校智库作用。世界各国和地区

---

① Aubrey H. Wang. Preparing Teachers Around the World ［EB /OL］. www.ets.org /re search /pic，2003－05－01.

② European Commission. New priorities for European cooperation in education and training ［EB/OL］. http：// ec.europa.eu /education /documents/et-2020-draft-joint-report-408-2015_ en.pdf, 2015－08－26

③ 彭苏三. 美国教师教育的新发展："城市教师驻校模式"及其对我国的启示 ［J］. 外国教育研究，2012（8）.

在职教师培训学习普遍强调大学的智力支持和理论帮助，倾向于以高等院校为基地，利用高等院校的教育资源，对在职教师进行以理论学习为主的培训。美国"新时代教师计划"便是一例，这一计划是在传统的大学培养的基础上进行的以改革和完善传统的大学本位的教师教育。虽不是对在职教师的培训学习，但是其培训主体却没有脱离高等学校。芬兰中小学教师的专业发展机构也几乎都设立在高校，并由国家教育部门进行各级培训学习组织的统筹。

【拓展资料 2-5】

德国的"卓越教师计划"（Excellent Teacher Education Plan）

　　教师专业发展培训内容的选择，要注重教师专业的发展，提高教育教学能力。其中，培训目标要侧重于提高教师的教育教学能力；培训内容要侧重于学以致用；培训模式要以校本培训为主，离校培训、远程教育培训为辅；培训时间以寒暑假为主，节假日为辅；培训机构以地方教育学院培训为主，高校培训为辅。在教师在职培训中，德国的"卓越教师计划"因其适切的内容设计而取得了良好的效果。这一计划是德国联邦政府和各州政府磋商实施的旨在激励大学教师教育革新，提高教师教育的质量，以及推动教师的州际流动的计划。"卓越教师计划"为在职教师提供进修和继续教育的机会，而且加强了教师培养各个阶段（大学师范学习、见习服务期、在职继续学习）的联系，并努力实现州际的大学师范教育和毕业证书（如国家考试和硕士证书）的互认。除此之外，"卓越教师计划"还有其他目标：①改善专业学科、学科教学法和教育科学的协调以及培养过程中的学校教育实践；②在教师研究与培训中，继续发展以实证为基础和与职业领域相关联的教师教育方案；③支持高校剖析和优化教师教育结构；④加强培训内容的彼此协调；⑤进一步促进教师教育发展的多元化和包容性；⑥促进实践导向学科教学法的发展；⑦把学校实习作为一个教师教育的固有组成部分。

　　资料来源：逯长春. 德国教师教育政策新动向——"卓越教师教育计划"：推行与展望［J］. 教师教育研究，2013（4）.

　　（二）关注教师需求，完善教师专业发展内容与形式

　　在欧洲，项目式培训学习方式日益流行，坚持科学的项目组织原则是提高教师专业发展活动效能的客观要求。不少学者认为，教师的项目式学习方式的四个基本原则是：问题导向、参与者中心、跨学科贯通、"理论

—实践"关联。① 目前，许多欧洲国家在教师培训学习活动中已经形成了更为科学的"问题导向型"理念，即问题来源于教师面临的真实教学问题、教师以适度冒险的方式亲自尝试解决问题、从问题解决经验中收获新认知。在美国，著名教师教育专家达林-哈蒙德（Linda Darling-hammond）主笔的报告《学习型专业中的专业学习：美国及其国外教师专业发展现状报告》中阐明了有效教师专业发展的四个特点：①具有精细性、持续性并与实践相联系；②关注学生学习及具体所教内容；③与学校优先发展目标相一致；④与同事建立密切关系，以成功解决实践难题等。② 在这些特点中，能促进教师面临实践问题的解决是所有教师培训学习与发展活动的主要目标。总之，相较于教育知识理论而言，教师离真实教育教学问题的距离更近，他们更愿意在解决问题时以解决问题的形式来学习先进的"活知识""活理念"。欧美教师专业发展内容中呈现出的这一改革势头非常值得借鉴。

从组织上看，教师学习共同体是教师学习的有效组织形式。随着参与、互动、自主等教师培训学习核心理念的确立，欧盟将教师专业发展改革重点锁定在培训组织上，大力推进教师专业学习共同体建设便是其近年来教师培训改革的主题。欧盟在《教育与培训："教师专业发展"专题小组报告》中明确将"教师学习共同体"视为教师学习及欧洲未来教师专业发展活动的基础框架。③ 欧盟诸国认为，一方面，学习嵌入在社会背景与经验中，并通过反思性、互动性交流得以发展；另一方面，参与教师学习共同体才可能真正引导教师开展教学变革，实现提升学生学习质量的目标。据此，建立以强调"学生学习、共享价值、集体负责、注重反思、关

① European Training Foundation.School-based In-service Teacher Training in Montenegro：A Handbook for Policy Makers and Practitioner ［EB /OL］. http：//www.erisee.org/sites/default/files/3_ Teacher%20training_ Montenegro.pdf，2013-06-01.

② L Darling-Hammond，RC Wei，AAndree，N Richardson，S Orphamos et al.Professional Learning in Learning Profession：A Status Re-port on Teacher evelopment in the United States and Abroad ［EB/ OL］. http：//learningforward. org / docs/pdf /nsdcstudytechnical report2009.pdf? sfvrsn = 0，2009- 02-10.

③ Francesca Caena. Educational effectiveness research and teacher professional development：an overview ［EB /OL］. European Commission，http：//ec. europa. eu /education /policy /strategic-frame work /doc /teacher-development_ en. pdf，2011-06-01.

注合作、重视探究"为主要特点的教师专业学习共同体，大力推进教师学习方式的变革，成为欧美造就大量优秀教师的坚实依托。作为合作式教师专业发展模式，教师专业学习共同体重在借助教师集体研讨的力量来发现问题、开展实验、解决实践难题，重在建设教师共同学习的协作文化等。为此，教师专业发展模式改革可以从以下几方面着手：①压缩学校公共培训学习时间；②降低员工组织的复杂性；③赋予教师以适度的决定权；④提倡支持型领导；⑤多途径溶解抽象专业知识；⑥集体决定教学质量标准并引导教师调整教学行为；建立支持探索与创新的文化氛围等。①

（三）延展学习思维，关联校本研修与学校发展

教师专业发展能够提高学校办学有效性和学校发展水平，因而，教师的培训学习活动应当要与学生发展、学校发展关联起来。进一步来说，学校发展的实质包含学生发展与教师发展，而教师发展意味着有效的教师培训学习活动。2013年，欧盟在《提高欧洲教师职业吸引力的政策研究》报告中明确提出，"通过教师专业发展，提高学校领导对其必要性的认识，从学校层面鼓励教师参与教师专业发展活动。"② 这一政策建议顺应了学校作为教师学习中心与主要受益者之一的时代潮流。

在教师专业发展模式中，一些国家非常强调协同与合作。例如，英国教师在职教育中的"协同合作"既表现为专家、培训者与教师的合作，又体现为教师专业发展机构与中小学校以及教师学习共同体之内的协同。在英国，不少教师专业发展机构特别是高等学校都设置带有合作特征的教师在职教育课程，旨在促进大中小学教师开展合作研究。不仅如此，即便是中小学校自己组织的教师专业学习活动也是建立在同伴合作的基础之上的。英国的"良师制度"要求学校为新手教师配备资深教师帮助他们快速成长，这在教师校本研修中发挥了重要作用。英国校本研修的雏形可以追溯到"导生制"和"见习生制"时期。

---

① Francesca Caena. Educational effectiveness research and teacher professional development：an overview［EB／OL］. European Commission，http：／／ec. europa. eu／education／policy／strategic-frame work／doc／teacher-development_ en. pdf，2011-06-01.

② European Commission.Study on Policy Measures to improve the Attractiveness of the Teaching Profession in Europe［EB／OL］. http：／／ec. europa. eu／education／library／study／2013／teaching-profession1_ en.pdf，2013-08-15.

"校本研修"是以教师任职学校为基本单位，以提高教师教育教学能力为主要目标，把培训学习、教育教学和科研活动紧密结合起来的教师专业发展形式。比较著名的是谢菲尔德教育学院设计的以中小学校为基地的"六阶段师资研训模式"，第一阶段确立需求，第二阶段、第三阶段与大学或教师专业发展机构"协同合作"，第四阶段侧重理论讲授，第五阶段为大中小学教师的集体备课，再到第六阶段教师总结与反馈，这些都是以学校为基础展开的。校本研修之所以被倡导，是因为其更能够从教师和学校的实际出发，教师能够就地取材、现场学习与探究，也利于学校问题的研究和解决。我国当前教师专业发展机制改革中，"校本研修"也逐渐成为教师主要的专业学习模式之一。①

---

① 杜静. 英国教师在职教育的特点探析 [J]. 教育研究, 2012 (12).

第三章

国内中小学教师专业发展机制

第一节　我国教师专业发展制度沿革

随着基础教育改革的不断推进，我国教师的专业发展问题日益受到重视，如何促进教师专业发展，成为当前深化教育改革的重要课题。

教师专业发展的概念在 1986 年首次由美国的两位教师在教师教育月的报告中提出。而在我国，教师专业化问题最早是由著名学者叶澜在 1998 年提出。教师专业发展的定义，在国内存在"教师专业"的发展和教师的"专业发展"两种认识。前者侧重外在的、涉及制度和体系的研究。指教师职业与教师教育形态的历史演变。后者侧重理论的、立足教师内在专业素质结构及职业专门化规范和意识养成与完善的研究。强调教师由非专业人员转变为专业人员的过程。① 叶澜教授等认为"教师专业发展就是指促进教师专业成长或教师内在结构不断更新、演进和丰富的过程"。② 戈明亮认为，从宏观层面上看，教师专业发展是教师职业化的过程，从微观上定义，是指教师本人通过主动对教学工作进行实践与探索，达到明确教育教学理念、优化教学知识结构、提升教学专业技能的目的。③

由上述可见，教师专业发展是一个持续的过程，也是教师成长的过

---

① 季诚钧，陈于清. 我国教师专业发展研究综述 ［J］. 课程・教材・教法，2004（12）：68-71.
② 叶澜，白益民，陶志琼. 教师角色与教师发展新探 ［M］. 北京：教育科学出版社，2013，222-226.
③ 戈明亮. 浅析教师专业发展理论 ［J］. 时代教育，2017，1（1）：5.

程。亟须有一个完整的系统的制度保障体系。随着我国教育改革的持续发展，保障和促进教师专业发展的各项教育政策相继出台，并建立起与改革要求相适应的教师教育制度。

我国教师专业发展历程曲折，大致可分为以下几个阶段。

一、现代教育的萌芽与发展——中国教师职业的专业化（民国初期）

在我国古代社会，长者、能者为师，以学、以吏为师。教学人员还未真正将教师作为职业，未能称其为真正意义上的教师，教师还不是一种专门的职业，教师教育（师范教育）是这个时期教师专业发展的主要表现。

我国教师教育在清末开始诞生。南洋公学师范院、通州师范学校、京师大学堂师范馆，是被世人公认的中国师范教育起始的三大源头。

（一）南洋公学师范院

1896年，盛宣怀在上海创建南洋公学（上海交通大学前身），设师范院，开创了我国师范教育先河。南洋师范院的培养目标是："明体达用，勤学善诲"，有严格的招生录取制度。《南洋师范学堂招考外院生规条》，详细介绍招生的时间、地点、报考条件、名额、录取办法、录取手续、递升办法等。新生录取的招考内容和录取条件有明确的规定，考生要凭实际能力通过入学考试。经过严格挑选，南洋公学师范院第一批一共招收了40名师范生。[①] 当时的师范教育，我国并无先例可循。盛宣怀效仿日本师范学校设立附小，结合本国实际，在师范院建立外院（小学堂），由师范生分班教学，相当于一种教学实习，教与学相长。南洋师范院培养的合格教员，主要是担任中院（附中）、上院（大学）的教学。这种创造性的师范生培养制度、高效的教学实习模式，教学理论与实践相结合的培养方式，有利于师范院教师培养和学生培养同时进行，为现代教师教育实习的改革和发展奠定了基础。

南洋公学师范院还制定了师范生评价制度《南洋公学章程》，对师范生的考核评价进行了比较详尽的说明。师范院把师范生分成"五层格"培养，被录取入学的学生，领取白色木板印制的试业据，两个月后考核，达

---

① 蔡安琪. 南洋公学师范院培养模式及现代启示［J］. 教育现代化，2015（2）：29.

到第一层要求换成蓝据，依次为绿据、黄据、紫据、红据，第五层换红据，师范生只有达到了第五层次的要求才可以担任教习。①

（二）通州师范学校

通州师范学校是我国第一所独立设置的师范学校，著名实业家张謇于1902年创设，是今日南通大学、南通高等师范学校和扬州大学等校的前身之一。通州师范学校附设小学，也比较注重师范生的实习。

（三）京师大学堂师范馆

京师大学堂师范馆，创立于1902年，1923年更名为北京师范大学，成为中国历史上的第一所师范大学。它是中国高等师范教育的开端，是我国完整意义上的教师专业化的起点。

近代社会的发展，不但促使师范学校的创立，系统的师资培训制度也逐步建成，师范教育在这个时期得到了快速发展。

清政府在1904年颁布了"癸卯学制"，它是我国历史上第一个在全国范围内推行的系统学制。癸卯学制单独设立了专门的师范教育体系，分为初、优两级师范学堂。初级师范学堂培养高等小学和初等小学教员，相当于普通中学程度；优级师范学堂培养初级师范学堂和普通中学堂教员和管理员，相当于高等学堂（大学预科的程度）。② 学校免除师范生学费，还提供吃住等生活费用，吸引了许多贫寒家庭的子弟争相报名入学，但前提是学生毕业后必须承担一定年限的教学任务。

中华民国成立后，立即进行师范教育的改革。1912年9月，中华民国教育部颁布《师范教育令》，共13条。对各级师范学校的培养目标、设立原则、编制及设备、经费来源、师范生待遇、学生入学资格及毕业后服务、修业年限、学习科目及程度、教员检定、校长教员俸给、附属学校及训练机构等做出规定。

我国近代师范教育并没有形成适合我国特点的教育理论，基本上是仿效和移植国外的教育改革制度。例如，1922年颁布的"壬戌学制"，就是借鉴了美国的六三三制。"壬戌学制"基本取消了师范教育的独立设置，

---

① 蔡安琪. 南洋公学师范院培养模式及现代启示［J］. 教育现代化，2015（2）：29.
② 中国现代教育的肇始——癸卯学制百年纪念背景. 西安电子科技大学新闻网（2004-5-17）.

师资的培养也可以在普通高中及综合性大学中进行，多所高师开始升格合并。高中设师范科，实行"中学、师范合校"，很多中师已不复存在。使得原来独立的师范教育基本变成大学或高中的附庸。实践证明，这种做法实施起来不适合我国当时国情。鉴于此，1938 年中华民国教育部颁布《师范学校规程》，恢复了独立师范教育体系，强调师范学院应单独设立或在大学中设置。《师范学校规程》的颁布，建立起新的师范教育制度，对师范教育的规范和推动起了积极的作用。

二、师范教育在探索中发展（1949—1977 年）

中华人民共和国成立初期，师范教育受到人民政府高度重视。1951 年 10 月《人民日报》发表题为"大力稳定和发展小学教育，培养百万人民教师"的社论，指出："师范教育就好比工业中的重工业，机器中的工作母机，它是国家教育建设的根本，是全部教育工作的中心环节。"① 同年，第一次全国初等教育会议和第一次全国师范教育会议确立了我国师范教育机构独立设置的办学体制；要求每一大行政区至少建立一所健全的师范学院，整顿和巩固现有的师范学院；大学中的师范学院或教育学院逐渐独立设置；大学中的教育系应逐渐改组、归并于师范学院，并对师范学院教育系的主要任务做出了规定。

在这个时期，我国师范教育进行教学改革，在借鉴学习苏联教育经验的同时形成自己的特色与模式。1954 年 4 月教育部颁布了《师范学院暂行教学计划》，然后制定出我国各专业统一的教学大纲。②

为了解决中小学师资缺乏的局面，1952 年 9 月，党和政府不得不采取一些应急的措施来应对，如降低教师的入职门槛，把初中的教师提升到高中任教，再从社会上选拔一些有文化的人来担任小学甚至初中的教学。部分人有较高的学历但缺乏教学的经验与才能，教师队伍的素质参差不齐，造成了不良的影响。1952 年，教育部召开中小学教育行政会议，着重讨论了教师进修的问题，建议筹办教师进修学院，函授师范学校和教师业余学

① 社论. 大力稳定和发展小学教育，培养百万人民教师［N］. 人民日报，1951-10-13（1）.
② 黄书光. 共和国中小学教师专业发展的政策研究［D］. 上海：华东师范大学，2011.

校，建立起系统的提高教师质量的业余学习制度，对教师进行在职培训。1954 年 6 月，教育部发出《关于师范学校今后设置发展与调整工作的指示》，提出"今后应根据小学教育的发展计划与可能条件，有计划地发展师范学校；根据各地具体情况，将现有初级师范学校逐步改为师范学校或轮训小学教师机构；小学所需师资除由师范学校培养外，还可举办师范速成班"。①

新中国成立初期到"教育大跃进"之前，我国中小学教师培训的制度建设有所发展，在职教师的培训有详细的培训计划、专门的培训机构，建立了较为健全的在职培训体系，教师培训工作逐渐走上正规化的道路。同时，教师地位和职业稳定性也有了较大的提高。

"文化大革命"期间，我国教育事业遭遇重创，广大教师被迫害，教师的社会、政治、经济地位一落千丈。各级师范院校停止招生，学校的教学秩序完全被打乱，教学、教研工作基本停顿，教师地位低下，中小学教师的专业发展完全停止。

三、中小学教师教育的恢复与调整期（1978—1984 年）

1978—1984 年，我国中小学教师教育得到恢复。教师待遇不断提高，建立了特级教师制度，教师培训机构不断完善。

中华人民共和国成立后很长的一段时期，我国还没有形成比较系统的教师奖惩制度。由于历史等诸多客观原因，我国对教师的政治思想方面比较重视，对教师职业专业等其他方面不够重视，没有制定统一的严格标准，中小学教师素质不高，专业水平达不到国家要求。

"文化大革命"结束后，中小学教师的政治、社会地位逐步恢复，但工资微薄，经济地位低。1978 年，全国教育工作会议在北京召开，邓小平同志出席开幕式并讲话。他指出：国民经济要发展，社会要进步，教育事业必须要同步，要提高人民教师的政治地位和社会地位，还要采取适当的措施，提高教师的工资待遇，鼓励人们把教育作为终生的事业。特别优秀的教师，可以定为特级教师。同年 12 月，教育部、国家计委联合颁发《关于评选特级教师的暂行规定》，我国特级教师制度正式建立。我国中小学教师聘任制度

---

① 刘英杰. 中国教育大事典 [M]. 杭州：浙江教育出版社，1993：967.

是在 1986 年《中小学教师职务试行条例》颁发后才得以逐步完善的。虽然 1981 年教育部颁发文件，要求中专学校在年底以前完成教师首次职称评定工作，但中小学的教师职务的评审及聘任工作却未开始实行。

这一时期，中小学教师的在职培训得到重视。由于历史原因，教师队伍良莠不齐，知识水平、学历总体偏低。所以国家加大教师培训的力度，建立教师培训制度，政策重点在对在职教师进行学历补偿性培训，培训目标主要是教材教法过关、学历达标，让他们能够胜任教学工作的。1979 年开始，我国实行教师教育课程体系改革。1983 年，教育部分别颁发了《关于加强小学在职教师进修工作的意见》和《关于中学在职教师进修大学本科课程有关问题的意见》，对中小学教师的学历提出要求。要求大多数地区的小学教师到 1985 年争取达到中师水平，对学历未达标的中学教师有计划地组织安排学习大学本科的课程。

社会在发展，教师队伍不断壮大，教师专业化需求越来越明显，重要地位越来越高。为提高教师整体素质，加强教师队伍的规范化管理，推进教师专业化发展，建立规范的教师准入和入职资格标准制度势在必行。

（一）教师资格制度的建立与完善

教师资格制度是国家对教师实行的一种特定的职业资格认定制度。我国教师资格制度从制定到实施，逐渐走上法制化的轨道，是一个不断完善的过程。

1993 年 10 月 31 日，这一天为我国教育史画上浓重的一笔——《中华人民共和国教师法》（以下简称《教师法》）正式颁布。这是国家首次以法律形式明确规定了教师的资格和任用、权利和义务、培养和培训，是我国教育史上第一部关于教师的单行法律。《教师法》的制定与颁布，从根本上提高了教师的社会地位。

表 3-1　我国教师资格制度的法制化演变

颁布时间	颁布主体	政策名称	演变过程
1986. 04. 12	全国人大	《中华人民共和国义务教育法》	建立资格考核制度
1993. 10. 31	全国人大	《中华人民共和国教师法》	国家实行资格制度
1995. 12. 12	国务院	《教师资格条例》	制定教师资格具体、详细的实施办法
2000. 09. 23	教育部	《〈教师资格条例〉实施办法》	教师资格认定工作走向法制化

《教师法》第十条中规定："国家实行教师资格制度"。① 为了贯彻实施这一规定，《教师资格条例》《〈教师资格条例〉实施办法》等文件陆续出台，构成了我国教师资格制度一套完整的法律规范体系，标志着我国进入依法治教的新阶段。

（二）教师培训政策逐渐规范化与法制化

中小学教师素质普遍不高，这一现状要得到改善和解决，教师在职培训的方式和内容要转变，逐渐从学历补偿阶段转移到继续教育。首先在全国全面展开的是对小学教师的继续教育，中学教师的继续教育直到 20 世纪 90 年代中期才正式启动。

各种保障在职培训的法律法规相继出台。《中国教育改革和发展纲要》指出："通过补充或在职培训教师，提高中小学教师学历，到本世纪末，绝大多数要达到国家规定的合格学历标准。"② 1995 年 3 月 18 日《中华人民共和国教育法》正式颁布，以法律的形式明确规定要建立和完善终身教育体系，促进教师的专业发展。为了推动全民终身教育，1998 年 12 月，教育部颁布《面向 21 世纪教育振兴计划》，提出实施"跨世纪园丁工程""现代远程教育工程"。③ 教师继续教育培训重点由弥补教师数量不足，提高学历转向加强中小学骨干教师队伍的建设，提高教师队伍素质，实施推进素质教育，在远程教育手段的助推下，中小学教师的继续教育开始进入全员培训阶段。1999 年 9 月，《中小学教师继续教育规定》颁布，这是我国第一个针对中小学教师继续教育的专项政策法规，教师在职培训走上了法制化的道路。《中小学教师继续教育规定》对中小学教师继续教育的权利和义务、培训周期、培训形式、培训内容等有了明确的规定。

教师资格制度与培训制度的逐渐完善，标志着我国教师专业发展走向系统化、法制化。

---

① 陶然，越更群. 中国教师百科全书［M］. 北京：中国国际广播出版社，1994 年，第 123 页.

② 中共中央、国务院. 中国教育改革和发展纲要［S］. 1993-02-13.

③ 教育部. 面向 21 世纪教育振兴行动计划［S］. 1998-12-24.

四、我国教师专业发展制度的不断完善和创新（2001年—现在）

（一）教师教育标准体系的初步建立

教师的终身学习和专业化发展，迫切需要完善的相关政策，建立教师教育标准体系，保障教师队伍素质得到较大提高，推进素质教育。教育部在《2003—2007年教育振兴行动计划》中提出要大力推进教师教育创新，构建开放灵活的、非定向的教师教育体系。2008年7月起，"中国教师教育标准研究项目"正式启动。2011年10月，教育部发布《教师教育课程标准（试行）》；2012年2月教育部发布《中小学教师专业标准（试行）》。对教师教育课程设置、中小学教师的专业资格要达到的标准从政策层面提出了最基本的要求。

历经七十多年的努力探索和实践，我国目前已经形成了国培、省培、市培、县（区）培、校培五级培训体系。全国各地逐渐开展分层分类培训模式，形成新教师入职培训、青年教师提升培训、骨干教师研修、卓越教师领航培训体系，建立了职前培养和职后培训的教师教育一体化体系。

（二）创新培训模式，培训内容灵活开放

1999年，《中小学教师继续教育规定》发布，它是我国第一个为中小学教师继续教育而制定的专项政策法规。《中小学教师继续教育规定》指出，在职中小学教师的培训由各级教师进修院校和普通师范院校具体实施，原则上每五年为一个培训周期。虽然对培训的内容、组织管理、考核等做出了比较具体的规定，但培训方式还是比较单一，考核与奖惩制度等不够完善。

经过十多年的探索与发展，教师继续教育从培训形式、考核评价、培训内容、培训管理等方面都取得了比较大的改善。但教师培训地区、城乡发展不平衡也日益突显，特别是极需专业提升的农村教师，培训的机会较少。为了促进教育公平，推进素质教育，2011年教育部发布《关于大力加强中小学教师培训工作的意见》，这是中小学教师培训历史的新起点。《关于大力加强中小学教师培训工作的意见》提出要求：以农村教师为重点，开展中小学教师全员培训，构建灵活的教师终身学习体系，城乡统筹，完善培训制度。在培训模式上坚持全员培训与骨干研修相结合，远程培训与集中培训相结合，脱产进修与校本研修相结合，境内培训和境外研修相结合，非学历培训与学历提升相结合。① 之后，国务院、教育部相继出台政策，促进教师培训制度不断完善。2012 年 8 月，国务院印发《关于加强教师队伍建设的意见》，提出大力推行信息技术与教师教育深度融合，建设教师网络研修社区和终身学习支持服务体系。推行教师培训学分制度，采取顶岗置换研修、校本研修、远程培训等多种模式，对教师实行五年一周期不少于 360 学时的全员培训。②

随着教育"创强"的推进，各级政府加强了教育投入保障，教育信息化已逐渐建成，信息技术与学科教育教学不断融合，多媒体教学手段在广大中青年教师中得到普遍使用，加上数字化校园的建设，教师对信息平台的使用越来越熟练。教师的培训方式也随之灵活起来，线上线下相结合的培训模式被广泛应用，教师可以更好地协调学习与工作的时间，最大可能地实现全员培训。此外，培训内容还可以根据学科特点和自身需要进行自主选学，教师培训更具有针对性。2018 年 1 月，中共中央、国务院发布《关于全面深化新时代教师队伍建设改革的意见》提出对中小学教师开展全员培训，转变培训方式，实行线上线下相结合的混合式研修。结合教育教学一线实际改进培训内容，推行培训自主选学，建立培训学分银行，做好教师培训与学历教育衔接，促进教师终身学习和专业发展。③ 同年 3 月，教育部等五部门印发《教师教育振兴行动计划（2018—2022 年）》，提出"互联网+教师教育"创新行动；教师教育在线开放课程建设计划启动实施，200 门教师教育国家精品课程在线开放共享；建设教师专业发展学分银行。④

（三）促进教师资源均衡配置，加强乡村教师队伍建设

我国中西部、城乡教育发展不平衡，随着教师教育培训的不断转型发展，党和国家在乡村教师队伍建设方面采取了一系列举措，以加强中西部

① 教育部. 关于大力加强中小学教师培训工作的意见［S］. 2011-01-04.
② 国务院. 国务院关于加强教师队伍建设的意见［S］. 2012-08-20.
③ 中共中央，国务院. 关于全面深化新时代教师队伍建设改革的意见［S］. 中华人民共和国教育部. 2018-01-20.
④ 教育部等五部门. 关于印发教师教育振兴行动计划（2018—2022 年）的通知［S］. 2018-02-11.

地区和乡村学校教师培训。

表 3-2 我国加强中西部地区和乡村教师队伍建设有关文件

发布时间	发布单位	文件名称	要点
2004.03	国务院	《2003—2007 年教育振兴行动计划》	初次提出加强农村教师和校长的教育培训工作
2010.07	教育部	《国家中长期教育改革和发展规划纲要（2010—2020 年）》	以农村教师为重点，提高中小学教师队伍整体素质
2012.09	国务院	《关于加强教师队伍建设的意见》	中小学教师队伍建设以农村教师为重点，采取倾斜政策，切实增强农村教师职业吸引力，激励更多优秀人才到农村从教
2015.06	国务院办公厅	《乡村教师支持计划（2015—2020 年）》	这是我国第一个对乡村教师队伍建设制定的文件。明确提出必须把乡村教师队伍建设摆在优先发展的战略地位；鼓励乡村教师在职学习深造；建立乡村教师校长专业发展支持服务体系；通过拓展乡村教师补充渠道等八大举措来推动乡村教师队伍建设，促进教师专业化均衡发展。从 2015 年起，"国培计划"集中支持中西部地区乡村教师校长培训
2018.01	国务院	《关于全面深化新时代教师队伍建设改革的意见》	大力提升乡村教师待遇，在培训、职称评聘、表彰奖励等方面向乡村青年教师倾斜

国家在加强乡村教师队伍建设上，除了政策上予以倾斜，还在经费上提供保障，解决教师的后顾之忧。2018 年，中央财政投入 21.5 亿元，实施国培计划，重点培训乡村中小学幼儿园教师校长不少于 120 万人次。[①]

展望未来，我国中小学教师专业发展政策的重中之重表现在以下几个方面：

（1）深化教师教育机构，尤其是师范院校的课程改革，促进师范生的知识与能力结构之间的整合，实现知识与能力的相互转换。

（2）贯彻终身教育，实现教师教育职前培养，入职教育，职后培训的一体化。

---

① 教育部新闻办官方微信"微言教育"（2019-01-24）.

（3）优化配置教育资源，推进教师教育体制创新，探索改革网络环境下教师教育的新模式，推进教师教育多元化。

（4）改革和完善教师教育管理制度。

（5）促进教师教育公平。

教师专业化发展的实现，除了制度的推动，教师个体的积极回应和学校的管理环境这两个因素也很重要。为了保证教师专业发展的有效性，教师需要通过终身学习，不断丰富专业知识，提升专业态度和专业素养，在实践中不断积累教学机智，提高教学智慧。在未来，教师所在任职学校的作用会越来越受到人们关注和重视，学校的管理环境将逐渐成为教师专业发展的一个关键点。

第二节　我国教师进修院校的历史变迁

教师进修院校是对教师进修学院、教师进修学校的统称。1980 年 8 月，教育部颁发《关于进一步加强中小学在职中小学教师培训工作的意见》，首次明确阐述了教师进修院校的任务：省、地（市）教育学院、教师进修学院的任务主要是培训中学的在职教师和行政干部；县教师进修学校的主要任务是培训小学的在职教师和行政干部，有条件的，根据实际需要也可以承担一部分初中的在职教师和行政干部的培训工作。[①]

教师进修院校在我国中小学教师的在职培训中有着不可替代的位置。它创办于 1952 年，"文化大革命"期间，曾一度全部解散，到 1978 年恢复。它对中华人民共和国成立初期解决中小学教师师资缺乏的局面和 20 世纪 80 年代期间国家推行的学历性补偿培训，提升在职中小学教师学历水平，保证教师的学历达标，教材教法过关等方面起到了非常重要的作用。

回顾全国教师进修院校的历史，它几经沧桑，历经了"创建——停办——恢复重建与发展——转型"的演进过程。

---

① 教育部. 关于进一步加强中小学在职教师培训工作的意见［S］. 2004-06-29.

一、教师进修院校的创建时期（建国初期）

中华人民共和国成立后，从国民政府手上接管了各级学校，对旧有的教育科学文化事业进行改造，并创立了人民教育制度，规定了教育方针，迅速恢复和建立起正常的教学秩序。但是，随着学龄儿童的大量增加，基础教育的快速发展，初等和中等教育迅速扩大，中小学师资存在着数量不足、质量不高的主要问题。1951 年教育部召开了第一次全国初等教育和师范教育会议，会议提出为了有效地供应大量师资，要使正规师范教育与大量短期训练相结合，在办好正规师范学校的同时必须开办各种短期师资训练班等办法，特别是在今后三五年内，应以大量短期训练为重点。① 这种短期师资培训，人员多、周期短，单靠当时的师范院校很难完成任务。于是，教育部、财政部在《关于 1953 年中等学校及小学教师在职业余学习的几件事项的通知》中，要求各地筹办教师进修学院，省市教育厅局筹办或委托师范学院举办函授学校，选择有条件的县筹办教师业余学校。② 从1953 年开始，教师进修院校逐渐建立起来，成为广大中小学在职教师的培训基地。从此，我国有了专门从事教师培训的机构和队伍。

20 世纪 50 年代中到 60 年代初，在职教师进修形式逐渐走向多样化，发展为脱产进修、函授、短期轮训、广播教学等多种形式。省、市教师进修学院招收脱产进修生，中小学教师脱产参加培训，③ 对当时中小学教师队伍的稳定和教育质量的提高起了积极的作用。

二、教师进修院校的停办时期（1966—1976 年）

1966 年到 1976 年十年"文化大革命"使全国教育事业遭受重创，全国教育教学工作处于瘫痪状态，甚至在全国取消了师范教育制度。各地教师进修院校或停办或撤销，干部和教师被下放到农村，许多教授被批斗，进修院校校舍被占用，除广西壮族自治区教师进修学院和武汉市教师进修

---

① 刘英杰. 中国教育大事典（上）[M]. 杭州：浙江教育出版社，1993：803.

② 温寒江. 师资培训概论 [M]. 北京：北京师范大学出版社，1989.

③ 蔡丽红. 我国教师进修院校的历史演进 [J]. 黑龙江教育学报，2010（7）.

学院外，全国其余教师进修院校都已不复存在。①

三、教师进修院校的恢复重建与发展时期

（一）恢复重建期（"文化大革命"结束至 20 世纪 80 年代）

1976 年，"文化大革命"结束，我国教育事业开始复苏，但面临着基础教育发展落后，特别是师资队伍数量不足和质量差的问题。1977 年，全国缺额 60 余万小学教师，中学教师缺额更是高达 285 万。② 为了缓解教师数量不足，保证教学工作正常开展，很多地方采取了将小学公办教师调配到中学做教师，借用民办教师来补充小学教师不足的做法。面对这种情况，1977 年 10 月，教育部在北京召开中小学师资培训座谈会上，对中小学教师培训工作做了部署。要求尽快建立和健全省、地、县、社和学校的培训网络，规定省、地可建立教育学院或教师进修学院，县可建立教师进修学校，公社可建立培训站。③ 次年 4 月，教育部颁布《关于恢复或建立教育学院或教师进修学院报批手续问题的通知》，随后，全国大部分地方的教师培训机构得以恢复或建立。在各级政府和社会的大力支持下，教师进修院校不断发展。到 1980 年，各级各类教育学院、进修学校以及高师函授等初步构成教师培训网络，各培训机构之间分工明确，相互协作。截至 1986 年，全国共有省、地（市）级教育学院 262 所，县级教师进修学校 2072 所，与师范院校、广播电视大学等构成了全国性中小学师资培训网络。④ 从此，以教育学院、教师进修学校等为主体，以师范院校函授教育、自学考试等为补充的教师培训系统建成，为我国在职教师培训提供多种途径，在保证教师队伍的稳定，提高教师质量等方面发挥了重要的作用。

（二）蓬勃发展期（20 世纪 80 年代中至 90 年代末）

1985 年开始，教师教育进入全面发展的新时期。到 20 世纪 90 年代末，教师进修院校发展规模不断扩大，我国中小学教师培训从学历补偿、

---

① 温寒江. 师资培训概论［M］. 北京：北京师范大学出版社，1989.

② 杨婷婷. 多元视角下的中国中小学教师教育政策研究［D］. 桂林：广西师范大学，2006.

③ 时伟. 专业化视野下教师继续教育的理论与实践——高师院校职能定位与应答［D］. 上海：华东师范大学，2003.

④ 同①。

教材教法过关转移到继续教育上来。这是一个标志性的变化，说明我国中小学教师的学历达标任务基本完成，教师培训工作重点走向以提高教师专业水平和能力为主。

1986年2月，国家教委颁布的《关于加强在职中小学教师培训工作的意见》指出："在802万中小学和农职业中学教师中，不具备国家规定学历的约占半数，不能胜任教育、教学工作的教师所占比例较大，有相当数量的教师亟需培训提高。……教师进修院校（包括教育学院、教师进修学院和教师进修学校）承担中小学和农职业中学教师职后继续教育的重任，是培训在职中小学和农职业中学教师的一个基本渠道，要按照《中共中央关于教育体制改革的决定》的要求，要认真加强建设，切实办好。教师进修院校的任务是培训在职中小学和农职业中学教师，办学要体现师范、在职、成人教育的特点，不要向全日制师范院校看齐。"[①] 从此，教师进修院校进入了一个发展新时期，主要任务是承担组织教师过好"教材教法关"、开展学历补偿教育、学历层次提高教育等。

1990年，教师培训进入一个转折点。全国性的教师继续教育工程开始，中小学教师培训由原来的学历教育为主转向非学历教育上来，旨在提高教师整体素质。教师培训工作逐渐转移到继续教育上，1999年9月，教育部发布《中小学教师继续教育规定》，规定中小学教师继续教育的教育教学工作由各级教师进修院校和普通师范院校来承担。这一时期，各级教师进修院校已经形成相对稳定的办学规模，从1980到1999年，教师进修学校培训了近600万中小学教师。[②] 特别是县（区）级教师进修学校，承担着全县（区）小学教师培训、管理和服务的职能，在推进专业化发展，提高教师整体素质发展中具有不可替代的作用。

四、教师进修院校的转型时期（21世纪初至今）

1999年，教育部发布《关于师范院校布局结构调整的几点意见》，对建设开放的教师教育体系进行了调整部署。我国师范教育培养层次由"旧

---

① 国家教育委员会. 关于加强在职中小学教师培训工作的意见 [S]. 1986-02-21.
② 金长发，张贵新. 师范教育史 [M]. 海口：海南出版社，2002：265.

三级"（中师、师专、本科）向"新三级"（专科、本科、研究生）过渡。① 全国逐步取消中等师范学校，县级教师进修学校多数被合并、改制、撤销，教师进修学校和独立设置的教育学院数量逐渐减少。截至 2008 年，1999 年 166 所省市级教育学院中，有 21 所合并到高等师范院校，有 10 所改为高等师范专科学校，有 34 所并入综合性地方院校。②

21 世纪初，教师进修院校进入转型时期。教师职前与职后教育一体化（对教师职前、入职和在职教育进行全程规划设计，以构建教师教育各个阶段互相衔接、各有侧重、又有内在联系的教师教育体系）发展③，教师培训打破封闭局面，走向多元化。新时期教师进修院校以各种专项培训为主，主要目标是适应基础教育新课程改革、全面推进素质教育。在办学任务、办学方向、办学模式（合并、转制、独立设置）等方面寻找和探索出一条适合自身发展的道路。

我国教师教育体系进入结构性调整过程中，教师进修院校的转型以合并（合并入高校或整合同级其他教育资源机构）、改制（改制为普通高校）模式较为普遍，兼有成人教育与普通教育。在院校整合过程中，教师进修机构职后教育功能弱化，体现在其地方性和专业性弱化乃至消失，少数保留下来的县级教师进修学校或闲置或转型，人员流失严重，无法有针对性地开展继续教育工作。

教师进修学校面临着去留的问题，为了保证基层教师特别是乡村教师的在职继续教育，建设高素质教师队伍，保证素质教育的顺利推进，2002年 3 月，教育部下发的《关于加强县级教师进修培训机构建设的指导意见》指出："要按照小实体、多功能、大服务的原则加强县级教师培训机构建设。积极促进县级教师进修学校与县级电教、教研、科研等相关部门的资源整合与合作，优化资源配置，形成合力，努力构建新型的现代教师培训机构。"并制定了示范性县级教师培训机构建设的评估标准。④ 文件的

① 滕敏. 我国教师教育一体化背景下教师进修院校转型存在的问题——以安徽省 F 县教师进修学校为例 [J]. 教育观察，2013（6）.
② 管俊培. 光荣与梦想——中国教育改革开放 30 年 [J]. 基础教育改革动态，2009（6）.
③ 荀渊. 教师教育一体化改革的回顾与反思 [J]. 教师教育研究，2004（7）.
④ 教育部. 关于加强县级教师进修培训机构建设的指导意见 [S]. 2002-03-01.

下发为县级教师进修学校的未来指明了方向，增加了各院校转型的决心和信心，促使地区政府、教育行政部门重视教师进修院校的建设。

为进一步加强县级教师培训机构的建设，把教师进修学校和教研、科研、电教等部门相关职能和资源整合，建立教师发展中心，是教师进修学校向教师培训和教科研一体的转型升级。2012 年，国务院、教育部分别颁发了《关于加强教师队伍建设的意见》《关于深化教师教育改革的意见》以推动县级教师发展中心的建设工作。教师发展中心，是以科研为引领，实现区域内教研、科研、培训一体化；上联高校、下联中小学校，形成区域性教师学习与资源中心，促进县域内教育资源合理配置，加快推进教育现代化。

随后，各省也纷纷出台相关实施办法推动县级教师发展中心的建设工作。广东省教育厅在 2017 年 12 月印发《关于推进县级教师发展中心建设的意见》，对县级教师发展中心的主要职责、人员配备和待遇等做出明确的规定。

这种"以研促训，以训带研，研训一体"的发展模式，昭示着教师进修院校专业发展的时代方向，更好地引领基层学校发展。

第三节　我国教师发展中心发展现状与问题

一、我国中小学教师发展中心的现状

20 世纪末以来，我国教师专业发展迈入一个新时期。国家通过不断完善形成系列的教师培训相关指导文件，随着教师全员培训、教师教育一体化、终身教育的提出，全国各地逐渐开展分层分类培训模式，形成新教师入职培训、青年教师提升培训、骨干教师研修、卓越教师领航培训体系，这些都需要专业化的培训机构来保障教师培训的有效运行。教师发展中心的成立，是我国教师专业发展的必然趋势。

（一）成立教师专业发展学校

2006 年初，上海浦东新区教师专业发展学校建设正式启动。2007 年 2 月正式命名 8 所"浦东新区教师发展学校"，其初步形成的机制与制度为

上海市教师专业发展学校奠定了基础。2010 年，上海市教委首批命名了 28 所市教师专业发展学校，2012 年第二批 88 所，同时也开始了区级教师专业发展学校的建设。①

教师专业发展学校是在原有学校建制内拓展学校的功能，主要承担新入职见习教师规范化培训、在职教师的继续教育和师范实习基地职能。是大学和中小学合作建立的教、学、研共同体，将职前培养与在职培训、教学实践与教育科研紧密结合，形成教学、研究、学习三者合一的培训方式，实现学生、教师、学校三方共同发展。

教师专业发展学校选派骨干教师为见习教师的导师，一对一带教，要求有完备、详细的带教计划和带教任务。对刚入职的见习教师，主要是入职培训，职前暑假要进行为期两周的培训。入职后第一年的见习期，每周平均两次到教师专业发展学校培训，听带教老师上课，自己授课、评课，期末进行赛课等，主要是学习如何上好一节课以及班级管理。学校还要为区域内、外在职教师提供继续教育，进行一周一次的进修或者公开课研讨，主要是对教学方式和教学观念的转变与更新，同时提升教科研能力。在教师职前培养和在职教师专业发展得到促进的同时，学生的学习状况也明显改善。

（二）建设教师发展中心

2012 年，国务院发布《关于加强教师队伍建设的意见》，教育部等 3 部门发布《关于深化教师教育改革的意见》推动教师发展中心的建设工作，各省纷纷制定方案，推进省、市、县级教师发展中心的建设。

2018 年，根据中共中央、国务院印发的《关于全面深化新时代教师队伍建设改革的意见》中提出"逐步推进县级教师发展机构建设与改革，实现培训、教研、电教、科研部门有机整合"的要求。教育部等五部门印发《教师教育振兴行动计划（2018—2022）》，要求"制定县级教师发展中心建设标准。以优质市县教师发展机构为引领，推动整合教师培训机构、教研室、教科所（室）、电教馆的职能和资源，按照精简、统一、效能原则

---

① 孟琳. 上海市教师专业发展学校的现状研究 ［D］. 上海：上海师范大学，2019.

建设研训一体的市县教师发展机构，更好地为区域教师专业发展服务"。①县级教师发展中心建设在全国推进，通过整合培训资源，促使教师培训重心下移，教师培训和教科研转型升级，实现区域内教科研训一体化。

二、我国中小学教师发展中心建设存在的问题

（一）教师教育课程缺乏系统性

目前为止，我国职后教师培训课程体系尚且不够成熟。培育教师所应开设的课程缺乏必要的论证与审批；任教教师在教育课程的实施中并未真正保质保量，缺乏必要的筛选与规范；教师教育课程评价缺乏真实、客观的监督与反馈。

（二）培训者的专项培训不足

截至 2018 年底，全国中等教育阶段专任教师 6289410 人，初等教育阶段专任教师 6102307 人，学前教育专任教师 2581363 人。② 要实行五年一周期不少于 360 学时的中小学教师高质量的全员培训，培训者的素质决定着教师培训质量，一支高素质的培训者队伍对教师培训至关重要。县级教师发展中心承担着中小学教师职后培训任务，目前我国中小学教师发展中心的研训教师队伍有专职和兼职两种，大多由整合前的教科研室的教研员，名教师，名校长，高校、科研机构、中小学的知名专家等组成，难以实现理论性与实践性相结合，培训课程开发、培训课程设立等方面比较薄弱。2014 年开始，国培、省培计划中开始重视并实施培训者专业能力提升工程，但可以参训的人员为少数，面对庞大的中小学教师队伍的全员培训，是远远不能满足培训需要的。

（三）教师自身积极性不高

一些中小学教师参加培训，不是"我要"培训，而是"要我"培训，部分主动参加培训的教师也是为了获得学分或各类证书，为其职称晋升创造条件。也有部分教师对教师专业发展的认识不足，认为培训是校长、骨

---

① 中共中央，国务院. 关于全面深化新时代教师队伍建设改革的意见 ［S］. 2018-01-20.
② 2019 中国教师培训白皮书 ［M］. 北京师范大学学习设计与学习分析重点实验室奥鹏教育研究院，2019-12-17.

干教师的事，自身凭着扎实的学科知识和经验完成教学任务即可，对新课程改革和教学理念的更新带有抵触的情绪。再者，一些培训内容与当前中小学教育教学存在脱节现象，教师培训后的获得感不足，挫伤了教师参加培训的积极性。另外，目前我国中小学教师特别是班主任承担的工作任务比较繁重，工学矛盾突出，教师参加培训，教育教学工作会受到影响。加上学校领导对教师培训的认识不足，对本校教师参加培训的积极性不高，甚至以难找人代课影响学生课程教学为由，不支持教师外出参加时间较长的培训。

（四）县（区）级教师发展中心整合出现的问题

县（区）级教师发展中心大多由县（区）教师培训机构（主要是教师进修学校）、教研室、教科所（室）、电教馆整合而成。三或四部门合并，实际上在整合过程中是很难打破部门之间的界限，原先部门是不同的单位，人事管理和人员编制的隶属不同，来自体制的阻力让推进十分困难。县（区）教师进修学校原来的行政级别为正科级单位，而教研室与电教所（馆）原来是教育局的直属股室，建立县级教师发展中心就是将县（区）级教研和电教部门并到县（区）教师进修学校，成为一个独立的法人单位。整合后的教师发展中心并未对人员进行优化，未能采取"选、招、转"等途径来进入。发展中心的研训能力并未得到提高，未能真正实现研训一体，反而对县（区）教学研究工作的开展产生不利的影响。2019年11月，教育部发布《关于加强和改进新时代基础教育教研工作的意见》，要求"进一步完善国家、省、市、县、校五级教研工作体系，有条件的地方应独立设置教研机构，暂不具备条件的地方应在相对统一的教育事业单位内独立设置，形成上下联动、运行高效的教研工作机制"。[①] 为贯彻落实教育部文件精神，各省相继制定实施意见。广东省教育厅发布《关于建立健全新时代基础教育与教研体系的实施意见》，文件要求"县（市、区）在整合相关资源建设教师发展中心过程中，应保持教研机构的完整性与独立性，可实行一支队伍、两块牌子，教研机构与教师发展

---

① 教育部. 关于加强和改进新时代基础教育教研工作的意见［S］. 2019-11-20.

中心并行"。①如何高效整合相关职能和资源，优化人员结构，打造一支结构合理、人员精干、高水平、专业能力强的研训教师队伍是教师发展中心建设目前亟待解决的主要问题。

---

① 广东省教育厅. 关于建立健全新时代基础教育与教研体系的实施意见［S］. 2020-05-21.

第四章

未来中小学教师专业发展趋势

第一节　未来教育

当今世界的发展速度之快是超乎想象和无法预计的，而人类所面临的不确定性、复杂性也是前所未有和难以估量的，相应地，教育将要应对的挑战和问题也是层出不穷、不计其数。随着社会和经济的发展，未来基础教育如何基于学生家长和社会的需求，面对现实、迎接挑战，这是必须从战略上加以重视、战术上加以规划的核心议题。本节对未来教育的阐释仅指向未来中小学教育。

一、教育的未来画像

要讨论未来教育，我们要先讨论基础教育的未来。按照目前的发展趋势，基础教育的未来可能是什么样子？不妨从教育的五个要素：环境、内容、手段、教育者和受教育者给基础教育的未来画个像。

（一）教育环境更智能

信息技术瞬息万变，教育的社会环境和校园环境都将朝着智能化方向发展。泛在学习中心、智能评估中心、体验中心等多功能性场室的建构与使用迅速改进传统的学习方式。未来物联网、人工智能、互动技术、大数据等各种新兴技术将会更广泛、更综合、更迅速、更普及应用于教育的各个领域。借助于工具，翻转课堂、慕课等形式的运用将使学生打破课前与课后的界限；借助于丰富的教育教学资源，学生将有更多的主动权和选择权去迎合自己的规划与实际需求。课堂上，教师的教与学生的学更容易被实时监控，课堂大数据的采集与分析更便捷，学习者个性特征、学习风格可以通过分析与识别，然后得到学习资源按需推送和及时评价。智能感知学习情境的建设与使用会进一步优化教师的教学风格和模式，结合学生学习结果的自动评估与趋势分析，教师可以科学地把握每个学生的学习现状、真实需求和发展趋势预测，在此基础上调整自己的教学策略与方法，使教学更高效、更精准、更深度。

（二）教育内容更丰富

随着网络和信息技术的快速发展，教育资源将会越来越丰富。各中小学名校的公开课和国家、省、市层面的教育教学资源都可以免费获取。例如，在 2020 年疫情延期开学期间，教育部整合了各个层面的优质教育教学资源，及时向全社会开通国家中小学网络云平台（网址：ykt.eduyun.cn）和中国教育电视台空中课堂，免费供教师和学生根据教材的版本和教学的进度自主选择使用。与此同时，中国教育电视台四频道（CETV-4）同步推出大型《同上一堂课》"课表式电视课堂"。这一栏目内容经过精心的设计，涵盖了小学 1~6 年级的所有课程的直播以及一部分的中学课程。针对目前中小学教育中通识教育能力缺失的问题，栏目设置了人文历史、国学经典、艺术欣赏、生命安全等通识教育，并针对疫情这一特殊时期开设了疫情防护、课间操、校园歌曲 MV 等文体科普教育三大节目版块。2020 年2 月，教育部正式下发了《关于发布中小学国家课程教材电子版链接的通告》，向全社会公布了各中小学教材编写出版单位提供的免费电子版教材。无论是公开课、教材还是直播课堂，这都给教育内容带来更丰富的可选择性，不但为教育的公平做出了巨大的贡献，对教学质量的提高，尤其是乡村教育，也是一项重要的举措。

（三）教育手段更多元

信息技术与教学的融合带来更适合教育的智慧环境，随之而来的是教育手段的多元化。在教育的五要素都齐备的情况下，在处理教师和学生的关系中，教学内容尽管具有可选择性，但是囿于教材版本的限制，影响教和学的更多是手段带来的变革。线下教育将和线上教育一起交互发展，势必给线下教育带来理念和手段的挑战。在智能化教学环境中，未来的课堂将会以多方位的视听呈现为主要教学形式，通过多媒体手段展现出来的课堂资源，可以让学生更直观、更准确地感知知识，学习效果也会有所提升。智慧教育能够给次发达甚至是落后地区的师生提供更好的学习资源和学习环境，实现了一定程度的教育公平。

（四）教师角色更多样

"在很大程度上，人们所扮演的角色和角色行为是根据其所处社会所定义的场景塑造和修改的。"① 不同技术的出现已经在不同程度上革新着中小学的教育教学方式，可以断定，未来教师的角色将会随着技术变革而呈现多样发展态势。在未来课程建设中，数字技术将不断促使教学设计向纵深发展，并倒逼教材的开发，加速学生课堂学习内容和课后自主学习的可视化、虚拟化、全息化发展，大大促进学生在课内和课外学习的深度体验。因此教师不仅仅传道、授业、解惑，还应该是信息技术的使用者、理念的引领者。人工智能技术使得学生可以有机会同时在真实和虚拟世界中学习，教师作为学习引领者和指导者的角色将更加凸显。

（五）学生学习更个性

目前，受班额、教学手段的限制，基于班级的同样进度、同样内容的模式很难兼顾学生在学习内容、学习方式、学习层次等方面的个性化学习的需求。未来，大数据和技术的支撑下，学习者的学习行为与效果都可转化为数据进行直观分析，一切变得透明化。基于图表与数据中获取到的学生学习的困难、优势、趋势可以帮助教师制订不同学生的个性化学习计划，无论是哪个层次的学生，都可以基于学习内容、学习目标、学习风格的不同而有效开展个别学习。教师可以充分利用人工智能技术，把教学问题构建于生活实际之上，充分融合真实、虚拟两种学习环境，创设基于学习者不同学习需求的情境，采用探究式、项目化等新型学习方式，放手让学生去实践，培养他们的实操能力，学生学会把理论知识与在实践过程中获取的主观感知联系在一起，培养个性化学习能力，真正让不同层次的学

---

① 约书亚·梅罗维茨. 消失的地域电子媒介对社会行为的影响［M］. 肖志军，译. 北京：清华大学出版社，2002：24.

生做到学有所得，学有所成。

基于基础教育未来的样子，我们可以更好地培养社会所需要的具有特色的人才。未来教育指向的是教育的未来，一方面是指培养教育未来需要的人才，另一方面是指基于教育可能的未来寻求更适切的方法和策略来培养社会发展需要的人才。

二、未来教育与未来学校

（一）未来教育

什么是未来教育？顾名思义，就是未来的教育，但是其内涵和定义难以用一言概之。在任何时期，我们的教育和其他活动均存在着它的过去、现在与未来。然而，当前这个时期特别关键，我们急迫地需要考虑三种教育未来的分岔口：现实的教育未来、理想的教育未来、可能的教育未来。①

1. 现实的教育未来

现实的教育未来是什么样的？从我国一直以来对未来教育重要性的关注中"管中窥豹，可见一斑"。1912 年，教育家蔡元培曾说过："教育者，非为以往，非为现在，而专为将来。"1983 年 10 月 1 日，邓小平同志为北京景山学校题词："教育要面向现代化，面向世界，面向未来。"在党的第十九次全国代表大会上的报告中，习近平总书记强调："不忘本来、吸收外来、面向未来。"我国政府近些年来陆续下达了有关互联网+、教育现代化、人工智能等多个指导意见与规划，加速推进中小学校的未来发展。2016 年 9 月发布的《中国落实 2030 年可持续发展议程国别方案》提出了我国"确保包容和公平的优质教育，让全民终身享有学习机会"的落实方案。②2017 年 10 月，教育部学校规划建设发展中心出台了"未来学校研究与实验计划"，将未来教育、未来学校纳入教育部的工作重点，开展正式以行政手段的形式全面推动我国的未来学校实验。2019 年 2 月，中共中央、国务院印发的《中国教育现代化 2035》，给我们描绘了未来 15 年后教育的样子："建设智能化校园，统筹建设一体化智能化教学、管理与服务

---

① Anna Craft. 创造力和教育的未来数字时代的学习［M］张恒升，译. 上海：华东师范大学出版社，2011：37.
② 汤林春. 2035 教育现代化义务教育的使命与担当［J］. 中国教育学刊，2018（9）：14-19.

平台。利用现代技术加快推动人才培养模式改革，实现规模化教育与个性化培养的有机结合。创新教育服务业态，建立数字教育资源共建共享机制。"从这些可见，在未来的教育进程中，现代技术会一直不断地通过与教育的深度融合，在行政手段的有序引领下推动教育的发展。

2. 理想的教育未来

理想的教育未来是什么样的呢？提出问题的时候，我们或许会把所有对教育美好的愿景一一在脑海呈现。尽管每个人对理想的教育未来的样子不完全一样，但是对于完美的教育的向往和期待是一样的。每个孩子不但有学上，而且都有好学上，都是在现代、优美、智慧的教学环境中，享受着学习的快乐。教师队伍具有高素质、专业化和创新型特点，教学极大地满足个性化的需求，学生的综合素养不断迅速提升。社会建成服务全民的终身学习体系，公共教育服务实现均等化等诸如此类的寄托着学校、家长、社会和孩子幸福健康快乐成长的梦想和期待都能实现。

3. 可能的教育未来

在介于现实的教育未来和理想的教育未来之间，有着"可能的教育未来"，这中间有无数种的可能性。美国堪萨斯大学教授赵勇认为，在未来社会，独特性可以更好地使我们在社会中立足，未来的教育就是要帮助每个孩子走向属于他们自己的成功。未来的教育是一个与社会高度融合的、高度开放的教育体系，它有校内跟校外的融合，面授与远程的融合，正式与非正式的融合。同时，技术环境更是互联互通的体系，但是我们要有社会参与的认知，更为重要的是，整个教育的服务模式，由供给驱动的教育服务，改为消费驱动的教育服务。①

无论是现实的、理想的还是可能的教育未来，我们都不难发现，技术赋能未来教育是必然趋势！未来，教育的五个要素会随着教育现代化不断发展。教育的现代化不仅仅是教育环境的现代化，首先应该是提倡教育理念的现代化，然后是教育内容、教育手段、师资队伍的现代化。对于各级中小学教师发展中心来说，建设现代化的师资队伍是迎接未来教育的应然选择。教育理念、教育环境、教育内容和教育手段的现代化的最终落脚点

① 邢星. 乡村小规模学校可以办成中国未来教育的样板吗？[J]. 人民教育，2018（21）：73-76.

都只能依靠师资，从这一点上来看，教师发展中心任重而道远。

（二）未来学校

教育的落脚点是学校，所以未来教育的落脚点应该在未来学校上。未来学校承载着未来教育的发展轨迹和方向。2006 年，美国费城学区与微软共同创建了世界上第一所未来学校，即费城未来学校。目前，美国、新加坡、德国、芬兰、法国、日本以及欧盟等国家或组织都开展了建设未来学校行动和实验研究。尽管不同国家关于未来学校的概念和内涵有着不一样的表述，但是，总的来说，未来学校是指"互联网+"背景下的学校结构性变革，通过空间、课程与技术的融合，形成个性化的学习支持体系，为每一个学生提供私人定制的教育。[①] 从现实的层面来说，我们不能把未来学校看作是一个单一的相对于"传统学校"而言的概念，而要认识到未来学校的出现及发展是教育创新的一个过程。

杜威曾经说过，如果我们用过去的方法去教育现在的学生，就是在剥夺孩子们的未来。当今的世界在脑科学、互联网、物联网、大数据、云计算、人工智能、机器学习等多种新技术、新能源、新理念的冲击下，教育领域也正在发生前所未有的急剧变化。2016 年 11 月，中国教育科学研究院未来学校实验室发布了《中国未来学校白皮书》，提出推行未来学校计划已势在必行。在深化未来学校理念的基础上，全面系统描绘了未来学校的基本特征，并重点阐释了中国未来学校计划的实践路径。在未来学校建设的新时代背景下，根据《中国教育现代化 2035》确定的核心任务，聚焦在基础教育领域，省级中小学教师发展中心应用新理念、新思路、新技术，把目光投向未来，积极发挥其区域教育智库的作用，推进中小学幼儿园校（园）长与教师发展、未来课程和教学创新、学习场景重构、测量评价建设和学习生态融合，不断推动学校形态变革和全方位改革创新。

三、未来教育的趋势与方向

教育是一个组织行为，一个围绕未来 10 年不变的知识、20 年不变的

---

① 曹培杰. 未来学校的内涵误区及趋势［J］. 中国电化教，2017（7）：9-13.

技能、30 年留存的体验的稳定的复杂社会经济形态，因此不那么容易被颠覆。① 未来教育的趋势和方向到底是什么？试从不同的角度看看教育的未来是什么样的。

（一）基于信息技术的视角

全息投影、人工智能、VR 技术、网真技术等越来越多的信息技术被融合应用于各层次的教育领域，两者之间也将会走向更加广泛、更加深度、更加便捷的局面。相信，技术支持下的学习方式与教育形态也会随之发生革命性的变革趋势。2019 年，扎克伯格夫妇在给女儿的信中就基于信息技术预言了未来教育的四大趋势：一是学生将根据自身的兴趣、需要和目标来寻找教师，学习将是个性化、定制化的；二是基于互联网的学习将突破时空限制，同样也不会受到同龄人学习进度的束缚；三是学习将不再是记忆前人的经验、知识，而是掌握可实践的技能，甚至探索前所未有的领域；四是教师将不再是一种全职职业，它将不受年龄、职称、学历的限制，只要某个人在某个领域有足够的实力就可以在这个领域灵活地教学生。②

（二）基于教育政策的视角

2019 年 2 月，《中国教育现代化 2035》与《加快推进教育现代化实施方案（2018—2022 年）》同时发布，这标志教育现代化建设的进程更加规范有序推进。2019 年 6 月，《关于新时代推进普通高中育人方式改革的指导意见》颁布实施；7 月，颁布《关于深化教育教学改革全面提高义务教育质量的意见》，在这些政策中都提到，"大力推进教育信息化""加快信息化时代教育变革"。其中，在《中国教育现代化 2035》的"大力推进教育信息化"这一条目中，提出着力构建基于信息技术的新型教育教学模式、教育服务供给方式以及教育治理新模式；促进信息技术与教育教学深度融合，支持学校充分利用信息技术开展人才培养模式和教学方法改革，逐步实现信息化教与学应用师生全覆盖等措施。从越来越多的教育政策文本可见，未来教育将与信息化高度、深度融合，而且，对于目前教育教学

---

① 魏忠. 人工智能趋势视角下的未来教育［J］. 中小学信息技术教育，2017（7）：9-11.
② 未来教师的六种角色和四大素养. https://new.qq.com/omn/20190820/20190820A0LVJA00.html

中存在的人才培养模式和教学方法中存在的问题，也希望通过改革进行优化。

（三）基于教育本质的视角

从目前的发展趋势看，人工智能已经可以为各种教学软件提供完善的后台运行机制，信息技术成功地隐身后台，为教师和学生提供看不见的服务。数据和技术离我们更远，教育则离我们更近。学生在学习过程中的任何行为，都会被人工智能记录下来，再通过数据分析更真切地反映学生的学习情况。目前大力推广的智能实验室和智慧校园都将基于这样的个性化、定制化风格对学生进行教育和评价。教育是培养人的活动，从这一本质来看，在不久后的未来教育当中，这种个性化的培育方式将会从学校和机构走向社会，转变成未来社会的人才培育方向。

（四）基于教育服务的视角

教育是一种重要的社会服务。"互联网+"时代的来临使传统的教育模式的弊端更加明显。研究指出，大约有 50% 的家长认为课外教育是必要的，甚至是支持的。从这一数据很明显地看出，目前学校教育已无法满足人民群众日益增长的教育个性化需要。中高端民办学校的日益发展和校外培训机构数量的持续增加，家长对优质教育的需求越来越急迫。信息化3.0 时代的来临，学校不再是学生学习的固定场所，未来教育的发展进程中，随着专业的网站、微信公众号、教育 App、小程序等更加多元的平台的开发，校内与校外的融合，面授与远程的交互，正式与非正式的更替都是必然的趋势。与此同时，社会上的教育服务模式将由基于学校的供给型教育服务，更快地转变为基于需求的消费型教育服务。

随着未来教育的发展，所有学校和教育机构都将演变成面向所有学生的共享学习社区，社区内可获得的学习资源都是开放互通的，这些学习资源都是经过教育者对所有学习者进行深入研究、了解而研发出来的，学习变成了一种以学生为中心，以创新、研究、开发为主要形式的个性化、定制化教育服务。

第二节　未来教师教育

未来需要什么样的教师，中小学教师发展中心作为承载引领中小学教师专业成长与发展的基地，要如何引导教师面向未来作怎样的转型。未来的教师教育对各级教师发展中心的定位、发展和建设会带来什么样的启示呢？

一、未来教师的专业发展要求

信息技术在教育领域的飞速发展与深度融合必然引发教育节奏、教育结构、教育产业的快速变革。在更加智能化的教育空间，未来教师需要更加积极适应未来教育与学习的变革，在教学工作中承担更加多样的专业角色，具备更加全面的专业素养，这也就给各级教师发展中心提出了一个最核心的使命：如何引领教师走向适应社会需求的专业发展。面对未来社会对人才的多样化、专业化、尖端化要求，教师教育如果不及时做出积极应对，针对目前教师教育体系、模式、课程和标准等各个部分进行全面性和系统性改革，那么，培养出来的教师将难以胜任未来的教育教学工作。

（一）未来教师的专业角色要求

美国《教学2030》报告对未来教学工作提出了一个构想：随着教学生态的变革，特别是认知科学的应用，将促使教师和学生进行沉浸式个性化学习，以及混合式学习环境将无缝整合教师、学生、家庭、本地与远程专业人员、志愿者和商界人士等教育活动参与者，使得学校成为整个社区的学习中心。因此，作为学校这一学习中心的引领者，教师将扮演更加多样的角色，才能适应学生、家长、学校、社会发展的需求。

基于信息技术和教育融合的需要来看，传统的由教师、学生、课程构成的三维结构将转变为新的四维结构，即学生、数字化学习环境、数字化学习资源和教学支持服务。教师将成为基于数字化环境、资源的学生学习活动的支持者与服务者。[①] 诚然，这是基于教学作为一门技术的视角去看

---

① 荀渊. 未来教师的角色和素养［J］. 人民教育，2019（12）：36-40.

待未来教师的角色。从教学作为一门艺术的角度去看，教师还需要成为协作者、创造者、融合者等角色。从学生多元化和个性化的角度看，教师应该成为学习指导者和个人教育顾问。从教师的社会功能视角看，教师可以担任社会人力平台开发员、社区智库规划员和教育巡查员等职责。不管是哪一种说法，都有一个明显的特征——教师已不再是传统教育形式下的单向知识传授者，新的教师角色和人工智能技术产生了紧密的联系。未来，随着信息技术发展不断加快，教师的发展速度必定会随之提升，未来教师的专业素养也会与智慧教育有更深层次的匹配，具备与数字技术融合的更高针对性、专业性和实效性。

（二）未来教师的专业能力要求

未来教育需要教师承担多样化与专业化的角色，更需要教师具备应对乃至参与未来教育变革的更高层次与水平的专业能力。不管人工智能如何发展，撬动未来教育的支点不会是技术本身，依然是教师。这也是教师这一职业面对的是复杂的学生个性和多样的个性化需求的特征所决定的。因此，面对未来，教师教育首先要做的是在"预见"未来教师的专业能力的基础上"育见"未来教师的能力。从课前、课中、课后三个阶段来看，未来教师需要具备如下几种能力。

1. 研究能力

教师要如何应对未来教育带来的变革与挑战？首先，要做的就是把握未来教育的变革方向，把自身融入数字化资源、学生、学校、学习内容的互通机制，主动地去参与、体验与推动未来教育变革。其次，未来教育是一种关注学生个性化、自主发展的定制型、服务型教育，在这样的教育形式中，教师更需要关注到每个学生的认知、情感与心理状况，这将是未来教师能否顺利开展教学工作的关键。由此延伸，要全面地认识一个学生，就要深入了解他的思想、家庭、情感、经历等各方面的问题。课前，教师要研究每个学生的背景、学习层次、程度，研究课程标准、教学设计、作业推送，基于每个学生的差异，定制式开展教学工作，为学生精准配置学习计划、进度安排与评价方式。课后，教师要根据课中生成的大数据，研究下一阶段的学生学习需要，积极开展基于大数据的二次备课。同时，教师要积极开展真实的课题研究，以研促教，以教促学，以教带研，教研相长。

2. 创新能力

培养"创新型"学生，首先要培养"创新型"教师，在教育教学过程中，教师要时刻保持好奇、发挥想象、敢于挑战，主动提升自我的创新能力。教师在课堂实施过程中要引导学生在学习过程中主动思考、探索创新。在课前的备课中，教师在教学过程的设计和编排上要投入更多的创意。学生是创新学习过程的主体，教师不仅要在教学过程中创造情境，激发学生的创新意识，培养学生的创新潜能，同时还要宽容对待学生的失误，给予他们更多的鼓励。课后，教师要设计和推送一些创意型作业，以提高学生的创作能力。

3. 学科整合能力

面对目前存在的学科之间割裂甚至是对立的问题，未来教育领域通过多学科整合将成为一个趋势。目前的 STEM 或者 STEAM 课程就是一个很好的例子。基于项目式学习，学科之间知识进行互动，促进师生合作和生生交流，实现以学生为本的未来新型课程发展。由于学科之间的整合涉及学科结构、内容、资源、实施、评价等方方面面，因此要求教师具备跨学科素养，也就是"统整"学科的能力。学科整合的能力反映在需要整合的每个学科领域，同时将不同学科间的知识与情境关联起来。教师不仅要精通自身学科的学科教学知识，还要对其他各个学科的知识进行储备，对各个学科的知识形成系统而且全面的认识，能够把握学科与学科之间的联系，找到它们的交叉点，再将学生要学习的知识与当下的政治、经济、文化联系起来，进一步培养学生的跨学科素养。

4. 信息技术应用能力

教育要实现现代化首先是教师要现代化。信息技术的应用能力应该是伴随教师职业生涯始终的重要能力。随着社会的发展，新的技术也会随之不断出现，不断更新换代，不断融合发展。AR 技术、人脸识别、学生行为智能分析系统、数字化多功能黑板等新技术的出现与教学应用，给现代教师的信息素养提出了更高的要求。在当前的信息化时代，对教师的要求不仅限于要有主动获取新信息意识、探索新信息的能力，更要有能对大量信息进行判断、筛选、过滤的能力。面对纷繁复杂、良莠不齐、真假难辨的信息，教师要保持自我的思考和理智，对不合理的信息提出合理的质疑甚至批判。最重要的一点，教师要把信息素养运用到未来教育的环境中，将人工智能研发的技术与教学设计、教学环境融合在一起，形成未来教育新资源。

5. 合作沟通能力

常规的集体备课、研课、磨课等方式无不在诠释教学过程中教师之间的同伴互助模式是必不可少的。然而，很多人都忽略了教师和学生、教师和家长、教师和社区之间的合作与沟通。世界经合组织开发并实际开展了"教师教学国际调查（TALIS）"项目。2018年的测评结果显示，师生合作能力在所有的调研数据中是相对较差的。① 众所周知，高质量的师生互动能够促进教师对学生的适切，并且为学生的发展支持提供脚手架。基于同伴互助式的有效合作与沟通是学校教研活动、职后教师培训的有利前提。同时，教师与家长进行有效的合作沟通能够促进家校协同育人模式的发展。教师与社区建立良好合作互助关系，也能够更好地推动、整合社区的课程资源。因此，面对未来更加多元、复合的教育环境，教师应该积极提升自己与同伴、学生、家长和社区的合作沟通能力。

6. 文化回应能力

随着全球化浪潮的发展、现代社会的多元化发展趋势以及教育公平理念的发展，教师如何促使来自不同家庭背景、种族、民族、宗教信仰、社会阶层、语言能力的学生都能变得优秀是时代带给未来教师的新思考。未来教师应该把自己培养成文化回应型教师，这也是时代发展的必然要求。从国际层面来看，在全球化的时代背景下，全球文化多元并存并融合发展。越来越多的国家开始重视跨文化素养的培养，它已经被列入公民的核心素养中。从国内层面来看，一方面，中国尊重世界的多元文化，积极支持和推动学生进行对外交流，促进跨文化发展；另一方面，研究显示，中国的东、中、西部的学校中都存在基于学生民族、家庭背景、宗教信仰、经济地位所产生的多元化的现象。因此，教师只有自身具备了文化回应能

---

① 杨新晓，陈殿兵. 国际比较视野下教师专业培训的趋势与启示——基于经合组织的系列数据报告［J］. 中小学教师培训，2020（6）：73-78.

力，才能真正尊重、拥抱并将学生的多元文化融入教育教学中，从而使学习对于学生而言更加相关和有效。

二、未来教师教育

智能时代来临，未来教师的培养必须随之升级，建设基于智能教育的"专业教育+教师教育"的深度融合是教师教育的发展趋势

（一）教师教育的发展趋势

结合信息化教育的特征以及未来教育发展的趋势，未来教师在教育教学中也会相应衍生出新的角色——课程与资源的开发者、学生个性化的研究者、学生学习的服务者，要扮演好这些角色，就要顺应教育的趋势，及时更新，做出改变。

第一，未来教育要求教师必须掌握利用信息技术开发教学资源的技能，并将其置于教学能力的首要地位，教育组织要以此为基础形成一个基本完善的、能够顺应并服务于未来教育的专业教师教育系统，促进未来学生个性化学习。

第二，建构新的教师专业教育模式，未来教师首先自身要具备符合时代要求的专业素养，围绕如何推动学生个性化学习、融合信息技术和教育教学、培养课程开发技术这些基本方面，提升教师专业技能，为教师即将面临的工作环境和教学挑战做好充足的准备。

第三，学校、教育组织和政府相关部门要发挥引领作用，制定出新的适应未来教育教学的行业规范和专业标准，为教师发展提供指导方向。

第四，在多种渠道和多方推动下，培养出具备更高未来教育素养的教师队伍，教师不断丰富与未来教育相匹配的专业知识，提高未来教育创新教育理念、创造教育模式。

（二）未来教师的培养措施

2018 年 10 月，教育部印发的《关于实施卓越教师培养计划 2.0 的意见》指出：经过五年左右的努力，办好一批高水平、有特色的教师教育院校和师范专业……到 2035 年，师范生的综合素质、专业化水平和创新能力显著提升为培养造就数以百万计的骨干教师、数以十万计的卓越教师、数以万计的教育家型教师奠定坚实基础。基于职前职后一体化的理念，要想

职后教师能够迅速适应未来教学，职前培养就以未来的教师培养作为目的势在必行。

1. 未来教师的职前培养措施

从国家层面来看，2018 年 10 月，教育部正式发布《关于实施卓越教师培养计划 2.0 的意见》，其中提出未来教师的职前措施主要有如下几个：

第一，分类推进卓越中学、小学、幼儿园、中等职业学校和特殊教育学校教师培养改革。第二，建设 200 门国家教师教育精品在线开放课程，推广翻转课堂、混合式教学等新型教学模式，形成线上教学与线下教学有机结合、深度融通的自主、合作、探究学习模式。第三，全面落实高校教师与优秀中小学教师共同指导教育实践的"双导师制"，为师范生提供全方位、及时有效的实践指导。第四，支持建设一批省级政府统筹，高等学校与中小学协同开展培养培训、职前与职后相互衔接的教师教育改革实验区。第五，指导推动各地开展高等学校与中小学师资互聘，建立健全高校与中小学等双向交流长效机制。第六，加强与境外高水平院校的交流与合作，共享优质教师教育资源，积极推进双方联合培养、学生互换、课程互选、学分互认。第七，分级分类开展师范类专业认证，全面保障、持续提升师范类专业人才培养质量。

相信，随着各项政策的有序推进，这些措施在不久的将来会得到全面的实现。从这些政策中，我们不难读出，职前教师的培养不但与高校息息相关，更加和一线中小学校紧密相连。针对目前职前教师培养中，中小学校和一线导师参与过少而造成培养的师范生难以适应新时代教师发展要求这一困境，这些措施势在必行。中小学校对未来教师的要求是越来越高，职前培养和职后培训要做到一体化，还需要对毕业 1~3 年的初任教师给予更多的政策关注、培训时间支持和机制保障。

2. 未来教师的职后培训措施

未来教师的职后培训的措施主要有以下几点。

第一，明确政策的导向性。2012 年教育部公布了《中学教师专业标准（试行）》《小学教师专业标准（试行）》和《幼儿园教师专业标准（试行）》（以下合称为《教师专业标准》）。《教师专业标准》是国家对合格教师专业素质的基本要求，是教师实施教育教学行为的基本规范，是引领教师专业发展的基本准则。教师专业标准的出台对教师培训工作提出全新要求。各级中小学教师发展中心在开展教师的职后培训时，应该着重基于这一政策的导向。早在 2014 年，我国已经制定了《中小学教师信息技术应用能力培训课程标准（试行）》。为深化中小学教师培训改革，提升教师队伍整体能力，建设高素质专业化创新型教师队伍，特制定《中小学教师培训课程指导标准》，从师德修养、学科教学、班级管理、专业发展四个维度建立完善的标准体系，通过统一制定师德修养、班级管理、专业发展培训课程指导标准，分科制定学科教学教师培训课程指导标准，进一步规范和指导各地分类、分科、分层实施五年一周期的教师全员培训工作。2018 年，教育部印发《中小学幼儿园教师培训课程指导标准（义务教育语文、数学、化学学科教学）》。2020 年，《中小学教师培训课程指导标准（师德修养）》《中小学教师培训课程指导标准（专业发展）》《中小学教师培训课程指导标准（班级管理）》出台。

2011 年教育部颁发的《关于大力加强中小学教师培训工作的意见》中，明确要充分发挥师范院校在教师培训方面的主体作用。在这之前，各级教育学院和进修学校是教师继续教育的实施主体。之后，在国家有关教师培训的文件中，教师培训机构的作用主要定位为"组织协调、服务支持"（2011）、"支撑"（2012）、"规划设计、组织实施和服务指导"（2013）等。这一次的"纽带"提法，虽然是新提法，但并没有增加新的内涵。中小学教师发展中心作为教师发展机构，在职后培训中应该发挥好纽带的作用。2018 年 3 月 28 日教育部官网上发布了《教师教育振兴行动计划（2018—2022 年）》，提出教师发展机构在未来的教师教育体系中承担"纽带"作用。

第二，构建一个职后教师专业发展新生态系统。1977 年，Hannan 和 Freeman 提出了组织生态理论，[①] 认为组织作为开放系统，必须不断与外部环境进行物质、能量、信息交换，将投入转为产出，其生存与发展受到内外部环境的诸多影响。该系统是以发展中心区域范围内的教师群体为核

---

① Michael T.Hannan.John Freeman.The Population Ecology of Organizations ［J］.The American Journal of Sociology，1977，82（5）929–964.

心，由高校和一线专家、教育主管部门、学校构成服务团队，分析对教师专业发展起制约和促进作用的影响因子，通过与内外环境相互作用、相互影响，从而实现教师群体的良性的、专业的、可持续的发展，把各级中小学教师发展中心打造成"教师之家"，让教师拥有一个精神家园。

如何实现这种教育生态呢？关键是做到高效、引领、共融。一是要构建丰富可供选择的研修课程，尽量满足教师群体的个性化需求，并缩短行政的各项烦琐手续，做到高效运行。二是提供精要、适切的专业引领，打破中小学教师一贯以来形成的思维定式，精选参训内容，充分考虑参训教师的发展愿望、优势和困难。三是打造学习和研究共同体，形成兼容共融的学习和学术氛围，营造亲切暖心的心灵家园，拉近教师对发展中心的距离感，让他们愿意遇到问题时及时寻求帮助。

第三，加快教师教育一体化进程。2001年，在国务院颁布的《关于基础教育改革与发展的决定》中第一次提出了"教师教育"的概念，力图打通教师职前培养和职后培训的联系，逐渐建立一个开放的教师教育体系。从目前的情况来看，在体制、管理上，在课程设置、师资队伍、教学安排上，教师的职前培养与职后培训并没有真正实现一体化，有"两张皮"的感觉，没有融为一体。要从根本上解决培训水平和培养水平倒挂的现象，更多的是需要从国家层面、体制层面，改革教师培养与培训的机构设置、队伍建设、管理办法，实现教师教育课程、教学的一体化，以切实提高教师培训质量。[①]

三、未来教师培训的发展趋势

由于疫情的突然来袭，中小学教师为了完成工作任务，教学方式发生了大转变。尽管国家利用多个平台发布了适合中小学教育教学的各种资源，然而，类似教师信息技术能力低下、方言区部分教师普通话发音不标准等诸多不足还是暴露无遗。教师培训转型是必然之势。国家对新时期教师队伍建设的新要求必然催生新的培训变革。那么，未来教师培训的趋势是什么呢？教师发展中心该在这个培训转型中充当什么样的角色呢？

---

① 袁振国. 教师培训的历史转型 [J]. 未来教育家，2016（12）：8-9.

（一）基于大数据的参训人员遴选

目前中小学教师培训方式主要采取的是行政推进式培训，这对于解决教师们接受培训的主观意愿不强、学校不愿外派教师参训、教师对自我专业发展认知不足等问题有着明显的作用。然而随着时代的发展，教师开始逐渐意识到参加培训的重要性，尤其是高级别的培训，参训人数和名额比较少，外出培训变成了一种福利。从强师工程实施以来，每年广东省计划培训人数，省级培训的人数大约是 31000 多人，[①] 这个数字相对于广东省庞大的中小学教师队伍而言，简直就是杯水车薪。因此，市级、县（区）级培训和学校的校本培训就成为省级培训的必要补充。三级教师发展中心和学校在制定项目和遴选参训人员的过程中，如何把握教师专业发展的阶段性和规律性，确定适切的遴选条件就成为关键。随着中小学教师继续教育平台的搭建，各个数据网络的对接，培训的大数据库建立成为可能。只有当这个数据库完备，培训对象才能更加明确，培训定位才能更加精准，培训的任务和目标才能更好地实现。

（二）基于课程吸引的学习共同体研修

培训的课程建设历来都是培训实施环节中最重要的一个部分。承训机构要通过丰富有内涵的课程和课程实施方式去吸引教师，并基于教师群体对某些课程的真实需求，建立学习共同体，去激发教师主动参与研修的热情。课程建设不是简单地把零散的内容进行拼盘式的课程化，而是要有整体的系统规划，要厘清课程里每一项活动的内在逻辑和关联。通过开发系列"顶天立地"培训课程，采用菜单式推介方式，由省级中小学教师发展中心根据区域内教师专业发展的现状和需求，发放每年 24 学时（相当于每年 72 学时的三分之一）的培训券，由教师自主选择自己感兴趣和实际需要的课程学习。基于兴趣和实际的培训会比行政推进的培训更有针对性和实效性。

（三）基于个人需求的云学习订制

目前大多数的培训都是采用"性价比"比较高的统一培训方式，虽然

---

① 2019 年广东省计划培训中小学、幼儿园、中职教师校（园长）人数为 31925 人，2020 年因为疫情影响，计划培训人数减少了 22327 人。

国内一些承训机构推出订单式培训，但总体是对项目整体的订单。虽然在培训过程中有些课程是可供学员选择的，但多数是出现在网络研修环节，总体来说，没有推出和实现高水准的"课程超市"。目前的各级各类培训，在课程内容上和模式都采用了"人人一致，统一开展"的方式。尽管我们大家都知道，每一位教师的专业发展水平层次和起点是不一样的，每一个参训教师的需求和目的也不同，但是职后培训没有在单个项目实施过程中针对同一班级，在授课过程中采用分层教学。现在的培训所倡导的分层只是基于参训教师的人才层次来分新教师、骨干教师、教育家培养对象等。集中培训的课程对于从未接触过这一内容的教师可能会有较大的收获，而对于一些可能已经熟悉甚至是这方面的高手的参训者，他们就会觉得索然无味，甚至是浪费。未来，在信息技术手段的辅助下，理想的培训课程应该是满足和引领个人需求基础上的私人订制式的培训。即使难以一步到位，也可以采用课程群的设计，利用通用课程+选修课程的形式，针对乡村和教育发达地区的教师实施课程内容差异化培训。

（四）基于行为改进的跟踪辅导

很多培训项目在结业典礼落下帷幕的那一刻就意味着培训结束了。至于参训教师是否将培训过程中学到的内容运用到自己的教育教学实践中，有些承训机构是忽略不做的。往往只有一些专业的机构会用问卷或者访谈、表格填写的形式开展浅层的训后跟踪。这样的做法对于很多项目组来说，再正常不过了。原因主要有：一是因为培训项目的经费有限，二是因为项目结束的时间受限制，三是更深入的训后跟踪会给项目组带来繁重的工作量。因此，在返岗后学员"学以致用"的过程中，当他们遇到问题和困难时，他们往往缺少求助的对象。行为的改进不是集中培训一段时间就可以完成的，因为现在越来越多跨年度递进式培训开始关注学员基于行为改进的培养。培训要具有高效性就要开展训后跟进式辅导。基于培训前做的充分的需求调研，依靠系统的课程设计和丰富适切的研修方式，让每位教师都得到最大化收获；设计训后延展性内容，让培训师资和学员形成共同体，继续持续交流研讨，进行延展性的跟踪辅导，不断指导改进教学行为。

（五）基于学历提升的培养机制

Karen F 指出："要改进教育，我们必须改革学校；要改革学校，我们必须改变学校中的老师。"[1] 中国教师经过多年的发展已经取得了重大的成就，但是教师队伍的整体质量有待提升。数据显示，中国中学教师的总体数量约为 544 万，其中硕士学历仅占 4.7%，这不仅低于 OECD 的平均水平，还远远落后于美国（中学教师硕士以上学历占 59%）等发达国家。[2] 要提升教师的学历水平，就要求教师培训深化改革、精准施策、创新培养模式，建立培养在职教育硕士的有效机制，搭建教师培训与学历教育衔接的"立交桥"。

（六）基于经验萃取的引领辐射

从教师专业发展阶段来说，省级名师、名校长是成为教育家的后备力量，而教育家型教师的培养就成为培训金字塔的塔尖项目。这些高端人才参与的培训应该是有别于常态的集中讲座式学习。这些名师和名校长本身就是培训丰富的课程资源，他们自身的教育管理和教学经验，以及他们所在的学校都应该成为培训设计理念中的思考部分。如何启发这些名师、名校长基于自己长期在一线积累的经验，根据教育教学的相关理论，在一些高水平专家的有序、规范和科学的指引下，参考研究生培养的模式，帮助他们凝练自己的教学或办学思想，继续提升教学或办学水平，努力在区域内真正发挥引领、示范、辐射的作用，这才是对高层次的教育人才的最好的培训方式。同时，要求他们通过对口帮扶薄弱学校和地区的校长、骨干教师培养对象，树立全局意识，帮助促进教育的优质均衡发展。

第三节　中小学教师发展中心的未来之路

以互联网为核心的新一代信息技术，不仅改变了教育的手段、教育的方式、教育的环境，而且引起了教育的根本性问题的变革。

---

[1] Osterman, Karen F.Kottkamp.Robert B. Reflective Practice for Educator：Improving Schooling Through Professional Development Casa Conejo ［M］. Corwin Press, Inc, 1993.

[2] AINLEYJ, Carstens R. Teaching and learning international survey（TALIS）2018 conceptional framework, OECD Education Working Papers ［R］. Paris：OECDPublishing, 2018.

一、教师发展中心与高校和企业深度合作

就目前来说，广东省的十家省级中小学发展中心是挂靠十所省内师范院校的。目前省级中小学教师发展中心每年的建设经费是有保障的。市级和县（区）级教师发展中心想办成教师职后培训的理想场所，提供优越的、先进的教学设备和学习空间，仅仅靠省里拨款和行政推进，发展的速度是赶不上基础教育的优质学校的建设的。因此，为了促使发展中心更好更快地在师资队伍建设、硬件建设等方面的提升发展，市、县（区）教师发展中心可以在政策允许的范围内与高校、企业、省级中小学教师发展中心开展深度合作，形成省、市、县（区）教师发展中心的协同联动机制，同时最大限度地广泛争取社会力量支持教师教育变革，增强教师发展中心、中小学校与企业、社会机构之间的协同创新。

每年 IBM 公司发布有关教育领域的信息技术报告，像美国康宁玻璃制造公司也开始利用玻璃设计教学产品。国外的经验告诉我们，许多大型的科技公司都已经瞄准了教育的未来发展，开始走向深度介入教师教育的实践中，并且还取得了很好的效果。这些实力雄厚的科技公司不仅提供产品的支持、技术的服务和未来发展趋势的预测，还与政府、学校联合开发基于特定学校或场域的需求的技术应用，开创出全新的学校变革的 PPP（Public-Private-People）模式。国内的科大讯飞公司在技术支撑教育方面也做出了积极的尝试，成立了学习者建模与学习分析研发中心。未来，各级发展中心可以与国内外的教育技术企业、专业研究机构走合作创新之路，把教师发展中心打造成智慧型的中小学教师专业发展的枢纽与平台，开拓建设与发展的格局，建立学习分析、系统教育治理、知识建模与分析等各种实验室，成立学习环境设计与测评、智慧教学交互、云计算与大数据分析等研发中心，更新理念，明晰思路，积极开展政府部门支持、中小学校主导、大中企业参与的个性化、专业化、创新型教师培养，参与智慧型、智能化学校设计与建设实践，借鉴国外的经验，与企业深度合作，促进教师发展中心的纵深建设发展。

二、建立智慧型中小学教师发展中心

智慧型中小学教师发展中心是指向未来教师发展的一种智慧教育愿景，是指向未来的智慧教育平台发展可能，因此，智慧型中小学教师发展中心的实然运行首先必须确立智慧教育理念的指导与规引，应建构智慧教育理念的价值传导机制。智慧教育理念价值传导机制的建构具体体现在以下三点：

第一，应为智慧型中小学教师发展中心的建设确立相应的智慧教育理念系统。基于智慧型中小学教师发展中心的内涵及其发展形态，智慧型中小学教师发展中心建设应秉持智慧教育创新理念、教育公平理念以及个性化教育理念。智慧教育创新理念主要指向未来教师发展中心创新的教育形态与教育实践；智慧教育公平理念主要指向发展中心确保每一位学习者对于智能技术的平等拥有与充分使用；智慧教育个性化理念主要指向发展中心基于个性化的学校需求培养智慧型教师。

第二，应建构自上而下的智慧教育理念贯彻机制。为确保智慧教育理念对未来学校建设的理念引领，应注重建构从国家到区域到学校的三级理念贯彻机制。从国家的政策、纲要层面，从区域的集体组织层面再到学校的领导层面，明确智慧教育理念系统指引地位的确立。

第三，应建构自下而上的智慧教育理念执行机制。为确保智慧教育理念对未来学校建设的实然引领，应注重建构从教师到学校到社会大众的三级理念执行机制。从教师的学习到教师的教学再到社会大众的舆论宣传，都应确立智慧教育理念对发展中心的实然影响。

三、成为开放的组织

中小学教师发展中心应该成为一个开放的组织。开放至少有三个层面的内涵，第一，是物理层面的，开放教师发展中心的硬件设施，让教师发展中心成为教师活动、交流、学习的中心。第二，是精神层面的，目前，省市县（区）三级教师发展中心物理体系已经基本完成构建。不可否认的是，一些教师发展中心在职后教师专业成长、资源共享、供给侧改革、引领区域教育、服务地方、研究督导区域教育等方面发挥了重要的作用。未

来，教师发展中心不仅仅是一个物理空间，一个提供培训场所的学习空间，它还应该作为教师教学、生活的有别于学校和家庭的第三个空间，应该与教师的物理空间、社会关系空间一起，来重构基础教育的组织体系，把教师发展中心打造成教师的精神家园。第三，是交流层面的，教师发展中心要积极开始区域内教师与教师之间、学校与学校之间的交流；还要开始跨区域、跨国籍的交流与合作，开拓参训校长和教师的国际视野，引领更深度的专业成长。

在中小学教师发展中心，有先进的教学设备可以支持教师的理想教学方式，有专业的导师可以引领教师开展教育教学变革和研究，有优秀的未来学校基地可以增强教师体验教学与管理的变化，有适切的培养培训模式可以针对不同专业发展阶段的教师开展不同层次的职后学习，让一切职后的学习环境为教师和学生的未来发展服务，建设一个开放模态的、线上线下结合的、有依恋感和幸福感的教师发展中心。

四、成为研究的中心

未来教师发展中心还应该成为基础教育的研究中心，基于教育的五要素，主要关注如下几个方面。

（一）关注教学的环境——互联网环境

"互联网+"背景下，基础教育必定会有新的"教"和"学"的规律。作为一个研究基础教育的中心，中小学教师发展中心如果不能尝试去揭示这其中的规律，就很难在培训过程中帮助学校的校长和教师定位如何培育适合未来社会的人才。互联网环境的发展对教育至少产生了两方面的影响：一是如何培养数字化、智能化时代人才的问题；二是加快教育向数字化、智能化转型的步伐。基础教育要适合下一代原住民学习的特点，因此，教师发展中心要关注"互联网+"教育背景下的学习生态融合，冲破传统学校的围墙，打造无边界的学校，让教育从学校辐射到家庭、社区、社会，让教师的"教"和学生的"学"都不会受到时间和空间的约束，通过物联网形成广泛的连接体系。在互联网环境下，学习逐渐形成一个完整的生态系统，教师发展中心在这个生态系统中，发挥好研究、辅助、监控的作用，共同构建全社会协同育人的新样态学习环境。

（二）关注教的主体——校长与教师发展

中小学教师发展中心以校长培育和教师培训为工作抓手，长期在培训工作开展的实践中，基于未来信息技术支持的条件，开发人工智能辅助下的学习环境——校长（教师）—学生三维立体高阶学习空间，把培训的舞台还给校长和教师，让他们成为真正的主角，成为引领未来学校发展的真正的智慧的化身，让他们在职业生涯中成为不断自我发展的学习者，赋能校长和教师在未来学校中可能出现的各种场景下运用新技术、钻研新技能、研发新课程、支持新学习，让培训赋予他们长期坚持教育改革的综合素养和专业能力。在这个教育改革的过程中，学会持续关注课程和教学的创新，提升课程和教学的领导力，不断推动课程供给侧结构性改革，基于学生的需求和社会对人才的期待，积极主动构建适应新技术的新课程体系、新教学模式、新课程机制和新教学评测。教师发展中心只有不断跳出参训者去看待参训对象的服务者——学生这一主体，才能对未来的教师培训内容与形式、模式与环节、评价与跟踪做出更专业的预判和规划。

（三）关注学的主体——培养创新型人才

中小学教师发展中心在为基础教育服务的时候，不能只着眼于参训的主体——教师或校长群体，还要关注学的主体，这样才能提高培训的针对性和实效性。数字化、智能化时代背景下，基础教育要在"五育"并举全面发展的基础上，突出强调学生的学习者核心素养，更加注重培养中小学生的创新能力、实践能力，更加注重学生个性化、多样化发展，以提高他们的必备品质和关键能力，引导参训校长和教师为国家培养创新型人才。

（四）关注教的手段——学习场景重构

新技术的产生势必对教育的手段产生新的影响。教育手段除了受到支持学习空间的技术和构造的影响外，还受到教师和学生这两大主体的影响。未来学校将以八大学习中心①为主要载体，组合构建灵活的、生活化的学习场景，支持深度式、项目式、探究式等学习方式并推动现有教学方式的变革。教师发展中心如果不能关注教师的教学方式和学生的学习方

---

① 未来学校八大中心是指：未来学习中心、未来艺术中心、国学启慧中心、未来创新中心、社会践行中心、生活体验中心、未来体能中心、情绪行为中心。

式，那么随着数字空间与实体空间融合，学习场境的不断优化重构，教学在云平台+实践场的支持下不断发展，职后培训就可能落伍。中小学教师发展中心应该依托数字技术与一些高端的未来学校建立联系，实现实体、空间远程对接，让参训教师有机会接触、体验这些中心，以了解和熟悉高端学校的发展趋势，开阔视野，重构理念，真正在管理和教学实践中，积极重构适合学生的学习场境。

（五）关注教学的内容——课程体系建设

随着技术赋能教学的不断发展，课程内容也随之变革。越来越多创新型的课程会出现在学校的选课系统中，学生可以根据自己的兴趣爱好、未来规划、社会需要等因素，综合考虑自身、授课教师、评价方式等几方面的影响，选择自己想学的、可学的、该学的几类课程。学校建设大数据测量评价中心，基于数字化时代培养社会创新型人才的需求，利用人工智能、大数据和区块链等新技术的优势，重构科学的测量评价体系，在课程实施进程中开始全过程、多要素、全角度、多维度的记录学习者在德智体美劳"五育"各方面的综合数据信息。只有当培训也关注了课程，关注未来学生学习的最主要的载体，课程体系建设的重要性才会得到更多的重视。目前基于国家课程—地方课程—学校课程的三级课程体系，将从国家层面开发更多的适合各级各类学校的教育教学资源，以丰富地方和学校两级课程建设的需要，教师发展中心也应该有这个远见和担当，为学习者的全面发展和个性化需求提供大数课程体系保障，为有需要的学校和区域开发适合学生的综合素质评价体系，进而推动完整的课程顶层设计、实施和评价体系的建立。

下　篇

第五章

中小学教师发展中心运行与组织管理

百年大计，教育为本；教育大计，教师为本。兴国必先强师，建立高素质专业化创新型的教师队伍已经戏为国家发展战略需要。因此，要进一步完善教师专业发展体系，推动教师终身学习，促进教师专业自主发展。中共中央、国务院印发的《关于全面深化新时代教师队伍建设改革的意见》（以下简称《意见》）要求"建立健全地方教师专业发展机构和专业培训者队伍，依托现有资源，结合各地实际，逐步推进县级教师专业发展机构建设与改革，实现培训、教研、电教、科研部门有机整合"。《教师教育振兴行动计划（2018—2022 年）》（以下简称《计划》）明确提出"形成以国家教师教育基地为引领、师范院校为主体、高水平综合大学参与、教师专业发展机构为纽带、优质中小学为实践基地的开放、协同、联动的现代教师教育体系"，进一步要求"制定县级教师发展中心建设标准。以优质市县教师专业发展机构为引领，推动整合教师培训机构、教研室、教科所（室）、电教馆的职能和资源，按照精简、统一、效能原则建设研训一体的市县教师专业发展机构，更好地为区域教师专业发展服务"。这些构成了地方教师专业发展机构建设的顶层政策设计。

地方教师专业发展机构通常分为省级、市级和县级三个层级，它们是何种性质，具有何种功能，应该如何建设，目前还缺乏具体指导性解释，这既为地方教师专业发展机构建设提供了实践创新的广阔空间，同时又产生了现实困境。以县级教师专业发展机构建设为例，尽管整合县域内培训、教研、科研、电教等部门职能和资源的建设路径基本一致，追求区域内研训一体化的目标大体相同，但是如何整合、如何实现研训一体化，都需要深入研究和探讨。另外，教师专业发展机构在建设过程中，认识上有将教师培训专业化代替教师发展专业化的倾向，实践上存在将教师专业发展机构简单地等同于教师培训机构的现象，等等。这些构成了地方教师专业发展机构建设研究的现实需要。

第一节　性质与定位

教师专业发展机构不同于一般意义上的培训机构，它是同中小学学校和教育行政部门紧密相连的教师专业发展基地，某种程度上是政府教师教育服务体系的重要组成部分，从业务上统领区域教师专业发展，本身具有政府教育行政部门赋予的一定行政职能和管理职能。具体地说，教师专业发展机构是政府为区域教师培训和学校教师专业发展服务的重要组织，不仅是政府教育行政部门实施教师专业发展规划、落实学校教师教育政策的具体执行者，也是教师专业发展区域资源整合、校际联动组织、专业均衡发展的统领者，还是教师专业发展的指导者，更是开展研究与培训相结合活动的行动者。教师专业发展机构作为政府教师专业发展的业务统领组织，可以由区域内多种组织来承担，如普通高校、地区教育学院、教师进修学校、教研室、社会服务性组织等。

一、基本原则

教师发展中心的建设在于将相关理论和有效的实践经验转化为实地服务，表现出质量为先、科学性、针对性、发展性和简明性等特征。为规范和引导教师发展中心的建设工作，我们需要遵循以下原则。

第一，质量为先：以保障教师专业发展活动的质量为中心。在教师培训层面，教师发展中心要合法、合规、合专业地为中小学提供高品质、高效能的教师培训服务。

第二，科学性：反映教师专业发展的基本规律。教师发展中心根据相关科学原理和规律来建设，体现教师理论、教师学习理论、教师管理理论、人力资源管理理论等理论基础，符合人才成长基本规律、在职教师专业发展基本规律等，反映教师发展的基本规律。教师培训学习工作，一是满足现实需要，促进在职教师专业发展；二是以教师为主体；三是以问题为中心，契合教师和学校发展的实际需求。

第三，针对性：体现教师专业发展活动的区域差距。各级各类教师发展中心分布在不同区域，受各地经济社会、教师培训诉求、地理环境等方面因素的影响，教师发展中心建设条件存在些许差异。因此，教师发展中心的建设必须体现区域特色，围绕基本要求设计研究指标，并根据实际发展水平、教师现代化发展阶段特点，设计基本标准和不同的发展标准，分类指导处于不同水平的教师发展项目。因此，不仅各级教师发展中心应有不同的指标及标准，即便是同一级、不同地区的教师发展中心，也应该在一般性教师发展中心建设标准的基础上，增设一些特殊标准。

第四，发展性：兼顾教师专业发展现状和未来发展需要。教师发展中心建设要将创新理念渗透于建设的全过程、各方面，吸纳大量教师教育研究与实践的新成果。

二、基本理念

教师专业发展是教师本位的专业发展，它既强调教师个体的专业知识、专业技能、专业自主、专业价值和专业素养等方面由低到高渐次达到教师专业人员标准的变化过程，又强调教师在这种变化中实现专业自信的同时获得职业自尊和教书育人价值的自我坚守，实现教师职业的人格尊严。教师专业发展的特定内涵既表明教师专业成长的规律性，又表明教师专业成长的非自在自为性，教师专业成长的规律性只有在统筹规划、系统支持和科学实施的组织行为中才能得以充分彰显。教师专业成长分职前教师培养和职后教师培育两大阶段，职前的教师培养自不必说，职后教师培育是用专业的实践方式提升教师个体内在的专业特性，它同样需要专门机构有目的、有计划地系统推进。这些构成了教师专业发展机构建设研究的学理依据。各级教师发展中心应根据教师专业成长的特点，采取有效管理策略，提升教师专业素养。

第二节　各级中心职能

一、职能总述

教师专业发展机构的定位与职能取决于它的性质，教师专业发展机构的作用只有通过其具体职能的发挥才能得以呈现。因此，教师专业发展机构职能成为教师专业发展机构建设研究的重要内容。教师专业成长的非自在自为性表明教师专业发展是诸多相关要素综合作用的产物，除了教师个体自身的因素外，还需要有政策制度、学习课程、学习社群、活动载体和实施主体等方面要素的支持。根据教师专业发展的内涵和教师专业发展机构的性质，教师专业发展机构的职责主要分为区域教师专业发展政策研究、教师发展统筹规划、区域骨干教师培育、教师教育协调管理等。

（一）教师专业发展政策研究

教师专业发展政策是教育决策部门为实现事关教师专业发展的目标任务而制定的行动准则、工作方式、一般步骤和具体措施。教师专业发展政策的制定和执行，是教育决策部门加强教师队伍专业化建设的最重要的体现。教师专业发展政策研究是指根据教师发展事业的具体目标，遵循政策制定和实施过程中固有的规律，研究如何提高教师专业发展政策的准确性和效益性，为决策部门科学制定某项教师专业发展政策提供咨询服务。科学的教师专业发展政策具有适用性、发展性和前瞻性，科学的政策制定又依赖于科学的政策研究。教师专业发展机构在区域教育生活中的特定定位，决定了它具有教师发展政策研究的先决条件，教师发展政策研究自然应该成为它的重要职能之一。

（二）教师发展统筹规划

区域教师发展规划研究就是依据国家、省关于教师发展的法律法规、政策文件，根据区域国民经济与社会发展对教育的要求，结合教育发展的趋势，对本区域未来教师发展进行整体性、长期性的思考与考量，研究设计未来区域性教师发展的整套行动方案，供决策部门制定教师发展规划参考。区域教师发展规划是区域教师发展政策制定的依据和行动指南，具有宏观性、动态性和前瞻性。教师队伍专业化程度在教育中的核心地位决定了教师发展规划影响着区域教育发展的未来，而教师发展规划的科学性、发展性，取决于区域教师发展规划研究的深度、效度和信度。因此，区域教师发展规划研究是教师专业发展机构专业性的重要标志，是教师专业发展机构的首要职能。

（三）区域骨干教师培育

教师专业发展机构根据教师发展规划和教师专业发展的实际需要，统筹规划，设计本区域内高层级骨干教师系列培养项目并组织实施。省级教师专业发展机构侧重省级骨干教师培养，兼顾乡村骨干教师；市级教师专业发展机构侧重于市级骨干教师培养，兼顾区域教师队伍建设中的难题；县级教师专业发展机构培养县级骨干教师，通过研训一体化来促进全员提升。省、市、县三级教师专业发展机构之间职责明确、互有侧重、协调一致、保障有力，且不同层级骨干教师之间建立起良好的发展机制，这样就会形成一体化的全省骨干教师培养的保障体系。

（四）教师教育协调管理

建立完善的教师专业发展体系、推动教师终身学习和实现教师专业自主发展，这需要协调多方面因素。教师专业发展机构具有较强的行政性、较高的专业性和较深的实践性，教师教育协调管理就成为其重要职能。教师专业发展机构需要紧密联系师范院校、教育行政部门、优质中小学等相关方面，实现教育行政部门的政策支持、师范院校的学术优势和优质中小学校的丰富实践三者之间的深度融合，形成开放、协同、联动、高效的教师专业发展的支持系统，推动职前教育和职后教师培养一体化，进而培养高素质专业化创新型教师队伍。

关于教师专业发展的事项除上述主要职能外，教师专业发展机构还应该承担其他与教师发展相关的业务工作，如教师资格认定和五年一注册的具体工作，教师专业技术职称评定的相关事务，区域各类骨干教师的考核评价工作，指导下级教师专业发展机构开展业务工作，推介教师发展研究最新成果，报道国内外教师发展最新动态，总结推广区域教师发展经验，完成上级和同级教育行政部门指定的关于教师发展的其他事务，等等。当然，由于各级教师发展中心的定位略有不同，因而其具体职能存在一定差异。

教师专业发展机构是关于教师发展的综合性专门机构，专业性工作和行政性事务是其工作的主要构成，两者不可偏废。只有行政性事务而没有专业性工作，教师专业发展机构就会沦为纯事务性组织，失去存在和发展的价值；只有专业性工作而不承担行政性事务，教师专业发展机构的职能就不健全，也就不可能更好地履行教师发展专门机构的职责和发挥应有的作用。

二、省级层面

特点：研究智库、顶层设计、培训统筹、示范引领

放眼全国，江苏、湖南、陕西、广东等省份在教师专业发展机构建设与顶层设计方面各有特色。在省级教师专业发展机构建设方面，各省省级教师专业发展机构均为行政部门或独立事业单位，广东省区别于其他地区的特色在于，广东省教育厅依托各大高校、借助师范院校教师教育学科优势，在全省十所高校挂牌设立十所广东省中小学教师发展中心。省级中小学教师发展中心全面推进落实国家中小学教师专业标准要求，构建以师范院校为依托，以中小学教师、校长（园长）专业标准为主要依据，以满足教师持续发展需要、提升教师专业能力为目标的教师发展新平台，形成师范院校与各地有效联动、职前培养与职后发展有机衔接的教师发展新体系。广东省教育厅对教师专业发展提供方向性战略性指导和经费支持，省级中小学教师发展中心服务片区百花齐放、优势互补。

基于省级中小学教师发展中心的建设目标，其职责主要包括如下几个方面：

第一，全面统筹，协同开放。全面协调、统筹高校内部教师教育职能，联合省、市、县（区）教育行政部门、各级教师专业发展机构、中小学校、省级"三名"工作室等协作服务中小学教师专业发展，建立完善"高校—地方政府—中小学校"三位一体的教师教育人才培养机制，充分调动高校专业资源、中小学校实践资源、政府行政资源，实现职前职后贯通，促进教师专业素养的有效提升，把省级中小学教师发展中心建设成为专业化、优质化、特色化、信息化、国际化的中小学教师专业发展平台。

第二，政策研究、区域智库。深入开展中小学教师专业发展规律、战

略、政策、制度、机制、模式、方式等方面的研究，协助市县（区）教育局制订教育发展规划，协同推进教育综合改革各项工作；发挥理论指导和决策咨询的作用，充当区域智库；指导市县（区）教育局开展教育教学质量的监测、发展性评价和改进工作。

第三，科学施训，资源联动。建设满足教师教育人才培养和在职教师培训学习要求的相关资源库，包括师资队伍、培训项目、培训课程、教育技能实训中心、教师教育资源开发中心、实践基地等，科学整合人力、教育、教学资源，建设师资库和课程资源库；承担"国培""省培"项目；以教师专业发展学校、学科群为载体，建设区域教师专业发展共同体，构建纵横联结、政策支撑、资源共享、协同发展的中小学教师专业发展新模式。

第四，现代技术，助力发展。融合互联网与人工智能技术，探索"智能+教师学习"，建立基于大数据的教师专业发展测量与评估机制，对教师精准测评、指导，实施智能化、个性化、交互性、伴随性培训，形成人工智能支持教师终身学习、持续发展的机制。

第五，课题规划，学术交流。开展学术活动，通过会议、论坛、调研、学术研讨等多种形式的活动，加强与省内外、国内外同行的交流合作，促进域内中小学教师的内部交流和对外交流；组织实施面向中小学教师申请的教育教学实践研究课题和面向高校教师和研究部门申报的课题，把申报、立项、指导、结题、管理和评定教育科研成果的工作统整起来，争取多出优秀的教育教学成果；承办国家、省、市有关教育科研部门委托的课题项目申报工作及课题申报、立项与研究工作。

【拓展资料 5-1】

广东省中小学教师发展中心建设目标

2015 年 5 月，通过竞争性申报，经过广东省教育厅组织专家组评审，根据广东省教育厅、财政厅《关于省级中小学教师发展中心建设项目立项的通知》（粤教师函〔2015〕54 号），华南师范大学、肇庆学院、岭南师范学院等八所高校成为第一批省级中小学教师发展中心。各高校高度重视省级中小学教师发展中心建设工作，把推进职前培养、职后培训一体化，助推地方中小学教师专业发展工作列为"十三五"规划的重要内容之一，并作专项规划。后增加北京师范大学珠海校区和广东省技术师范大学两个省级中小学教师发展中心。

目前，十个省级中小学教师发展中心的职能和定位各不相同，省继续教育指导中心下设的两办四中心挂靠其中的三大中小学教师发展中心。两办是指：广东省职业院校教师素质提高项目办公室，挂靠广东技术师范学院；广东省中小学教师信息技术应用能力提升办公室，挂靠广东省第二师范学院。四中心是指：广东省中小学教师培训中心，挂靠华南师范大学；广东省中小学校长培训中心，挂靠广东第二师范学院；广东省学前教育师资培训中心，挂靠广东外语艺术职业学院；广东省中职校长培训中心，挂靠广东技术师范大学。肇庆学院、岭南师范学院、嘉应学院、韶关学院、韩山学院等五个中心作为服务粤东西北地区基础教育的重要部门，肩负进一步转变教师教育理念，改革教师培养培训模式，把服务地方基础教育，助推中小学教师专业发展作为高校中小学教师发展中心建设的重要使命。

依据相关文件，省级中小学教师发展中心建设项目包括条件建设、资源建设、队伍建设、制度建设等。目标是探索建立师范院校与市、县（市、区）教育局和学校共同推动中小学教师发展的工作机制，充分发挥师范院校和市、县（市、区）的主体作用，形成定位准确、层次分明、特色明显、资源共享、可持续发展的中小学教师发展新体系，为建设一支师德高尚、业务精湛、结构合理、充满活力的高素质专业化中小学教师队伍提供保障。

一、建设目标

2014—2016 年，广东省重点建设了 8 个省级中小学教师发展中心。其中肇庆学院、岭南师范学院、嘉应学院、韶关学院和韩山师范学院面向粤东西北区域；华南师范大学、广东第二师范学院和广东职业技术学院面向全省，期待通过三年时间的建设，实现以下目标：

1. 形成定位准确的中小学教师发展新体系。在成立省级中小学教师发展中心之前，中小学教师发展体系主要是依靠教师进修学校、教育局和部分师范院校。省培项目没有像国培一样，通过竞争性申报来分配项目。因此，骨干师范院校成立省级中小学教师发展中心，意味着"特色鲜明、资源共享、校地联动、职前职后相对接的中小学教师发展的体系"将会更好地服务中小学教师专业发展。

2. 形成较为完善的中小学教师发展的资源体系。以往由于培训项目分配方式和承办项目主体多是一线教师和行政干部，所以对中小学教师发展的资源建设不够重视，随着信息化水平的不断提升，中小学教师专业发展所需的课程资源、案例资源、课题资源、书籍资源、期刊资源等越来越需要依靠高校这样既有研究基础，又有建设能力的机构，依据中小学校发展的需要与实际需求，"有效整合校内外相关资源，分类别、分层次、分学科建设中小学教师发展资源，形成较为完善的教师发展课程资源库、培训师资库、各级各类教师的诊断与发展测评工具体系等"。

3. 形成推进中小学教师发展工作的新机制。"校地联动"的工作机制是师范院校一直在采用的促进师范生实践能力提升的有效方式。借助高校成立发展中心这一契机，可以使高校整合教师培训和师范生实习需要的共同资源，建立教师教育实践基地，针对地方教育行政部门或者中小学校的需求，积极发挥研究功能，深入开展中小学教师专业发展规律、政策、制度、机制、模式、方式等方面的研究。通过研究，不断促进职前教师培养和职后教师培训的一体化。

二、具体要求

1. 在师范院校内成立专门负责中小学教师发展的实施机构，统筹负责本校开展中小学教师发展工作，具有稳定的人员队伍、比较完备的设施条件和教师教育教学资源以及相关工作制度，所在单位能保障日常运转所需工作经费、基本建设经费等。

2. 拥有一支业务素质较高、结构合理，具有先进教育理念，掌握专业知识和技能，熟悉中小学教育教学情况和特点，能够运用现代教育和教学手段，满足中小学教师省级培训需要的高水平培训者队伍，其中校外专家学者和具有高级专业技术资格的中小学校长、教师应达到30%。各学科要建立首席教师负责制。

3. 应有满足开展中小学教师专业发展所必需的教学条件。包括多媒体教室、计算机教室、图书资料室、电子阅览室、学术报告厅等教学设施，配备与所承担培训的学科、层次相适应的实验仪器和实训设备，并保证培训期间满足参训学员使用需求。

4. 应具备与其承担任务相适应的培训场所和后勤保障服务能力。一般应具有300人以上同时参加培训的食宿条件（面向全省的发展中心应具有500人以上同时参加培训的食宿条件），或者目前暂不具备上述条件，但学校已有工作计划可在1年内实现。

5. 应有实施远程培训的支持条件。能有效支持教师在互联网上搜索、传递和存储教学信息，实现网上点对点远程学习。服务器、带宽、并发承受能力、多网连通性、视频点播、浏览速度等方面能够满足10万人以上规模的远程培训需要，建有千兆以上局域网，出口带宽不低于100M，互联网百兆到桌面，支持并发在线用户数≥2000人，页面打开平均速度小于5秒，视频浏览速度≥256kbps。培训平台应同时满足电信网和教育网带宽接入，与市、县"校校通"网络相连，与区域内所有学校互联互通。

6. 应有满足中小学教师发展的课程、案例等资源。充分整合并利用学校相关资源，构建支持中小学教师专业发展的课程、案例资源库，满足中小学教师专业发展需要。

7. 与市、县（市、区）教育部门按照"权责明晰、优势互补、合作共赢"的原则建立了稳定的合作机制。建立了一批稳定的中小学教师教学观摩与实践训练基地。

8. 建立相应的管理制度，包括培训组织管理、学员考核管理、培训团队管理、资源开发管理、经费使用管理、校本研修指导管理、后勤保障以及培训效果跟踪反馈等制度。

资料来源：广东省教育厅、广东省财政厅关于印发《广东省中小学教师发展中心建设项目管理规定》的通知，http：//edu.gd.gov.cn/zxzx/tzgg/content/post_1601002.html

三、市级层面

特点：区域管理、地方特色、分级分类、四位一体

"四位一体"即新型地市级教师培训机构，整合了培训、教研、科研和电教四个部门。如果说教研、科研和培训是提高教师专业发展的基础，那么依靠互联网技术的远程教育信息资源整合便是提高教师专业发展的手段。地市级教师发展中心基于自身的定位和机构组建功能的不同，主要职责有如下几项：

第一，开展教师专业发展研究及成果推广。教师专业成长过程中出现的问题是值得引起重视的、值得被研究的。结合基础教育改革开展教师专业发展研究，积极推广应用国家、省市基础教育改革成果和教师专业发展成果，以教科研成果引领教师培训，提升教师培训的专业化水平；协助开展本地区教育质量监测、分析与评价工作。

第二，促进教师、校（园）长专业发展。教师和校（园）长队伍的专业发展是促进区域内教育教学水平提高的重要抓手。针对本区域教育发展需要，研究提出促进教师专业发展指导意见，协助本区域中小学教师、校（园）长科学制定专业发展规划，监测与评估本区域教师发展质量与实效。协助承担本区域名教师、名校（园）长工作室建设的协调指导工作，为本区域中小学、幼儿园教师、校（园）长专业发展提供服务。"名校长、名教师、名班主任"是区域教师高层次人才培养的重要工程，通过区域内部协调、专业培育、专家指导、科学考评等方式，可以有效地带动区域的教研，开展校校联动，提高联片教研的实效。

第三，开展域内教师、校（园）长培训。根据全省人才体系培养，建立合理的区域内教师培训梯度，发挥统筹、组织、指导的作用；分层、分类、分科、分段组织开展区域内中小学、幼儿园骨干教师、校（园）长培训，精准定位培养目标，避免重复培训；培训种子教师，组织培训者培训工作；统筹、组织、指导所属县（区）的中小学教师全员培训。

第四，开展教师教育信息化建设。随着信息技术手段的不断提升，教师教学信息化能力为提升的重要内容，建设信息化平台促进教师的专业发展俨然成为一个必需。鉴于培训成本和教师工学矛盾突出等实际问题，培训

实施线上线下混合式学习是很有必要的。因此，统筹组织开展适合教师专业发展的网络研修，改进传统的只看网络视频提交心得体会的模式，充分利用网上各种优质的教育资源，激发教师开展自主学习，引领自我发展才是跟上信息化时代脚步的重要抓手。促进微课、慕课、翻转课堂等现代信息技术与学科教学不断深度融合，从而真正使技术为人所用，并用之所长。

第五，提供教育决策服务。与高等院校特别是师范大学和相关科研院所积极开展多种形式的教育研究，市级教师发展中心要坚持做好区域内教师队伍建设与发展的调研及研究工作，可以通过发布区域教育教学和培训质量的报告或者白皮书，提供咨询、指导、数据服务于教育行政部门的决策，充分发挥教师发展中心作为区域智库的作用。

第六，进行教育质量监控与测评。通过对区域内的学校进行监控和评测，更好地为教育行政部门科学决策提供有效服务。一是对教育政策贯彻实施的监控指导。二是对教育质量的监控。实施常规监测指导，涵盖课程开设、计划制订、实施细节等。三是对教育质量的测评，以评促建。在实施常规监测的过程中，指导学校进行科学有序的改进。实施教学动态管理，包括课程开设、计划制订、实施细节、综合评价，既要有过程的评价，也要有结果的定性评价，要有效地发挥检测评估的作用。

四、县（区）级层面

特点：小实体、多功能、大服务

县（区）级教师专业发展工作是构建我国现代教师教育体系的重要组成部分。根据教育部印发的《关于加强县级教师培训机构建设的指导意见》中的定义，县（区）级教师培训机构是由县（区）级人民政府领导、县（区）级教育行政部门主管、以实施本地区中小学教师继续教育工作为主要任务，并具有与教师教育相关的管理、研究、服务和教育信息资源开发与利用等职能，具有独立法人资格的办学实体。此外，对于县（区）级教师发展中心的职能，教育部印发的《关于大力加强中小学教师培训工作的意见》中强调要充分发挥县（区）教师专业发展机构的服务与支撑作用，县（区）级机构要多层次、多渠道、多形式地开展教师培训，在加强基础能力建设和资源整合的基础上，成为区域性的教师学习与资源中心，不仅要在集中培训、远程培训上发挥应有的作用，还要为区域内的各个中小学校开展校本研修提供支持和指导。

可以看出，县（区）级教研、科研、培训和电教部门的工作指向相同的人和事，整合县（区）级这四个机构的资源和职能成立教师专业发展机构，能够更好地实现教育资源集约化运行，实现区域内研训一体化，促进教师专业发展内涵提升。从职能上看，除了辐射区域缩小以外，县（区）级教师专业发展机构的职能与市级层面并无太大差异，但作为基层教师培训机构，其表现出一些优势：第一，县（区）级培训组织管理相对便利。基层教师面广人多，县（区）级培训在对基层教师，特别是服务广大乡村教师上有独特的优势。第二，县级教师专业发展机构直接面对的是学校，对当地中小学教育教学的实际更加了解。若能合理组织，开展精准培训，培训的针对性会更强。第三，随着教师培训重心的下移，自上而下教师培训的并非单一形式，培训目光投向学校、投向教师，县（区）级教师培训机构的一个重要职能就是整合当地资源，为区域内各学校的校本教师研修提供支持性服务，包括激励、指导、支持、监督校本培训的组织，鼓励多样化的校本学习模式。

五、校级层面

中小学校设立教师发展中心，是坚持教师队伍优先发展，全面深化新时代教师队伍建设改革的迫切需要。放眼全国，近年来越来越多的中小学校建立了自己的教师发展中心，与校本课程研究中心、教学研究中心等并行为学校发展和教师发展服务。中小学校设立教师发展中心，可以在选人用人、教师培养培训、校本研修、考核评价、教学设施配备等方面，针对教师的专业发展水平和目标，优化配置学校资源，为教师专业发展提供必要的学习机会、学习资源、学习环境。校级教师发展中心的主任大多由校长或主管教学的副校长担任，也有少数由教务处长或人事处长领导的情况，还有个别由教学名师担任负责人。

【拓展资料 5-2】

学校名称	设立教师发展中心的时间	教师发展中心的职能定位
江苏省无锡市辅仁高级中学	2018 年 12 月	构建网络、展示和交流、科研三大平台，完善制度、经费、物质、组织保障和专业支持，将教师发展中心建设成为教师生涯的导航站、教学经验的聚宝盆、教学名师的孵化器、教师发展的至高地和学校发展战略的推进器
浙江省绍兴市阜埠中学	2018 年 3 月	实行主任负责制、学科导师聘任制和组员遴选制。以本学科校内名优教师为导师、以新课程理念为指导、加强学科拓展研究、鼓励教师参与校本课程的开发和研究；开展教学精细化研究，开发出一些本学科的精品课；举办多种形式的教学展示和技能评比活动等
北京市第四中学	2017 年 12 月	校长亲自兼任中心负责人。中心依托大学、教育科研机构及四中本校的教学顾问、学术委员会的力量，完成干部培训、教师（特别是青年教师）培训、名师培养工程、委托培训等项目
河南省郑州市昆丽河小学	2014 年 3 月	帮助教师制定个性专业成长规划，提供教育教学交流平台，专家名师引领，数据评估测量，教师教学辅导等各项工作。建立校内教师梯级层次培训，满足各个层级教师专业成长的不同需求

资料来源：汪志广. 中小学校也应设立教师发展中心［J］. 学校品牌管理，2019（10）.

　　总的来说，省级中小学教师发展中心和市、县（区）级教师发展中心在职能上有所区别，而市级中小学教师发展中心与县（区）级教师发展中心职能差别不大，更多表现在辐射区域的差别，以及市级层面较多的统筹职能，校级教师发展中心主要面向中小学校自己的教师队伍，开展基于校本的教师专业发展活动。而在市、县（区）级教师发展中心层面，当前面临的最大难题就是"四位一体"如何整合和协调运转的问题，而不只是把部门进行重新挂牌，采用简单的条块分割模式，各行其是。新的教师发展中心和原来分开的教学研究部门、教育科研部门、教师培训部门、电化教育部门之间有着质的区别，教研部门的工作指向教学实践活动，科研部门的工作指向教育科学问题，培训部门的工作指向特定人群的专业发展，电教部门的工作指向特定的事情，而教师发展中心的工作指向区域内教师专业发展工作的全部内容。当然，教师发展中心和这些部门之间的关系又是密不可分的。教师发展中心可以对教研部门在指导课程过程中所发现的教师专业发展水平的不足进行针对性的培训，而教研部门的学科专家又可以成为教师发展中心进行学科教师培养所要依靠的重要的师资保障。教育科研部门的研究成果可以为教师专业发展机构充分发挥职能提供理论依据和实践指导，教师发展中心在履行职责过程中发现的关于教师发展的重大问题又可以成为教育科研部门的研究对象。教师发展中心承担相应的培训管理和实施职能，可以使培训工作成为教师发展工作的有机组成部分，更好地发挥教师培训的作用。厘清教师专业发展机构与教学研究部门、教育科研部门及教师培训部门之间的关系，有利于准确定位教师专业发展机构，尤其是市、县（区）级教师发展中心的性质，便于各相关机构既各司其职又协同发展，实现已有教育资源的集约化运行，促进区域基础教育优质均衡发展。

因此，在顶层设计中，省级教师发展中心要发挥示范、引领和智库作用，市、县（区）教师发展中心需要对教、科、研、训四大功能进行深度融合，校级教师发展中心要基于现实、基于校本。在四级教师发展中心体系中，应实行"分层管理、逐级负责"，利用"块线结合"管理机制，对发展中心的"教、科、研、训"四大功能通过"项目化管理、全过程管理"的工作机制，建构"科研为先导、监测寻短板、教研为重点、培训贯全程、信息搭平台"的一体化运作模式，逐渐形成集省、市、县（区）、校四级行政、教研、科研、培训、信息一体化的区域教师专业发展支持系统，促进中小学教师长效可持续专业成长。

第三节　运行与联动

一、联动机制构建意义

第一，联动机制的构建有助于教师专业发展体系的建立。教师专业发展是我国教师教育体系的重要组成部分。然而，目前教师专业发展的机制还存在很多弊端，已经越来越不适应教师专业发展的要求。例如，部分教师发展中心职责不明确，教师进修学校、教研室、电教中心等单位没有形成合力，缺乏一个健全的教师专业发展网络；教师参加培训学习的愿望与目前教师培训仍然靠行政推动之间的矛盾，以及研训分离等问题，都说明当前的教师专业发展体制还存在许多不顺的地方。要解决这些问题，必须建立一种更有效的教师专业发展机制。中小学教师培训是政府、教师专业发展机构、中小学校和中小学教师必须共同努力、共同参与的重大事业之一。特别是教师专业发展机构，必须结合中小学教师教育教学的实际需要，及时为中小学教师提供灵活多样的利于中小学教师发展的培训学习服务。因此，教师职后教育的稳步发展，要求必须加强省、市、县、校四级教师发展中心之间的合作联系，构建四级中心的联动机制，提高教师培训质量，切实促进教师专业发展。

第二，联动机制的构建是教师实现自身专业成长的需要。教师要适应教育改革和发展的需要，不仅要具备专业的知识和技能、职业道德，还要有强烈的职业动力和学习热情。而当今的社会对教师提出了新的挑战，教师只有不断提高自身素质才能胜任教育教学的需要。同样，教师职业的专业化也要求教师要不断地调整和修改自己的态度、价值、信念、知识技能，才能达到教师专业标准的要求。然而目前的教师培训学习服务，特别是区县一级的培训并没有发挥出应有的实效，反而加大了中小学教师的负担，甚至许多中小学教师产生了"培训无用论"这样的消极情绪。提供高质量的教师培训，吸引教师主动参与教师专业发展的系列学习活动显得尤为重要。因此，必须创新教师专业发展模式，整合优质资源，构建省、市、县、校四级培训机构联动的教师专业发展机制，多层次、多渠道地为教师提供优质的职后培训服务，有力促进教师专业成长。

【拓展资料 5-3】

2018 年广东省教师队伍建设工作要点（节选）

加快推进教育行政部门、师范院校、教师发展中心、中小学校四位一体的教师专业发展体系建设。进一步加强省级中小学教师发展中心建设，建立健全师范院校与地方协同推进教师专业发展的"联动"工作机制，充分发挥省级教师发展联盟、学前教育教师发展联盟、特殊教育教师发展联盟和职教师资培养培训联盟的平台作用。支持和鼓励各地整合资源加快推进市、县级教师发展中心建设，推进中小学教师专业发展学校建设。

加强教师培训工作，建立健全分级负责、精准培训制度体系。按照"统筹规划，精准施训，精细管理"的要求，省市县校分级负责、分类组织开展递进式教师培训，全面落实教师全员培训年度任务。研究制定符合广东实际的层次分明、相互衔接的精准培训课程体系，提高培训的针对性和精准度。扎实推进教师继续教育管理系统建设，强化各级各类教师培训项目的全过程管理，加强和规范培训学时学分登记，提升教师继续教育信息化管理水平。

资料来源：http://ctld.scnu.edu.cn/a/20180326/559.html

二、联动机制做法

（一）系统建立完备的教师专业发展体系

在教师专业发展备受关注的大背景下，省、市、县（区）、校四级教师发展中心都积极组织了一系列的教师专业发展活动，虽然取得了一定的成绩，但各级培训之间联系松散却是目前面对的一个严重问题。目前，培训任务通常以行政命令的方式下达给各个中心，各级各类培训缺乏合作联系，各自为战，没有形成一个健全的教师培训网络，造成资源的分割、低效利用，其结果是培训效能低下。[①] 有效提高教师培训质量，提升教师素质，省、市、县（区）、校四级培训必须形成一个不可分割的有机整体，有必要建立一个以县级培训为重点、市级培训为支点、省级培训为示范的层次递进的培训体系。这个体系应该是一个完备的教师培训网络。

首先，省、市、县（区）各级教师发展中心与各中小学校级教师发展

---

① 彭定新. 在中小学教师培训中推行学科组长负责制的探索 [J]. 中国电力教育, 2009.

中心要建立垂直联系。各级教师发展中心之间应组成"系统树"，各市级教师发展中心成为省级教师发展中心的子机构，而各个县（区）级教师发展中心分别是所在地市级教师发展中心的子机构，各个县（区）级教师发展中心再与区域内的各个中小学建立直接联系。这样，省、市、县（区）、校四级培训形成一个完整的系统，可以从系统的角度进行统筹管理，进行相关资源的调拨分配。通过与中小学建立层级联系，能更方便地了解中小学教育教学的实际，了解学校教育改革的新动向。在组织培训活动时做到有的放矢，按需施训，使培训内容直面丰富复杂的教育现实，增强培训的实效性。此外，也能更加方便地进行评价指导，深入了解培训的效果以及存在的问题等。

其次，同一级别层次的教师发展中心之间必须加强沟通与合作，培训部门与教研、电教部门内部联系，中心与政府、高校建立外部联系，中心与同一层级的教师发展中心之间建立横向联系，通过对话与合作，可以相互借鉴彼此的工作经验，共同探讨解决教师专业发展工作中遇到的矛盾或困难。其中，高等院校，特别是师范院校在教师教育领域具有较明显的优势，专业师资雄厚、教学设施齐全先进、科研实力强。同时，还具有很大的理论优势，教师发展中心与高等院校建立协同合作关系可以更好地促进教师专业发展工作的开展。

最后，各级教育行政部门有义务和责任支持和管理教师职后培训工作，为广大中小学教师的职后教育创造条件，包括培训场所、经费、资源等条件。此外，还有责任对中小学教师发展中心进行资格审查、方案鉴定和效果评价等，并对各级教师发展中心所组织的教师专业发展活动进行审定与管理，从而推动和促进各级教师发展中心在教师专业发展方面树立正确的导向和提供高质量的服务。

【拓展资料5-4】

广东省教师专业发展体系构建成效

近年来，为全面振兴教师教育，构建职前培养和职后培训一体化的教师教育体系，广东省提出并实施"新师范"目标。以大力促进教师队伍专业发展为核心，广东省构建了教师教育发展共同体，即11个师范院校与21个地级市携手共创"国家教师教育创新实验区";强化师范生教育实践能力培养,立项建设122个省级示范性教师教育实践基地。完善教师专业发展体系,建立健全省、市、县三级中小学教师发展中心,依托高校建设了10个省级中小学(含中职)教师发展中心,加快推进150个市、县级教师发展中心建设,目前已获当地政府同意或编制部门批复的市、县级教师发展中心有120个,已挂牌成立76个,已陆续开展中小学教师、校(园)长培训的有70个。加强中小学教师队伍培训,推进开展分层、分级、分类递进式培训,省级按2%的比例开展教师示范培训,市级按10%的比例开展骨干教师培训,县级落实教师全员培训。2012年以来,省级教育发展专项"强师工程"项目资金中,每年安排约2亿元专项经费用于开展中小学教师省级示范研修培训。持续推进教师提高学历层次,将教师学历层次作为教育现代化评价的重要指标;启动实施幼儿园教师学历提高计划,用2~3年的时间,将5万名左右幼儿园教师学历提高至大专;支持各地对提升学历教师给予一定学费补助。注重高层次人才队伍建设,加大名教师、名校长的培养力度,设立了476个名师工作室,以"师带徒"模式指导地市3500多名骨干教师专业发展。

资料来源:广东省教育厅. 因地制宜 顺势利导 综合施策 奋力开创广东教师队伍建设改革新局 [EB/OL]. https://www.enaea.edu.cn/case/jcjy/2020/85880.html.

(二)各级教师专业发展力量要有适当分工

由于教师数量多、层次需求各异,省、市、县(区)、校任何一级培训都难以独立承担完整的教师专业发展任务。就教师培训而言,目前,省、市、县(区)、校每级培训应该培训什么样的内容是模糊不清的,各级培训的职责、层次并不明显。省、市、县(区)、校四级培训共同构成一个有机整体,各个要素在系统中都有特定的结构和功能,只有在各要素都能充分发挥自己功能的情况下,整体的功能才可能大于各要素功能之和。因此,有必要按照其职能范围,各级教师发展中心充分利用自身资源与优势分别负责不同层次培训对象、不同培训内容、不同培训形式的教师培训。

省级教师发展中心条件好、水平高,应该发挥"示范引领"作用,在教师培训上偏向"种子"培训,多组织对专家型教师、学科带头人、培训者等人员的培训,同时要多关注乡村地区,多开展乡村教师示范培训。培训内容的设计应站位高端,培训方式不拘泥于专家讲座,应灵活多样。省级教师发展中心的培训不仅要发挥引领示范作用,其还需要通过培训,塑造更多的优质培训师资，辐射到市、县（区）、校级。

市级教师发展中心相对县（区）级教师发展中心而言硬件设施、师资条件等较好，相对省级培训的"示范引领"，市级培训应该是"适当拔高"，应该注重对骨干教师和教学能手的培训，在形式上要注重教师的参与、体验和行动。

县级教师发展中心覆盖面广，而由于乡村教师的数量较多，素质参差不齐，县级培训应该更多的关注基层教师的培训，加强对乡村基层教师的全员培训，起到"夯实基础"的作用。受自身条件的限制，在培训对象上应加强对初任教师和合格教师的培训。县级培训机构还要积极为区域内各学校的校本培训提供支持性服务，包括激励、指导、支持和监督等。

校级教师发展中心以教师所任职的学校为主战场，校级教师发展中心要以学校教育教学发展和改革中的实际问题为中心而开展，因"校"制宜，因"师"施教，特色鲜明。培训形式上多种多样，观摩交流、师带徒、团队协作等都是现有较好的形式。校本研修对学校自身的要求较高，但目前城乡差异较大，有的中小学校没有足够的实力开展校本研修，鉴于此，可以积极开展"校际联动"的研训活动，或通过区域内的"三名"工作室，高校驻地的专家工作室等，从而优势互补，资源共享，在合作互动中推进教师专业发展。特别是乡村地区紧缺学科（音乐、美术、体育等）师资紧张，学科内的校本研训难以开展，通过这些方式可以很好地弥补不足。

（三）建立教师专业发展需求调研的有效机制

教师的学习不同于一般的学习，它具有五个鲜明的特点，即自我导向、经验参与、以问题为中心、资源共享、以提高绩效为目的。[①] 教师专业发展活动的组织安排必须适应教师学习的特点，能受到教师的欢迎。然而目前的一些教师培训却是"培而不训，训而不果，供需失衡"。为此，各级教师发展中心要建立有效的机制。

首先，要建立需求采集机制。教师的素质因人而异，而且在教学实践中遇到的问题也各不相同，有些问题是共性的，有些问题是个性的，此外

---

① 郑百伟. 教师继续教育模式研究与探索［M］. 北京：中国人民大学出版社，2009：44-47.

学校教育的实际对每个教师的发展要求也各不相同，这些都是教师个体水平的差异。另外，我们也要看到教师群体的差异，这主要是指教师所在地区和学校的整体性差异，这些差异不仅是教学条件和对教师的整体要求的不同，而且还包括可供教师学习培训的资源和条件的差异。因此，必须在综合各方面因素的基础上，为教师提供最适合的专业服务。这就要求教师发展中心的工作人员，必须深入基层教育一线，深入了解各个中小学教育教学改革和发展的需要以及一线教师所面临的实际问题。为真正做到按需施训，培训前应尽可能地采用多种方式开展需求调查，包括问卷调查、访谈、观察等，或者采用菜单式培训，即在培训前由教师发展中心列出一个课程菜单，教师进行网络或现场的投票选择，最后根据统计数据具体确定培训的内容。对教师的实际情况和发展需求的调研至关重要，其调研结果是教师专业发展方案制定的重要依据。

其次，要建立需求研究机制。根据需求调研的结果，再结合对这些教师的预期要求与期望，对教师的需求进行研究，运用集体的力量，制定教师培训的方案。对培训方案的制定要综合校内外专家、培训者以及参训教师的意见。这里需要强调的是教师本人应该是培训方案的制定者，教师参与需求评估，这在校本培训中尤为重要。在方案制定时，我们需要考虑几方面的问题，即学校发展需要什么样的教师，每位教师的成长要求以及学生发展需要什么样的教师。[①] 制定者要综合各方面信息，客观地分析判断，经过充分的研究分析后，制定出最佳的培训方案。

最后，要建立需求解决质量保障机制。要保证培训能最大限度地满足教师的需求，需要教育行政部门、教师发展中心、学校以及教师的积极参与。除了培训所需的软硬件条件的保障外，很重要的一点就是评价管理。针对不同的培训学习项目，应该采取不同的评价考核指标，且评价应该贯穿教师专业发展的全过程。而教师参与各级专业发展活动的评价应形成一个体系。

（四）完善研训一体教师专业学习模式

对于依托高校建立的省级中小学教师发展中心，开展教师教育研究及

---

① 蔡宝来. 基于教师专业发展的教师教育实践模式 [J]. 全球教育展望（3）：41-46.

研究成果转化、辐射是其最核心的工作。省级教师发展中心的研究不仅用于丰富教师教育理论，还用于教师专业发展的顶层设计，为教育行政部门的决策提供支持，在其内部工作中，还应将研究用于指导教师专业发展，应用于教师培训工作。对于市、县（区）级教师发展中心要推进研训一体，教研员队伍尤为重要。教研员的研究与高校学者的研究略有不同，教研员的研究针对教育实践中遇到的实际问题展开，是为帮助教师改善自己的教育教学工作而进行的研究，甚至有些校本的、区域的教师研训主题就是一段时间的研究课题，或将课题研究成果作为教师学习的内容。

（五）建立和完善各级经费保障机制

教师培训作为一项系统工程，各级教师发展中心的基础设施建设、设施设备维护升级、培训资源的开发与利用、培训项目的管理运行、教研课题的开展等都需要充足的经费来支撑。近年来，各省市逐步加大了教师培训的经费投入力度，这对稳步推进教师培训的可持续发展提供了保障。当前，从"国培计划"到各地的"省培""市培"等，都是以各级政府财政投入为主，辅以多渠道筹措经费的原则，同时也建立了以县为主、贫困地区省级财政转移支付的专项拨款制度。国家和各地区出台一系列文件保障教师培训专项经费使用的科学性和效率性。当然，在一些贫困地区，由于财政能力有限，用于教育事业的总体经费偏低，用于教师培训的经费更是紧张。因此，省级财政会有计划性地对部分贫困区县教师培训予以支持，那么就会出现各区县教师培训由省级教师发展中心直接承担，或以省级教师发展中心为主、县（区）级教师发展中心为辅，或省级教师发展中心指导、县（区）级教师发展中心协同的方式，共同负责一个区域内教师全员轮训的开展。例如，广东省"三区"教师全员轮训，要求 2020—2022 年实施广东省"三区"（中央苏区、革命老区、民族地区，简称"三区"）教师全员轮训工作，由 10 个省级中小学教师发展中心牵头，分别对接对口联系县（区）级教师发展中心，保质保量完成区域内教师培训学习任务。这是省级与县（区）级教师发展中心联动的范例。

（六）进一步开发和利用各级教师信息管理平台

当前，为方便对教师培训学习的管理，各省市都利用现代化手段，设计开发教师专业发展管理平台。但目前这些平台大多仅用于教师参训管理或教师基本信息查询，对于教师专业发展的系统性数据还较为缺乏。为此，有必要对教师信息管理平台进行统筹规划和顶层设计，融入大数据技术，建立教师专业发展的电子"成长记录袋"。通过建设区域教师专业主题库，面向教师个体、群体、专业特征、专业发展偏好等进行标签定义，形成支持区域教师专业发展能力可视化的教师画像系统，让教师明确自身的发展状态，明确发展方向，引入智能技术，甚至能够预测教师的专业发展方向，以实现区域教师专业发展的个性化、差异化与管理服务的智能化、精细化。除此之外，该系统亦支持教师开展远程教学和远程学习。该系统的建立，需要全省或片区一盘棋，由省级教师发展中心牵头开发，市、县（区）、校级教师发展中心分级管理与使用，最终将该系统打造成为教师专业发展的重要智慧支撑平台。

第四节　组织与管理

一、队伍建设

为进一步加强中小学教师和校长队伍建设，全面提高教师队伍专业化水平，广东省教育厅印发了《关于加强"十三五"广东省中小学教师培训工作的意见》和《广东省"强师工程"实施方案（2017—2020 年）》，增加投入力度，实施"强师工程"省级培训项目。各个教师发展中心都加强建设一支集管理、研究、培训和技术一体化的中小学教师发展专业团队。

（一）管理团队

培训管理团队应该由富有培训者经验、培训管理经验的专业人员组建而成，并做好如下几项核心工作。

1. 管理团队应该加强制度建设

教师发展中心应该加强各项制度建设，以此保障各项工作的顺利开展。例如，通过两年多的运行与摸索，肇庆学院省级中小学教师发展中心在项目实施过程的主要环节建立了相应的过程跟进管理制度，如《教学辅导管理制度》《咨询服务管理制度》《技术保障管理制度》《考核评价制度》等。尤其是《考核评价制度》，采用过程性评价和终结性评价相结合的方式，让学员学习的路径极为明晰。

2. 管理团队应该加强培训师资队伍建设

培训管理团队应该加强培训师资队伍建设，成立专兼职培训师资队伍，打造专业的培训者团队。深度学习基于业务问题解决的问题诊断和分析，并提升干预方案设计能力。师资队伍应该在培训需求澄清、培训项目系统思考和架构设计、培训学员行为改变、培训成效结果实现等方面开展基于中小学、幼儿园教师、校（园）长的专业发展问题和困境等方面的培训项目价值链研究。

3. 管理团队应该加强培训基地学校建设

教师培训的基地学校可以与职前教师培养的实习基地建设相结合，从优质中小学校中遴选和建设一批教育教学理念先进、教学方法特色突出、办学条件好、办学水平高的中小学校，用于开展教师跟岗研修、听课磨课、示范培训和教师轮岗交流等，突出培训的实践性，也便于项目实施中真正落实培训理念，进一步提升教师培训的针对性和实效性。

4. 管理团队应该加强训后跟踪指导工作

要讲究培训的功效，就不能够把一个培训作为一个独立的项目来对待，更要关注培训后的跟踪服务与测评，甚至在培训之前就要有某种定向。任何一个培训项目都应该有全程性考虑——准备阶段、进行阶段，以及结束以后的后续管理与监测。培训效果如何，关键要看接受培训的对象在后续的教育教学实践当中的观念与方法是否真的有所改善与提升，而不单单是对其在接受培训过程中的表现的监测。因此，管理团队要加强训后跟踪指导工作。

（二）研究团队

研究团队的建立要考虑团队成员的构成，教研员、学科专家和骨干教师应该成为主干力量。通过一支结构合理、覆盖学段的专兼职相结合的研训师资队伍，凝聚一个具有较强的教科研训指导能力的团队。一方面，研究团队要指导中小学教师开展立足于教育教学的研究活动。一是一线中小学教师，他们在教学中的思考和对教学问题的研究，会给学员带来感同身受的体会和启示，他们基于教学实际问题的研究更容易引起共鸣；二是所在区域的教研员或科研人员，他们对所在区域的教育科研总体情况常有着较为全面的掌握，可以为教师从事研究提供有针对性的指导；三是相关的高校专家，他们的专业化的理论知识和深入研究后形成的对教育发展趋向的总体研判，将在选题方向、实施策略和思维模式上对教师提供指导。

另一方面，研究团队要注重开展有关培训教学的研究。培训教学应遵循教师成长规律和符合教师专业发展需要，以教科研为引领，以教育教学改革为导向，注重学科前沿知识和课堂教学实践相结合，注重教学改革探索和教育研究成果相结合，注重教师教学技能和专业发展引领相结合，积极开展层次广、渠道多、形式多样的教师培训工作，实施精准培训，提高培训质量，形成本地培训特色和品牌。

（三）培训团队

培训团队通常由主持统领全局的项目负责人，项目秘书和班主任、执行团队、培训专家团队、后勤保障团队构成。根据项目实施的时间长度、内容和模式，专家团队可以分为首席专家、授课教师团队、线上辅导教师团队和线下指导教师团队。专家团队需在培训项目的目标定位、课程设置、活动设计和组织等方面发挥专业引领作用。教师发展中心要采取派出去到进修、参加教育理论培训、请教育专家或名师讲座等多种形式，不断提高管理团队的教育理论水平和"育师能力"。

培训项目可设置1名项目负责人、1~2位首席专家或领衔专家、1位项目执行负责人、1位项目秘书、1~2位班主任和助理班主任，构成项目核心团队。项目负责人统帅全局，在培训理念和项目设计方面发挥专业的引领作用。首席专家或领衔专家负责从培训项目定位到培训方案设计和课程开发工作。项目执行负责人统筹训前需求调研、训中过程管理和训后跟踪的各项工作，包括项目申报、实施计划起草、培训活动设计和人员协调等任务。项目秘书负责经费管理与报销等工作。班主任和助理班主任负责教学管理与食宿服务等系列具体工作。

（四）技术团队

当前，科技发展迅速，如果没有良好的技术硬实力，那么教师发展中心很难保证中小学教师培训工作，以及对区域教育的发展和诊断进行精准的了解和保持正确的工作方向。[①]

省级中小学教师发展中心为了和市县级教师发展中心有更紧密的联系，可以建立互联互通的教师网络学习资源库和管理平台，实现省、市、县（区）、校网络互通，资源共建共享，积极探索和实施"互联网+"背景下的智慧型教师教育模式。肇庆学院省级中小学教师发展中心建立了教师发展中心功能室，包括师德与传统文化室、书法绘画训练室、教师信息能力训练室、教师语言实训室、教学设计室、教学反思室、教学形象设计室训练室、个体心理保健实训室、精品课程特色课程录制室、教育人文讲坛、微课制作室、智慧教室。充分运用云计算、大数据、智慧课堂等新兴信息技术，不断加大信息技术与教师教育的融合，强化在教师教育教学工作中的创新应用，助推教育教学新发展，促进教师教育信息化发展进程。

二、项目管理

教师发展中心每年承担"强师工程"省级培训、国培项目和其他各级各类的横向培训项目。这些专业性强的培训项目，教师发展中心在培训管理上实行项目负责制。成立项目领导小组和项目执行小组，项目负责人应具有较高的理论水平、实践能力、高度责任感和较强组织管理能力。在领导小组的领导下负责组织实施培训项目，并给予项目负责人专业自主权和行政支持和保障。

（一）项目负责人具体职责

（1）负责组织制订培训项目实施方案和培训经费使用计划。

（2）开发项目所需人力资源，组建项目教学团队和管理团队。

（3）组织和协调项目实施过程中的各项活动。

（4）跟进和掌控教学培训的全过程，及时与授课教师就学员反映的问题进行反馈和有效沟通。

（5）在项目领导小组领导下，全面负责项目绩效管理、项目总结和成果整理工作。

---

① 余新. 有效教师培训的七个关键环节——以"国培计划——培训者研修项目"培训管理者研修班为例［J］. 教育研究，2010，31（2）：77-83.

（二）项目管理服务团队具体职责

（1）负责落实培训项目的教务工作，收集整理班级教学档案，学籍管理。

（2）负责学员的日常生活管理和组织、落实教学考察活动。

（3）负责后勤保障与服务各项工作。

（4）协助项目负责人完成其他相关工作。

（三）班主任具体职责

（1）协助项目负责人组织好培训实施各项工作。

（2）负责学员报到、考勤、安全、学习与生活等各项日常管理工作，协助办公室安排好授课专家和学员的食宿等后勤工作。

（3）负责学员思想教育工作，每天与学员沟通，及时了解学员动态，遇到问题及时上报。

（4）做好与任课教师的联系沟通工作，通知任课教师和学员教学安排，组织学员的交流参观等实践教学环节，组织好学员的评教工作。

（5）协助项目负责人对培训成果进行收集、整理，做好宣传展示工作

（6）收集、整理培训班的档案资料，做好档案管理工作。

（四）助理班主任具体职责

（1）协助班主任做好培训过程管理相关工作。

（2）协助班主任做好学员的思想政治教育和日常管理工作，及时将培训相关要求等传达学员，发挥桥梁作用。

（3）协助班主任帮助学员解决培训过程中的困难，引导学员树立良好的学习观和纪律观。

（4）协助班主任选拔培训班干部，努力建设一支团结、精干、高效的班委。

（5）做好考勤工作，主动加强和任课教师的交流，关心学员的学习和生活状况。

（6）做好培训班跟班管理工作及培训日志记录工作。

（7）协助完成宣传工作，整理培训项目的绩效评估材料。

（8）完成班主任和项目组交办的其他工作。

三、质量管理

影响教师培训质量的关键因素有很多，如培训方案设计、培训需求调研、培训项目管理团队素养、班级活动组织、培训方式的转变与多样性、培训模式和环节、培训流程和经费管理等。要保障培训项目的高质量，应该做好如下几个工作。

（一）培训方案设计

培训方案是培训项目开展实施的具体计划，它的科学制订要在广泛、真实、科学调研学员的培训需求的基础上进行设计，满足并且在一定程度上引领培训对象的专业发展需求。培训实施方案应该具有较强的针对性、可操作性。它一般由培训单位基本情况、培训目标、培训对象与人数、培训时间和批次、培训内容与形式、培训模式与环节、培训组织与管理、培训考核和评价、培训保障条件和项目经费预算等部分组成。

培训课程设计要参照相关培训文件要求，培训课程内容设计应该遵循如下原则。

1. 思想性与专业性相结合

在培训的过程中，培养具有良好师风师德的教师是其中一个重要目标。因此，既要加强中小学教师职业道德修养，让他们成为"四有"教师，也要对其进行专业教育，激发内在的专业发展动力。同时，遵循教育教学规律和成人学习的特点，提高学员的专业知识和专业能力。

2. 适应性与引领性相结合

在培训目标定位和培训内容的选择上，既要尊重和适应一线中小学教师的实际情况，了解他们的实际需求，也要跳出他们的视野，充分注重培训目标和课程内容对教师专业成长的引领。

3. 理论性与实践性相结合

传统的培训认为一线教师缺乏理论指导，因此过于重视理论。为了增强培训的实效，既要重视理论学习对实践教学的指导和运用，又要侧重教育教学实践能力提升。实践性课程原则上应不少于培训课程的50%，特殊情况下，可适当调整实践性课程比例。

（二）培训教学管理

在教学管理中，由一系列高水平教师组成的培训师资队伍，能够把握基础教育（或职业教育）改革动态及一线教师专业发展需求。原则上培训教师由高校教师和中小学（中职学校、行业）一线教师、校长、行政领导、行业能手共同组成，一线教师所占比例原则上不少于50%，高端研修项目省外师资占30%以上，省级普通项目省外师资占20%以上，特殊情况可以适当调整。

重视对培训师资的培养，倡导经常承担培训任务的教师参加有关教师培训的会议或学习，支持他们深入一线开展调研工作，提升教学水平和教师专业发展培训视野。

严格按照培训方案实施各个培训环节，不得随意删减培训环节和培训内容，不得压缩学时、天数。承训部门要准备好教学条件和实践基地，加强教学管理和质量监控。做好培训效果反馈与项目后续工作。

各承训部门应坚持以学员为本，不断更新培训理念；以问题为导向，制定切实的培训模式；以能力提升为目标，立足学员的长远发展。提倡现场教学、跟岗实践、参观交流、论坛研讨等教学模式，不得安排与培训无关的旅游考察活动。

（三）培训学员管理

承训部门要做好后勤服务，为学员创造良好的学习、生活环境。加强学员安全教育，外出交流或长期培训，为学员办理人身意外保险。

严格学习管理，实行每天上课前的考勤制度。有特殊原因，学员不能参加培训活动的，必须办理书面请假手续。累计请假超过总培训天数四分之一以上或无故旷课2天以上者，不予结业。

培训班要配备班主任，负责学员的生活管理与协调、学习管理与考核、考勤、学员意见反馈、沟通协调、组织指导班级活动、考察带队等工作。

（四）项目档案管理

各培训部门要建立学员培训档案制度，对相关的培训档案进行留档保存。省级中小学教师发展中心对各培训部门的档案管理进行指导督查，同时也保存相关档案。

各培训部门需要存档的培训资料主要包括培训项目申报及下达的文件和通知，培训项目申报书等相关材料，培训项目实施相关材料（主要包括培训实施方案、招投标文件、课程安排表、培训相关制度文件、学员研修手册、授课教师资料、讲义或课件、学员名册、经费使用明细、反映培训环节的照片或视频资料、简报或美篇、需求调研资料、学员对课程和培训项目的满意度反馈评价表、反映培训成效和社会影响力的佐证材料等）。

（五）培训绩效考核

为保证培训质量，绩效评估小组由省级中小学教师发展中心牵头成立，全面统筹教师培训绩效考核工作，并进一步对各级各类教师培训质量绩效考核工作实施情况进行指导、检查、评估。教师发展中心监察、审计、财务等部门对各级各类培训经费使用负责检查监督。培训绩效考核指标主要针对三个主要对象：培训单位、培训学员、培训项目组。对培训单位的考核内容主要包括：培训单位的组织、管理、制度建设等；对培训学员的考核内容包括学员对项目实施前、中、后的各个阶段和环节的满意度；对项目组的教核内容包括项目立项、计划实施、过程管理、培训实效、学员反馈、经费管理、项目结项、培训成效、社会影响力、训后跟踪服务等具体的反映过程实施的全部内容。

"强师工程"省级教师培训项目每年接受省教育厅和财政厅绩效考核和监督检查。每年1月份将上年度的培训计划执行情况（包括培训过程资料、经费预算、经费开支、培训成效等）由省级中小学教师发展中心统一组织上报省教育厅相关部门。

四、科研管理

中小学教师发展中心的一个重要职能是制定科研管理制度，对区域性的教育科研活动有意识地进行安排和设计，主张用制度规范科研，在制度引导下科研。教育科研推动着教育创新不断发展。大量的实证研究证明，教育科研是一种生产力，教育创新离不开教育科研。

（一）做到"四重"齐头并进

教师发展中心对科研课题的管理做到"四重"齐头并进。第一，重规范，完善科研制度。积极对接区域教科研管理条例，规范各级课题的申报、立项和管理，完善科研项目管理和考核制度。第二，重精细，扎实过程指导。教师发展中心课题立项之前，可以开设"如何选择课题方向""如何撰写课题申请书"等微型讲座，让教师有方向，其后一对一指导教师进行修改。第三，重推介，让成果产生溢出效应。为了让中小学教师的课题研究产生溢出效应，所有的研究过程可以通过微信公众号进行即时动态发布。每学年可组织开展立项教科研成果展示活动；定期将优秀成果汇编，或推荐期刊发表。第四，重融合，注重课题研究与基础教育教学改革的过程融合。例如，融理论学习于校本研修的过程，融课题论证于课堂变革的实践，融研究成果提炼于教改成果的展示。

（二）创设优越科研条件

课题研究不是无米之炊，它的开展必须具备一定的条件。因此，教师发展中心应该结合基础教育发展的实际情况，统筹规划，创设优越的科研条件。首先要创设外在条件：第一，教师发展中心要有专门的场室供学员查阅资料，如免费获取中国知网和百度文库的文献资料；第二，要有专门的阅览室，配置教育类经典书目、政策性文件报告和最新的基础教育教学发展趋势、信息化、未来教育、未来学校、人工智能等方面的书籍。其次要创设内在条件：第一，要有激励机制，通过经费支持、成果推荐等吸引有实力和有兴趣参与科研项目的一线中小学教师参加课题研究；第二，利用教师发展中心的平台地位，建言省教育厅相关部门，为真正愿意投身到科研中的一线中小学教师设置科研职称系列，这样可以真正培养一批愿意做科研、真实做科研的人才，为基础教育研究打下更扎实的基础。

（三）案例：课题引领下的教师培训

《全面深化新时代教师队伍建设改革的意见》指出培养造就数以百万计的骨干教师。百万骨干教师如何培养，这是一道摆在教育界必须解决的问题，尤其是全国各地师范院校和各级教师发展中心，更要首当其冲，不仅要加快骨干教师的培养步伐，还要提升骨干教师的培养质量。

那么，怎么提升骨干教师的培养质量呢？著名教育家苏霍姆林斯基说过"如果你想让教师的劳动能够多给教师些乐趣，使天天上课不致变成一种单调乏味的义务，那你应引导每一位教师都走上从事研究的这条幸福的道路上来"。这就意味着，提升骨干教师培养质量应把教师引向课题研究这条广阔的道路上来。因此，在承担某市省级骨干教师培养项目的过程中，所在区域的广东省中小学教师发展中心进行了基于课题引领下的教师培训实践。

1. 培养对象

某市列入广东省省级骨干教师培养对象共 191 名，他们是来自某市各中小学校的骨干教师，其学科背景涵盖了中小学幼儿园（特殊教育）各学段的语文、数学、英语、政治、历史、地理、物理、化学、生物、音乐、体育、美术等所有学科。

2. 培养目标

基于培养对象的学科背景的复杂性，为提高培训项目的针对性和实效性，项目组通过前期的需求调研，定位了骨干教师培养项目的总体目标：通过组织、指导和引领省级骨干教师培养对象开展课题研究，从而提高他们的教育理论素养、教学实践能力和教学研究能力，提升教育实践智慧，形成科学的教育理念和教学艺术风格，助推省级骨干教师培养成为市级的名教师、名班主任或名校长，乃至广东省的省级名教师、名班主任或名校长；培养造就一批师德高尚、理念先进、视野开阔、学识渊博、业务精湛、实践能力强、能够发挥引领示范作用的基础教育领军人物。

3. 实施步骤

围绕培养目标和对象，在开展基于课题引领的教师培训过程中，省级中小学教师发展中心根据课题的研究过程，制定并按照"发布通知—组织申报—课题立项—课题研究—课题结题"的实施步骤落实骨干教师培养项目的具体实施事宜。

（1）发布通知

为了保障学员人人有课题，同时考虑到学员涉及全市各县（市、区）教育局、中小学和幼儿园，经过前期的集中培训后，2016 年 10 月 10 日面向各教育局、中小学校及幼儿园发布《广东省中小学教师发展中心 2017 年度课题申报通知》（以下简称《通知》），面向教研员，中小学和幼儿园教师受理课题申报，并要求某市省级骨干教师、校长培养对象，每人必须申报一项，作为学习任务之一；其他粤西中小学、幼儿园校长（园长）、教师、教研员自愿申报。课题类型分为重点课题和一般课题，说明前者可以与大学教师联合申报，研究周期为 1 年，中心给予每项课题 4000 元经费资助；后者研究周期为 1 年，经费自筹。

为了便于学员的课题申报和找准选题，《通知》不仅提供了课题申报书，还提供参考课题指南。课题指南包括重点课题和一般课题指南。课题指南通常包括：学生与德育、课程开发与实施、教材使用与分析、教学实践与探索、评价改革研究与实践、课堂教学评价理念和内容、教师专业发展研究等专题。课题指南一方面给予一线中小学教师在选题方向一个明确的指导，同时也给选题一定的范围，以指向当前研究的热点和重点。

在研究题目和方向上，要求申报者结合个人工作实际与研究兴趣选择课题。项目申报明确要以行动研究理念为指导，密切联系粤西中小学、幼儿园教育教学实际、学校管理实际，着力对教育教学或学校管理具体实践问题进行研究。这就给未来课题研究的方法论指明了方向，提出了要求，同时也为成果应用做好了地域的铺垫。

（2）组织申报。

根据《通知》要求，组织学员自行申报。通知还同时明确了一些细节要求：如对申报者的承担课题研究的组织能力、实施工作能力、课题申报数目、课题组成员人数、信用管理制度等。

具体申报流程及要求是申报者自行确定研究题目（可参考课题指南），填写《广东省中小学教师发展中心课题申报书》，经所在学校批准盖章，纸质稿及电子版同时交给岭南师范学院培训学院。每项课题交纸质评审表和电子评审表；不具有中小学高级职称的主持人，申报课题时需要 2 名专家推荐，这两名专家由学员的一线指导教师和高校指导专家担任，这就加强了导师和学员之间的联系，使课题的指导落到实处。所有的课题申报都必须在一线指导教师和高校专家的指导下，经过打磨方可作为正式材料申报。学员通过填写规范的申报表格，熟悉课题申报书的填写内容、要求和写法，通过对研究文献综述了解前人的相关研究，对实施步骤的规划结合教育教学实际，更有针对性地指导自己的教学，提升课题研究的实践价值，进一步提高科研意识和成果意识。

（3）课题立项。

截至 2016 年 12 月 31 日，学员共申报课题 152 项，经广东省中小学教师发展中心组织课题立项评审专家对所申报的课题进行认真、细致的评审。根据评审标准和评审结果，最后 127 项课题获得通过，其中"小学生良好行为习惯与健康人格有效养成研究""乡村教师专业发展现状研究""基于提升学生社会认知和分析能力的新闻写作教学实践与研究""信息技术环境下校本研修工具的应用实践研究"和"教师专业成长激励机制研究"等 5 项课题立项为重点课题，"基于课程标准的教学设计与实施"等 122 项课题立项为一般课题。

根据课题立项评审专家的评审结果，广东省中小学教师发展中心首先对立项的课题进行公示 5 天。没有异议后，对立项课题结果进行公布和颁发各立项课题立项通知书。

（4）课题研究。

课题立项后，各课题要根据广东省中小学教师发展中心课题管理办法，组织所有课题按时做好现场开题工作。各个课题组制定课题实施方案，根据研究计划，有条不紊地开展课题研究，并定期做好课题研究工作的总结和提炼课题研究成果，争取发表，以扩大课题研究成果的影响力。课题立项后，开展研修沙龙、个别化课题"诊聊"等跟踪、指导。在课题研究的过程中，得到了市教育局继续教育指导中心、教研室和各个学校的大力支持，课题实施过程中最需要解决的两个问题：专家跟踪指导和课题经费得到了很好的落实。

骨干教师的科研能力提升离不开研究方法的系统学习。为了提高全体学员教师的课题研究方法、技术和思维，教师发展中心在课题立项之后邀请了高校优秀的课题研究专家为骨干教师进行全员培训，学习如何做文献综述、中小学教师常见科学研究方法、论文和结题报告撰写、科研成果发表等实用性极强的课程内容，学会如何科学地、规范地进行课题研究工作的实施，并从中提升自身的研究素养，特别是课题研究的能力和探究精神。

为了有效指导学员开展课题研究，教师发展中心结合培训项目的具体实施步骤，组建了课题专家团队，建立了课题指导管理机制，不仅安排专家和学者到各课题组中去指导开题和课题研究的开展，不定期地进行课题研究工作的调研，指导各课题组研究论文和报告的撰写工作，还把优秀的文章推荐到各级各类刊物发表，以提高课题的社会影响力，也让一批骨干教师积累了评更高一级职称的条件。为了创设平台，集中发表学员的优秀成果，教师发展中心联合发展中心所在大学的学报编辑部，在2017年8月出版了一本增刊，专供骨干教师发表优秀论文作品。增刊分为特殊教育研究、思想品德与素质教育研究、教材与教法研究（一）（二）共四个模块，共发表骨干教师87篇文章。

（5）课题结题。

根据广东省中小学教师发展中心课题管理办法的规定，教师发展中心对已经完成研究任务、符合结题要求的课题进行结题鉴定。考虑不同课题的研究进度、进展不同，在组织课题结题过程中，先后于2018年2月2日、2018年9月5日、2019年9月30日分3批次完成了课题的结题工作。

在课题管理办法中明确结题必备条件，如必须按项目立项时的研究计划，如实认真开展研究，并完成研究任务，形成研究成果；成果如以论文形式结项，需在公开刊物上发表论文1篇以上；如以专著形式结项的，字数必须不少于10万字；如以研究报告形式结项的，字数必须不少于1.5万字，有针对性地指导学员做好结题准备。

结题程序和方式是课题组需认真填写课题鉴定结项审批书，经课题主持人学校同意，加盖学校公章后，连同研究成果等结题材料，向广东省中小学教师发展中心提出结题申请；然后，教师发展中心组织专家进行课题结题鉴定。其中，一般课题采用"材料审阅法"，由专家组根据课题组上交的结题材料进行鉴定。重点课题采用"材料审阅法"与"现场评审法"。现场评审时，由广东省中小学教师发展中心聘请该课题研究方面的专家组，按照看课题研究资料、听课题负责人关于课题研究的工作报告、课题组成员与专家组的现场答辩、随堂听课、与教师和学生的座谈等程序进行。

经组织专家对提交的112项课题结题材料进行了公平、公正、客观的审核和鉴定，最后所有课题顺利结题，其中第一批不合格的4项课题在第二批次顺利结题。

4. 培训成效

在课题研究的引领下经过3年多的培养，191名骨干教师学员的成长是迅速的，成果是丰富的，收获是显著的，培训成效是显而易见的。据不完全统计，191名骨干教师先后发表和获奖的论文有220多篇，主持或参与课题高达187项，出版著作10部，有1人获得广东省特级教师称号，2人获得南粤优秀教师称号，1人被评为全国优秀乡村教师，2人评上正高级教师，2人成为广东省名教师工作室主持人，5人被评为某市最美教师，22人成为某市名教师、名班主任工作室主持人。

例如，骨干教师宋老师主持了课题"基于生态理念的小学语文课堂教学探索"，发表论文4篇，2018年7月顺利结题，先后被评为全国最美教师志愿者，广东省优秀援疆支教教师，广东援疆语文名师工作室主持人和市名教师工作室主持人，新疆伽师县优秀教师、民族团结模范，喀什市优秀教师，湛江经济技术开发区先进教师和工会先进工作者，荣获援疆支教突出贡献奖，某市第二届和第三届基础教育教学成果一等奖、广东省教育创新奖三等奖。

袁老师以课题研究为契机，组建了一支包括教授、博士、研究生在内100多人的研究团队，从理论和实践两个维度进行研究，在全市20多所学校开展了22个子课题的研究，深入系统研究了国内外20多种合作学习流派，通过密集的区域教科研活动，创新性的改进教学案的设计，形成了有特色的、成体系的研究成果：编著出版了《高中物理合作学习任务设计》一书，发表了相关学术论文10篇，其中两篇发表在核心期刊《物理教师》和《中学物理教学参考》上。其中一项成果获广东省基础教育教学成果一等奖（排名第二）、一项成果获得某市第三届基础教育教学成果一等奖（排名第二）。目前，袁老师已成长为广东省物理正高级教师，是市中小学名教师工作室主持人、市名教师培训导师、市兼职教研员和岭南师范学院兼职教师；实验创新作品《力大小演示仪》、论文《基于核心素养与合作学习背景下的摩擦力教学创新设计》和《合作学习的教学设计》均被中国教育学会物理专业委员会评为一等奖，作品《探究加速度与力、质量的关系——非评价性合作学案》获某市第一届高中物理实验大赛一等奖。袁老师被聘为广东省中小学教师发展中心兼职教授，担任"强师工程"中学物理骨干教师培训项目学员一线导师，担任教学比赛、职称评审专家，开设各级各类专题讲座等100多场。

骨干教师李老师热衷科研，承担发展中心 2017 年重点课题，在专业发展上取得了快速成长。他不仅成长为高级教师、学校教研中心主任、东北师范大学教师教育课程教材研究中心客座教授、高校外聘导师，而且先后被评为中国教育学会第一、二届优秀会员，《教师月刊》2017 年度教师，广东省心理健康教育 A 证教师，广东省优秀科技辅导员，广东省优秀辅导教师，广东省课题研究先进个人，某市优秀科普工作者、青年岗位能手和英特尔未来教育项目教师培训主讲教师。他先后主持或参与国家级和省市级课题 4 项，出版《教师的生命成长》《润泽心灵成长的学科教学》著作 2 部，在《中国教育学刊》《人民教育》等刊物发表文章 100 多篇；个人获市级以上奖励 17 项，是中国教育学会首届最具影响力微论奖、中南六省（区）生物学教学论文全国一等奖，广东省生物学教学论文一等奖、广东省综合实践活动课例一等奖和论文一等奖获得者。先后应邀为河北、福建、甘肃、云南、重庆等地教育同行和到部分师范院校作专题讲座 50 多场。

5. 培训反思

回顾开展课题研究引领下的某市省级骨干教师培训的过程，虽然不是一帆风顺，遇到不少困难、困惑和困境，但是在各课题组、专家组和导师组等的通力协作下，广东省中小学教师发展中心所立项的 100 多项课题能做到按时开题、根据研究计划开展课题研究和顺利结题，有的还取得了不俗的研究成果，如骨干教师李老师提炼的课题成果论文《论学科教学育人的六重境界》，不仅发表在全国中文核心期刊《当代教育科学》2018 年第 6 期，而且被人大复印报刊资料《中小学教育》2018 年第 11 期全文转载，以及在中国社会科学网全文发布。

在教师成长方面，多位教师成长为广东省名教师工作室主持人，一批教师成长为市名教师工作室主持人。在职称上，有的晋升为高级教师，有的晋升为正高级教师，有的获得特级教师、南粤优秀教师等荣誉称号。在职务上，有的成为年级主任或学科教研组长，有的担任学校中层干部，有的被提拔为校级领导。在辐射影响方面，多位佼佼者应邀到全国各地进行讲学和介绍经验，有的站上国家级舞台领奖和发表获奖感言，有的还成为学术刊物的封面人物……

毋庸置疑，教师的这些成绩、戎果、成长及影响，无不和参与课题研究引领下的教师培训的科学设计、扎实推进和总结反思有关。通过主持课题研究，教师通过组建课题研究小组，建立研究共同体，围绕同一主题，进行基于研究的教育教学探索、实践、研讨和思考，并凝练、梳理、撰写、发表相应的研究成果，从而把教育教学的实际问题给予解决。在这样的行动研究过程，教师的科研能力得以提升，教师的研究思维得以发展，教师的合作精神得以形成，教师的成就感得以生成，教师的影响力得以扩大，教师的主体意识得以加强，从而能促进教师主动学习、主动研究和主动成长。正是因为一系列的化学反应，教师的成长、教学的质量和教育的效果都随之而来，并花香四方。

根据中小学骨干教师的培训课程设计、时间和内容安排，以及教师培养过程和培养后的成效，广东省中小学教师发展中心组织骨干教师学员提炼形成的培训成果《三阶十环螺旋递进：中小学骨干教师培养模式的实践探索》于2019年6月14日荣获2019年校级优秀教学成果奖（基础教育类）一等奖；进一步提炼后的成果《创建"三阶十环螺旋递进"中小学骨干教师培养模式的研究与实践》荣获2019年广东省基础教育教学成果奖一等奖。这标志着，通过承担和开展某市广东省省级骨干教师培养项目，教师发展中心找到了一条行之有效的骨干教师培养模式，基于课题引领下的培训成功打造了教师培养的品牌特色。

五、文化建设

教师继续教育的方式之一是参加专业机构的培训学习。教师发展中心的硬件设施是培训质量的保障，教师发展中心的软实力，特别是组织文化建设，对参训教师能够起到潜移默化的影响作用。培训文化涵盖面很广，一般是指"培训机构或学校在培训实践中逐步形成的，为全体教师所认同、遵守，带有本机构或本校特色的培训学习理念、作风和规范的总和"。优秀的培训学习文化可以增强教师的凝聚力，可以促使教师自觉自愿地参与培训工作，可以培养教师对教师教育价值的持久认同感，从而使教师更加主动融入自身专业发展、帮助学生发展、共促学校发展的主业中。培训学习文化是一种氛围，看不见、摸不着，但培训文化确实是实实在在地在发挥着作用。

教师发展中心的文化建设可以从以下四个方面来进行：①价值文化建设。共同价值观是培训学习文化建设的核心。应切实加强人本管理的思想，树立全员共建意识，将共同价值观作为培训学习文化建设的重点加以精心培育，逐步形成具有区域特色的学习文化。共同的价值观的形成还能够增强教师发展中心教职工的凝聚力、责任感和使命感，激励其不断提升工作质量。②制度文化建设。价值观文化建设是精神上的引领，制度文化建设是培训学习文化建设的落脚点，在培训学习文化建设中起引导规范作用。培训制度通常包含教学、管理等各个培训环节的制度，如培训工作流程、上课与考勤制度、评教评学制度、听课评课制度、教学科研制度、奖惩制度、学员学籍档案管理制度、后勤服务管理制度等。③活动文化建设。构建一系列文化活动，为教师学习和展示搭建舞台。④环境文化建设。营造有利于教师参与学习的环境与氛围，适当进行学习场所的文化"包装"；关心教师的专业成长，激发教师的工作热情，使教师成为培训学习文化建设的积极推动者。激发教师发展中心教职工的积极情感，使之成为环境文化建设的推手。

总之，教师发展中心的文化建设升华于教育理念，沉淀于管理制度，落实于积极行动。文化不是一种简单的外显表现形式，而是多种因素共同作用形成的结果。因此，教师发展中心应重视文化建设，激发教师积极情感，形成健康的培训学习文化，促进教师专业发展。

第六章

中小学教师发展中心实训平台建设

　　让具备专业态度、专业知识和专业技能的专业化人员从事教育事业是有识之士的共同愿望。专业化教师不仅要掌握特定学科知识的本体性知识（Subject Involved Knowledge）和教育学、心理学、教学法等相关的教育心理方面的条件性知识（conditional knowledge），还要具备在面临实现有目的的行为中所具有的课堂情景知识以及与之相关的实践性知识（Practical Knowledge）。本体性知识和条件性知识主要可以通过专业课程的教学、在职培训、自主学习等多种途径获得。与显性的本体性知识和条件性知识相比，教师的实践性知识需要在特定的教育情景中不断实践、运用、拓展本体性知识和条件性知识，这是基于每个教师对自身经验的反思、领悟、总结以及同行之间的交流、合作而形成的知识，是教师个体与外在环境互动的结果。实践性知识是教师在教育教学实践中实际使用和表现出来，并支配教师的日常教育教学行为，是教师专业成长和发展的基础，是教师教书育人不可或缺的重要保证。在教师的培养过程中，实践性知识主要通过教育见习与教育实习等环节而习得。众所周知，短暂的教育实习与见习对教师实践性知识的获得无疑是微不足道的，教师的专业发展是"教师内在专业结构的不断更新、演进和丰富的过程"，具有"多阶段的、连续发展的特征"，需要终身学习与不断修炼，才能逐步从非专业职业、准专业职业向专业化不断成长。如果围绕教师专业化教学能力需求而构建系列化、专门化的获取实践性知识的智慧物化空间和平台，让准教师或在职教师在这样的空间和平台中通过耳濡目染及持续的强化训练，专业技能得到不断锤炼、提升、蜕变和发展，将是有效促进教师专业发展的重要举措。

第一节 实训平台功能

中小学教师发展中心实训平台构建的功能至少体现在以下几个方面。

1. 具象化功能

如果说从理论层次理解教师专业能力及教师专业发展，很多教师，尤其是准教师或刚入门的新教师似乎觉得很抽象、很深奥，甚至很枯燥，但教师专业发展实训平台的构建让教师在真实的情境中、在感知和体验中、在学习与借鉴中、在表达与创造中，不断修炼与提升自我，这是一个将理论层面的专业能力具象化的过程。

2. 常态化功能

传统教育中，教师的教育技能主要是在特定的教育情境中得到训练，构建实训平台，教师的技能训练可随时在平台进行，教师的专业技能由特定时间的训练转化为常态化的训练。

3. 一体化功能

教师专业发展实训平台的构建不只是针对职前师范生的培养，在职教师，不管是幼儿园教师，还是中小学教师，甚至大学教师，只要有时间、有机会，都可以通过实训平台或自主训练或在专业化人士的指导下练习，可以真正实现资源共享，有效解决了职前教育与职后教师培训"脱节"或"两张皮"的现象，实现了不但是打造未来教师的"摇篮"，还是在职教师成长的"加油站"，既"瞻前"又"顾后"的一体化培养模式。此外，实训平台还可以实现教师教学能力培养与教师专业能力测评一体化的功能。

4. 针对性功能

每个教师可以根据自己的专业能力的不足或最需要提升的专业能力找到相对应的平台，反复操练与实践，可以有针对性地查漏补缺，精准修炼，增加教师专业技能训练的兴趣与有效性。

5. 浸润式功能

教师专业化正在由教师被动专业化向教师个体主动专业化过渡。教师专业发展强调教师的个性化发展，重视教师自我发展的内驱力，重视教师找到自我成长的精神密码，强调教师自己不断设定预定目标，强调自主学习和自我提高。教师专业发展实训平台的构建从本质上来说是营造了一种形成互助互学、你追我赶的"学习共同体""研究共同体""发展共同体"氛围，不仅可以有效消除教师个体专业发展中的孤独感，且有利于教师个体或群体发现自己与他人之间的差距，有一种不断超越自我、完善自我的欲望，是一种潜移默化的，从"要我学"到"我要学"的浸润式的教育。

6. 系统化、系列化功能

教师专业发展实训平台的构建是基于教师专业成长所需要的能力而构建的多个功能室，不论是教师专业需要哪方面的能力均有相对应的功能室供学习者使用，可以获得系统的、系列化的训练，针对教师专业成长"碎片化、零散化、片段化"的问题，有效实现教师专业成长与发展的系统化、系列化功能。

7. 多元化功能

学习表现在资源逻辑中主要有：知识学习、操作学习、交往学习、观察学习和反思学习，表现在方式逻辑中主要有：自主学习、接受学习、合作学习、探究学习、体验学习、数字化等方面。实训平台可以借助于各功能室的物质资源和文化资源，有效实现操作学习、交往学习、观察学习、反思学习、自主学习、合作学习、探究学习、体验学习、数字化学习等多维度的学习目的。

第二节　实训平台建设原理

教师发展中心实训平台是围绕教师专业化的需求而建构的。国内外学者从不同角度对教师专业素养结构进行了研究。例如，美国所发布的《共同核心教学标准》明确提出"内容和基本技能、营造课堂环境能力、规划学生学习能力、开展教学活动能力、评价教学成果能力、教育领导力"是教师专业素养的六个组成部分；《英国教师专业标准框架》将教师专业标准分为"专业知识和理解、专业素质及专业技能"三个维度；澳大利亚的教师专业标准中教师专业素养的主旨包括"专业态度、专业知识和专业实践"；欧盟逐步建立的教师核心素养模型或框架涵盖"与他人合作，充分运用知识、技术和信息，紧密联系社会"三个维度；国内学者对教师专业素养的建构主要采用三分结构、四分结构和五分结构。三分结构是"专业知识、专业能力和专业情意";四分结构侧重"专业知识、专业信念、专业能力、专业精神";五分结构从"专业精神、专业理念、专业知识、专业能力、专业智慧"维度进行分类。例如，20世纪末，华东师范大学叶澜教授提出教师专业素养包含"教育理念、专业知识、实践能力"。尽管国内外学者的表述不一，各自强调的重点也有不同，但归纳起来，教师的专业化素养主要包括师德、师表、师能三个纬度。

一、师德

师德，即教师的职业道德，是教师在从事教育工作所必须遵循的道德规范和行为准则，以及与之相适应的道德情操、观念和品质等。中国教育学会教育学分会德育专业委员会主任委员班华教授指出：教育行为教学是一项道德的事业。有"伦理上的考虑"的教师"将教学视为道德事业"。2014年教师节前夕，习近平总书记在北京师范大学发表《做党和人民满意的好老师》的重要讲话，明确提出做"有理想信念、有道德情操、有扎实学识、有仁爱之心"好老师的"四有"标准，并强调指出：造就一支党和人民满意的教师队伍要把师德建设放在首位。教育部教师工作司司长任友群2021年接受《人民教育》专访时强调：2021年，我们将落实师德师风第一标准，强化师德建设主体责任落实，深化拓展师德师风治理成果。可以说，自古以来，师德就是教书育人的灵魂，"教书者"必先学为"人师"，"育人者"必先"行为世范"。师德决定了教师对事业的无限忠诚、乐于奉献和对学生的始终热爱，对学生的道德品质、道德行为习惯、道德情操的养成产生直接影响。师德也是调整教师与领导、教师与同事、教师与家长、教师与社会各个方面关系的行为准则。教师职业道德由"职业伦理、职业理想、职业责任、职业良心、职业纪律、职业作风、职业追求和职业荣誉"等要素构成，这些要素从不同角度折射出教师职业道德的特定规律和本质。我国《中小学教师职业道德规范》明确提出教师要做到：爱国守法、爱岗敬业、关爱学生、教书育人、为人师表、终身学习。每一个教师，只有严格按照教师职业道德的标准从事教育事业，才会使道德要求具体化、规范化、人格化，使学生从德高为范的榜样中受到感染、熏陶和启迪，不断塑造教师、家长、社会期望学生所拥有的品行。

二、师表

每个职业在工作状态下，都有其与职业特点相匹配的、特殊的职业形象要求。教育心理学研究表明：教师的职业形象对学生尤其是中小学生的审美情趣、文明修养、思想道德等多方面产生较大影响。教师的职业形象主要体现在仪表、仪容、仪态、礼仪等方面。教师的仪表主要包括服饰与表情，如教师服饰要求整洁、文雅、大方、美观；表情要有职业微笑的意识，真诚的微笑。仪容主要体现在端庄、整洁、自然、大方等，如男教师不留长发，女教师不染过分夸张的发色和指甲等。仪态主要体现在教师的站姿、走姿、坐姿、手势等方面，如立姿要挺拔、自然；走姿要从容、自信，坐姿要端庄、文雅，手势要自然优雅、规范适度等。礼仪指教师在从事教育、教学、教务活动等履行职务时所必须遵守的礼仪规范。孔子曰：不学礼，无以立。荀子曰：故人无礼则不生，事无礼则不成，国无礼则不宁。教师的礼仪在校园中、课堂教学中、接待家长中、同事相处中、社会生活中等各个方面中均能体现。

三、师能

师能，即教师的职业能力，指教师以优良乃至完美的教学方法、教学手段等有效完成以教育教学任务活动为特征的职业活动的能力。职业能力是衡量一个教师能否教得好的关键因素。反映了教师的教学、育人及自我发展水平。国内外的研究者对教师应具有的职业能力进行过诸多探讨，有学者将教师专业能力视为多种心理特性的综合，如哈克菲尔德（Hachfeld）等人指出：教师专业能力是由学科知识、学科教学知识、一般教学知识以及教师信念、价值观、动机和自我管理能力之间相互作用所构成的系统；坎特（Kunter）提出，教师专业能力可以从"教学知识、专业信念、职业动机和自我调节"四个维度加以衡量等。也有学者强调教师专业能力是为解决哪些教育实践问题而服务的教育功能理论，如谢林（Sherin）认为，教师专业能力是"识别什么是课堂环境中重要的或值得注意的能力，将细小的课堂和广泛的教学和学习原理相联系的能力，使用课堂互动的能力"。

哈希姆（Hashem）提出：教师专业能力是根据学生学习进度调整教学材料和教学内容的能力。鲁特（Laut）认为：对教师而言，活动前的诊断、选择材料和教学目标的能力，教学活动中的举例、反馈、提问、布置作业、归纳、多样性指导和时间控制等能力，以及教学活动后的反思能力是教师应具备的教学能力。我国的教师专业标准是教育功能取向的，2012年我国颁布的《中学教师专业标准（试行）》，明确提出教师专业能力由"教学设计、教学实施、班级管理与教育活动、教育教学评价、沟通与合作、反思与发展"六大部分构成。

学者们从不同的角度对教师专业能力的研究揭示了教师能力的复杂性与不确定性，且教师的能力是一个不断生成的、持续发展的"形成中的能力"，麦克迪尔米德强调应将教师能力置于教师专业发展的框架内加以考察。归纳起来，教师的职业能力至少包括基本能力、教学能力、教育能力、信息技术能力、自我发展能力、创新能力等。

基本能力是教师从事教师工作的基本要求，主要包括毛笔字、钢笔字、粉笔字、板书设计等教师基本功，是教师专业发展的基础。

教学能力是有效实施教学所必备的能力，包括备课、讲课、说课、教学设计、课堂观察与诊断、情境创设、探究教学、迁移应用、合作探究、评价总结和教学反思能力等，是教师专业能力的核心。

教育能力指教师促进学生发展必备品格的能力，具体体现在人际交往、生活习惯、心理健康教育、班级管理、学生职业生涯规划指导等方面。

信息技术能力是新时代高素质教师的核心素养，即多媒体技术的应用、课件制作、微课录制、信息技术与课堂教学的深度融合能力等。

自我发展能力是教师在教育教学工作中，不断更新专业知识、增强专业信念、提升专业素养和强化专业认同的能力，即教学能力、终身学习发展能力、教育教学研究能力、课程资源开发能力、创新能力等。其核心是对自身专业发展的认知、调控、反思和批判能力。

创新能力是教师根据真实的教育教学情境中创造性地解决教学问题并推动教学实践改革的能力。教师的创新意识、创新思维、创新精神是教学创新能力的核心构成要素。这种能力是教师创造性因材施教、组织教学、推动改革的基础，是教师专业能力高水平发展的标志，是教育智慧的最高形式。主要包括教学理念创新、教学模式与方法创新、教学内容创新、教学技术创造性应用等能力。

可以说，教师专业能力发展主要是这六种能力螺旋上升、层级递进的过程。所谓螺旋上升和层级递进，是指教师专业能力的发展轨迹并非线性上升的过程，教师个体在某一阶段获得了某种特定能力，并不意味着在下一阶段必然可以获得另一种能力。

第三节　实训平台功能室

根据中小学教师专业发展的需求，教师发展中心有必要创建一个以"师德、形体训练、基本能力、教学能力、教育能力、自我发展能力"为发展目标，集"培养培训、教育信息、教改科研、资源建设"等功能于一体的专业实训平台。

一、师德室

师德室重在营造一种对教师职业的认同感、敬畏感和使命感的氛围，这种氛围可以通过室内每一面"会说话"的墙壁及室内课桌椅设计的"文化空间"而实现，墙壁可以张贴古今中外的师德楷模及他们的名言名句，且不定期更换，如古代的孔子、孟子、朱熹等；国外的杜威、卢梭、罗素、裴思泰洛齐等；现当代的蔡元培、陶行知、于漪等，尤其是近年来阳光美丽、爱岗敬业、甘于奉献、改革创新的全国教书育人楷模、教学名师、最美教师等，用真人真事诠释师德内涵；室内课桌椅一定要让每个人坐上去就有一种"精气神"的状态，这种氛围中让教师对"为人师表""身正为范，学高为师""有教无类"等职业道德有更清晰的认知与定位，引导教师自重、自省、自警、自励，进一步明确职业的方向，坚定职业的信念。

二、形象与礼仪室

很多教师，尤其是乡村教师，穿着随便，举止不够文明，待人接物礼仪不周，在学生面前表情严肃等现象普遍存在。形象与礼仪室是一个进行礼仪、形体训练等功能于一体的功能室。通过个人形体训练，如坐姿、站姿、行姿等；见面仪表礼仪训练，如服饰搭配、妆容、发式等；交际礼仪训练，如交谈、手势、表情等；服务礼仪综合训练，如礼仪接待等，达到塑造职业形象，培养教师特有的气质美。形象与礼仪室要配备有形体礼仪教学所需要的墙面镜等教学设备。

三、教师基本能力实训室

（一）粉笔字板书长廊

随着教育信息化的深入和发展，现代多媒体辅助教学已经广泛被课堂利用，但是传统的黑板板书有着多媒体教学不可比拟的优点：一是在同一时间板书的知识容量更大；二是板书中出现的大多是重难点以及关联知识点，能吸引学生注意力并便于做好笔记；三是在板书书写的过程中，教师会突出对关键词的讲解，学生的记忆更加深刻；四是教师设计美观的黑板板书，不仅可以向学生清晰地展示教学内容，提高教学效率，同时可以加强学生对汉字美的认识。粉笔字训练最好是能容纳一个班级规模在50人左右的学生同时训练的板书长廊，在这样的长廊上练习，可供相互比较、相互督促、相互借鉴。

（二）书画技能实训室

书画技能实训室主要为钢笔字、毛笔字与简笔画的训练提供场地和条件方面的支持与服务。

（三）普通话实训与测试室

普通话实训与测试室采用和国家普通话正式测试完全一致的评测技术，提供普通话水平模拟测试和针对性的自主学习功能，为广大师生提供针对性的学习，解决传统普通话教学中周期长、费用高、老师少、学生多等突出问题，在线学习系统能将每个人的发音与示范音进行对比，每个人可以根据自己的不足进行有针对性的训练，大大提高学习兴趣、主动性和有效性。同时，可为普通话训练、标准化普通话考试服务。

四、信息技术能力实训室

（一）现代教育技术实验室

信息化时代，信息的获取、分析、处理、应用能力，已成为现代教师最基本的能力和素质的标志。教师现代教育技术验室是提供一个让教师学习图形图像处理技术、视音频处理技术、影视摄像、动画制作、教育电视节目制作、交互式电子白板、教学一体机、多媒体课件开发、教育软件开发等现代信息技术应用、网络技术操作技能、计算机基础知识与基本技能操作等内容的学习和训练。

（二）未来教学体验室

教师不仅要了解和掌握现代教育技术的发展现状，还要了解和掌握现代新的发展成果和这些成果在教育教学实践中的新应用，以避免面对新的教学设备一无所知、面对新的教学方式茫然失措。未来教学体验室是集无线网络、多方位触摸大屏、移动终端、录播系统于一体，拥有完备的课前、课中、课后教学体系，实现备课有海量资源、教学可多方式交互、完善的信息统计和课上课下作业评价机制等，并有充分的兼容性留给未来的新技术、新设备接入，让职前或在职教师能比较前卫地了解和掌握未来讲台上可能遇到的现代教育技术和相关设备，更快捷地适应未来的工作环境。

（三）微课录制室

微课录制室可供教师录制课堂教学所需的教学视频、微课、在线课程等。利用三至十分钟左右时间讲解一个非常碎片化的知识点，如课堂难点，易错点，易考点。即视频长度短，主题小，设计、制作、讲解精良，这种短小精悍的视频能有效推进"互联网+"教学改革，推动教师开展基于在线开放课程的混合式教学。

五、教师教学能力实训室

（一）教学设计室

教学设计室的主要功能是基于网络平台和实训资源，实现协同备课，提高教师的教学设计能力。可同时供一个自然班约 50 人进行协同备课实训。

（二）微格实训室

微格实训练室的主要功能体现在模拟教学情景下，开展说课、讲课等教学技能分项模拟训练，利用视音频技术、网络技术，将受众进行的各种教学技能实训的过程记录下来，并存储在网络服务器中，供受众现场观摩或下载浏览，实现互观、互评和互学的要求，以达到熟练掌握各种教学技能。实现对教师视、音频信号的自主控制、切换、采样和回放，储存、编辑角色扮演者的讲课资料，并根据需要调看、回放和反馈各种讲课实况录像内容。

（三）教学行为观察室

教学行为观察室主要功能是为师生提供一个较真实的模拟教学情境。除配备有实时监控、同步录音、录像系统外，还需增设单向玻璃墙。通过单向玻璃在对面教室学生不知情的情况下，观察其行为，及时反馈给受训师生，组织师生相互评课，提高师生的课堂观察与诊断、教学反思与评课能力。

六、教师教育能力实训室

（一）心理辅导实训室

与学生打交道，客观上需要教师懂得学生心理发展的规律，都需要用心理学原理来指导工作，因此也就需要进行心理基本技能方面的训练。心理辅导实训室的设置需要满足特定要求，由一系列功能室构成，主要包括个体咨询实训室、团体活动实训室、心理拓展训练室、心理辅导观摩室、沙盘游戏室等。

1. 个体咨询实训室

个体咨询实训室为来访者提供个体心理面谈服务、训练师生掌握个体咨询技能的主要场所。一般是为接待来访者的个别咨询而设立。

2. 团体活动实训室

团体活动实训室是开展团体心理辅导、指导学生学习及训练心理辅导技术的场所。团体心理辅导是以团体为对象，遵循心理辅导的基本原则，运用适合团体发展的辅导策略或方法，通过团体成员之间的互动，促使团体的每个个体在人际交往中认识自我、接纳自我，探索自我、调整改善和他人的关系，学习新的态度与行为方式，增进适应能力，以预防或解决问题并激发个体潜能的助人自助的过程。心理辅导教师组织团体成员通过参与游戏活动、讨论吧、放松训练、专题培训、小型讲座等各种形式的辅导活动，在成长训练的过程中进行自我探索，提升环境适应、人际沟通、意志力、责任感的认识和能力，培养创新能力，合作意识，促进其人格的健康发展。

3. 心理拓展实训室

心理拓展实训室开展团队素质拓展、指导学生学习及指导心理素质训练技术的场所。心理拓展训练是通过个体亲自参与一些类似心理游戏的培训项目，从中积累一些成功经验以及失败的教训，并在心理辅导师的引导下进行讨论和反思，从而达到自我学习和自我提高的目的。因为这种学习方式是互动的，采用了"在做中学"的方式，而且是一种情境式教学，因此能够达到真正掌握知识，训练心理能力，激发人的潜能的目的，所以效果非常显著。这种体验式教育理念越来越受到人们的重视。

4. 沙盘室

沙盘游戏，亦称箱庭疗法，是在沙盘咨询师的陪伴下，让来访者从摆放各种微缩模具（沙具）的架子上，自由挑选沙具，摆放在盛有细沙的特制容器（沙盘）里，创造出一些场景，然后由沙盘咨询师陪伴来访者，发现和分析来访者的作品所表达的意义以及某些深藏的信息。沙盘游戏是目前国际上很流行的心理治疗方法。沙盘室是让广大师生对沙盘游戏有正确的认识并掌握个体沙盘游戏与团体沙盘游戏的操作流程，以便更好地服务于学生心理辅导工作。

5. 心理辅导观摩室

心理辅导观摩室可实现个体和团体心理辅导过程的实时观摩。

（二）远程教学观摩实验室

远程教学观摩实验室是高校与实践基地学校建设点对点视频交互系统，通过视频交互系统的远程链接，实现中小学课堂对受众的"现场直播"。授课环节结束后，双方师生还可以通过视频会议系统进行对话，及时就课堂教学中的教育教学方法问题进行探讨。同时，高校也可以把校内的授课同步推送到各中小学，既可以培养受众导入、讲解、演示、提问、反馈、组织、结束、应变、作业布置等课堂教学及儿童行为观察与分析能力，课堂管理等多项技能，全方位提高教学技能，也可以实现资源共享共建。

（三）班级管理实训室

班级管理实训室主要功能：集体与个别教育技能训练，班队会情境编排，班级环境布置技能训练，少先队队会仪式技能训练等。

七、教研与自我发展能力实训平台

没有研究，就没有持续的超越和不断地提升。研究和教学，是推动教师成为"觉者为师"不可或缺的两个轮子。教研与自我发展能力实训平台是一个集"探究与研发、他律与自律、借鉴与创新"等为一体的教师专业发展的平台。

（一）学习共同体室

学习共同体室的主要功能是以完成共同的学习任务为载体，以促进成员全面成长为目的，通过对形成学习共同体过程的监控和评估，提升参训者的教科研水平，培养参训者人际沟通以及协同工作能力。

（1）实现对活动过程的监控评估，对每个参与者的贡献进行评估并采取一定的激励措施。

（2）研究教学活动、引导学生研究如何组织创新性教学活动等。教师之间通过共同备课、听课、评课及其他活动形式，实现经验交流、分享，相互促进反思而实现缄默知识的外显化。

（二）研究性学习室

研究性学习室的主要功能是通过"指导老师+团队"的模式，通过项目（Project）培养学生的创新能力与意识、协作共事的能力、发现问题和解决问题的能力。例如，进行电子设计制作、软件和数字产品设计开发、理论方法研究、课程开发等。

（三）教学反思室

教学反思室的主要功能是：受训人员通过教学反思室对其教学活动录像进行反思，提高受训人员对自己专业能力的全面认识与提高。

（1）教师在教学反思室指导受训人员如何进行教学反思。

（2）受训人员通过预约等形式到反思室进行自我反思。

（3）教学反思活动基于教学反思软件系统进行，可以是教学观察室录制的结果，也可以把受训人员录制好的内容导入教学反思软件系统。

（4）教师也可以对受训人员的反思结果进行点评。

八、创新能力实训平台

以色列尤瓦尔·赫拉利（Yuval Noah Harafi）在《未来简史》中描述了未来世界：未来社会是智能技术高度发达的社会，智能技术色彩纷呈的背后是人类认知领域的新革命。人类面临的议题之一是取得神一般的创造能力。创新能力实训平台包括未来教育实验室、教育产品开发室和教育论坛等。主要为探索未来教育、创新教育模式以及研发教育产品提供平台。

（一）未来教育实验室

随着大数据、云计算、物联网、人工智能、区块链等技术的崛起，以人工智能为代表的第四次工业革命正悄然来临，它将给整个社会带来深刻的变革。未来学校具有以下八个关键特征：

（1）重视全球公民技能培养——促进该技能培养的学习内容聚焦增强学生对更广泛的世界和可持续发展的认识，并促进学生在全球社会中发挥积极作用。

（2）重视创新和创造技能培养——促进该技能培养的学习内容侧重培养学生创新所需的技能，如复杂问题解决、分析思维、创造力及系统分析等。

（3）重视技术技能培养——学习内容旨在培养学生的数字化技能，包含编程、数字责任以及技术的应用等。

（4）重视人际交往技能培养——学习内容侧重人际交往情商的培养，如同理心、合作、协商、领导力以及社会意识等。

（5）强调个性化及自主学习——从学习标准化的系统转向基于每个学习者的多样化、个性化需求的系统，该系统足够灵活，能够确保每个学习者都按自己的速度进步。

（6）强调易获得和包容性的学习——从一个学习只局限于学校的系统

转向一个人人都有机会学习（因此具有包容性）的系统。

（7）强调基于问题与合作的学习——从基于过程的内容传授转向基于项目和问题的内容传授，学习过程需要同伴合作，并更紧密反映工作的未来。

（8）强调终身学习和自主驱动学习——从一个学习机会和技能获得不断减少的系统，转向一个每个人都能根据自身需求持续获得新知识和新技能的系统。

在报告中同时还提到了五种关键的教学法：

（1）游戏化：一种创造快乐体验的方法，使儿童通过积极思考和社会互动找到学习的意义。它包括自由玩耍、有引导的玩耍和游戏。

（2）体验式：将内容集成到实际应用中的一种方法。这种方法包括基于项目的学习和基于探究的学习。

（3）与计算机有关：一种支持解决问题的方法，使学生能够理解计算机是如何解决问题的。

（4）具身化：一种通过运动将身体融入学习的方法。

（5）多元文化：一种注重语言多样性和多种使用和分享方式，并将学习与文化意识联系起来的方法。

未来学校在两个方面会发生根本性的变化，一是课程体系的变化：现在单学科的课程体系让学生学习的内容与日常生活相去甚远，未来的课程体系将以多学科融合为主，课程内容更贴近真实的生活情境；二是教学方式从教师讲学生听转变为以项目式学习为主。

未来教育实验室的主要功能是为开展未来教育研究提供实验平台，基于科技支撑教学的理念和现代技术，探索超前的未来教育模式和创新性教学模式。

（二）教育产品开发室

教育产品开发室的主要功能是设计和研发各种教育产品，从而支撑教学的发展。

（三）教育论坛

教育论坛主要用于传播国内外最前沿的创新教育教学理念，也可用来举办高层次的圆桌会议，还可以让未来教师或在职教师在这一环境里进行试讲训练、教学技能训练、研讨交流等或进行学识上的"言论自由"，能力上的"自主发展"。

（四）虚拟环境演播室

虚拟环境演播室提供集导、编、字幕等功能于一体的虚拟环境演播功能，可进行专题讲座、网络直播等。这种系统具备导播台、编辑机、字幕机等集成综合能力，并可实时网绎直播。系统提供环境和角色创建工具，可针对特殊的内容制备相应的环境和角色辅助教学，使抽象的、微观的对象呈现在课堂上，让受众仿佛置身难以到达的或者危险的环境之中。枯燥的内容变得直观生动，抽象的内容得以具象，特殊的环境也如身临其境，时间和空间在这里都成为可控。

（五）人工智能实训室

人工智能（Artificial Intelligence）是指使用机器代替人类实现认知、识别、分析、决策等功能。人工智能实验室以机器人为平台，以 STEAM 理念为指导，利用自然语言理解（NLU）、语音识别（ASR）、语音合成（TTS）、人脸识别、手势识别、情感识别、年龄识别、图像识别等人工智能与机器人技术，激发受众的学习与探索兴趣，培养 4C 能力：Communication（沟通）、Collaboration（合作）、Critical Thinking（批判性思维）、Creativity（创造力）。

第四节　肇庆学院中小学教师发展中心实训平台：建设与应用

一、平台启动早，功能全

肇庆学院早在 2013 年就组建了专门团队，通过文献研究、实地调研、考察交流、反复论证，形成了教师专业发展实训平台的建设方案，多渠道筹集建设经费，于 2014 年 3 月全面启动教师专业能力发展中心建设工作，前期共投入 2500 万元左右，全面建设教师专业发展平台及其配套设施。2015 年 5 月，顺利获得省中小学教师发展中心建设项目立项和经费支持，至 2016 年 5 月建设基本完成。2017 年、2018 年又投入 1000

多万元用于采购培训资源、培训场所、设备升级、培训基地建设等。目前中心共投入4600多万元，打造了一个启动最早、建设最好、完成最早、运行效果良好、示范性极广、推广应用效果俱佳的省内领先、国内一流，以"师德形象、基本能力、教学能力、教育能力、创新能力、自我发展能力"为发展目标，集"培养培训、教育信息、教改科研、资源建设"等功能于一体的专业实训实体平台，总面积近4000平方米，有远程教学交互中心、数字语言、普通话测试、书画训练、板书训练与测试、信息能力、新媒体、教学设计、形象设计与训练、师德与传统文化、教学反思、智慧教室、书法长廊等36个功能室。

平台外貌

教育论坛室

肇庆学院教师发展中心主要功能室拓扑图

　　教育论坛室主要功能：①可用来举办高层次的圆桌会议；②组织教育辩论赛。

板书长廊

普通话测试室

板书长廊主要功能：①板书训练与测试；②粉笔字训练与测试。

普通话测试室主要功能：①进行模拟考试训练和正式考试；②对师范生进行普通话培训和测试。

教师语言实训室

教师语言实训室主要功能：①承担对学生所实施的以培养学生英语应用能力为主的英语教学，英语专业、日语专业以及其他语种的语言教学；②学生可以自主学习，实现音频、视频的点播；③教师普通话口语和教学口语表达技能训练。

教学设计室

教学设计室主要功能：①学习项目管理。包括如何进行项目任务的分解、执行监控，保证项目的完成。②教学设计开发。对教学内容进行设计、开发并进行制作。③培训咨询顾问。能够负责提供教学设计各环节的咨询。

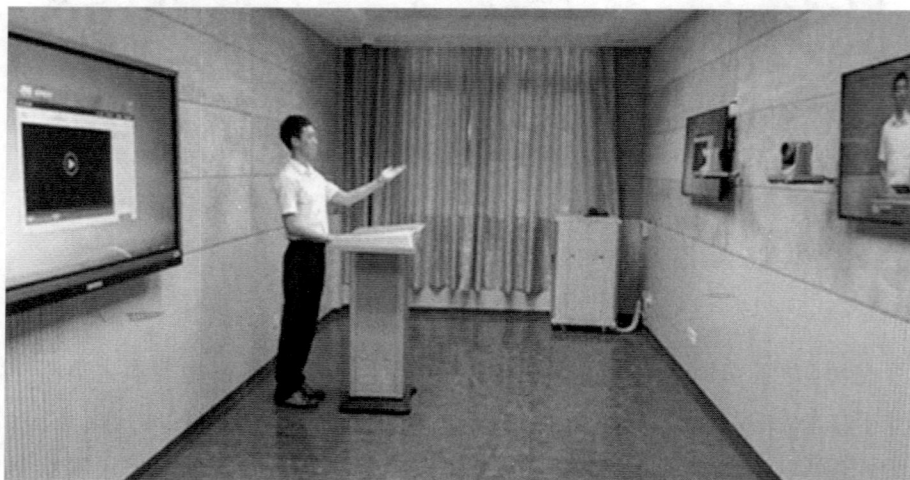

微课制作室

微课制作室主要功能：培训学员微课研发与制作。

教学新媒体实训室

教学新媒体实训室主要功能：培训学员掌握现代教育技术，了解新媒体设备工作原理和掌握新媒体设备维护方法。

卓越教师发展室

卓越教师发展室主要功能：①对形成学习共同体过程的监控和评估，促进学员人际沟通能力以及协同工作能力；②引导学员对教学活动进行研究和组织，提升教科研水平和创新性教学能力。

师德与传统文化室

师德与传统文化室主要功能：弘扬优秀的传统文化，提升学生的文化底蕴，研发传统文化课程和实操体系，为社会培养出德才兼备的师资队伍。

书法绘画训练室　　　　　　　　　　教师形象训练室

书法绘画训练室主要功能：对参训学员进行书法、美术基础能力训练。

教师形象训练室主要功能：对教师的形体进行训练，提升教师的形体魅力。

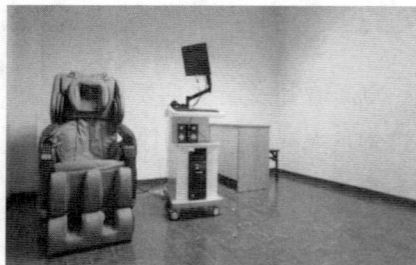

心理保健实训室

心理保健实训室主要功能：集心理辅导教学训练与应用服务为一体的教育能力实训。

智慧教室

智慧教室主要功能：①先进的信息化平台，为信息共享和协调交互提供便捷；②多种先进教学设备互联互通，有线设备和无线设备交融；③设计先进的教学模式并对其有效性进行验证；④进行未来教育的相关研究平台；⑤学习先进的多媒体教学技术、电子书包。

教育人文讲坛

教育人文讲坛主要功能：通过互联网可以实现远程课程资源共享和网络课程录制，包括专家讲坛、名师授课等。

附表：教师发展中心主要功能室及建筑面积

功能室名称	功能室面积（米²）
基础教育论坛	3.45×8×4 间 = 110.4
机房	3.45×8 = 27.6
办公室	3.45×8 = 27.6
会议室	3.45×8×2 间 = 55.4
办公室	3.45×8 = 27.6
师德与传统文化实训室	4×8×4 间 = 128
书法与绘画实训室	4×8×5 间 = 160
教师信息能力实训室	3.45×8×3 间 = 82.8
教师语言实训室	3.45×8×2 间 = 55.4
控制室	3.45×8 = 27.6
远程教学交互中心	3.45×8×3 间 = 82.8
教学设计与教学反思室	4×8×3 间 = 96
办公室	4×8 = 32
普通话测试室	4×8×5 间 = 160
教师形象设计与训练室	3.45×8×3 间 = 82.8
教育情报室	3.45×8×2 间 = 55.4
维修室	3.45×8 = 27.6
教学新媒体实训室	3.45×8×3 间 = 82.8
卓越教师发展实训室	4×8×4 间 = 128
个体心理保健实训室	4×8×2 间 = 64
团体心理保健实训室	4×8×3 间 = 96
精品课程录制室	3.45×8×3 间 = 82.8
教育人文讲坛	3.45×8×2 间 = 55.4
微课制作实训室	3.45×8 = 27.6
教师团队研创室	3.45×8×3 间 = 82.8
智慧教室	4×8×4 间 = 128
沙盘实训室	4×8×2 间 = 64
名师工作室	4×8×3 间 = 96
板书长廊	4×40 = 160
微格1	27

续表

功能室名称	功能室面积（米²）
微格 2、微格 3	54
微格 4	31
微格 5	31
微格 6	31
微格 7	31
微格 8	31
微格监控室	31
微格 9	31
微格 10	31

二、平台使用率高，受益面广

为了使肇庆学院中小学教师发展中心实训平台（以下简称平台）的先进教学资源最大限度地惠及广大师生，中心于 2016 年 6 月全部建成后就正式投入使用，近年来使用率相当高、师生受益面非常广，充分发挥了教师发展中心协同育人平台的作用。

1. 全面训练师范生的教育教学技能

学校将学科教学法、三笔字与板书设计、教育技术应用、普通话与教师语言等教师教育课程安排到中心各功能室授课，全校师范生的技能训练都在微格课室开展，全校各类师范技能比赛、普通话测试等也在中心开展。自 2016 年 9 月至 2019 年 12 月，教师发展中心（包括微格训练室）承担师范生的教学实训六万多人次，中小学教师职后培训七万余人次（数据依据教师教育课程表和培训表人数统计）。此外，本着资源共建共享的原则，教师发展中心各功能室面向全校各单位开放使用，其中普通话测试室、书法绘画训练室、板书训练与测试长廊、教学设计与反思室、微格课室、卓越教师发展室、教师信息能力训练室、师德与传统文化室、团体心理保健实训室、教师形象设计与训练室等功能室使用率较高。特别是普通话测试室、书画训练室和板书训练与测试长廊，使用率饱和，最大限度地发挥了平台职前职后的育人功能。

师范生书法课

未来卓越教师六班授课现场

2. 有效促进在职中小学教师专业发展

中小学教师发展中心实训平台自 2016 年正式运行以来，承担了省内外不同层次、不同类别的培训班，其中广东省"强师工程"2017 年共 13 个项目，经费达 1429 万元；2018 年共 14 个项目，经费超过 1700 万元；2019 年共 34 个项目，经费达 2200 多万元；2020 年共 23 个项目，其中"三区"中小学骨干教师专项示范培训项目经费达 670 万元。此外，平台还承担区域内高校岗前培训，省外有湖南、广西、贵州、西藏、新疆等，省内有广州、中山、佛山、清远、茂名、湛江、肇庆等多个培训班，自 2016 年 10 月至 2020 年 12 月，平台培训教师达一万多人次。培训期间，各个功能室除了正常授课使用外，课余期间对所有培训学员开放，学员们可以根据自己的需要在任意一个功能室实操，在感知与体验中充分提升自己的实践操作能力。尤其是形象设计训练、微课录制等实训室，深受学员欢迎。受训人数规模逐年增加，中心育人平台的功能得到充分发挥，彰显了肇庆学院服务基础教育及高等教育的能力。

2016 年 6 月 20 日至 23 日，正式投入使用的平台
迎来第一批学员：怀集县中小学教师信息技术应用能力培训班

广东省"强师工程"培训班学员

肇庆市骨干校长班

3. 全面承担师范生各类测试与竞赛

师范生普通话测试、各类教学技能比赛、大学教师教学技能培训工作均通过平台进行。平台普通话测试室承担全校的师范生普通话测试，2016年参加测试学生4910人，达到二级乙等以上成绩人数4300人；2017年测试学生5380人，达到二级乙等以上成绩人数4893人；2018年测试学生5746人，达到二级乙等以上人数5125人；2019年共测师生6705人，达到二级乙等以上成绩人数5833人；2020年共测师生5387人，达到二级乙等以上成绩人数4696人。学校每年定期组织全校师范生在教师发展中心举行三笔字比赛、说课与模拟课堂大赛等。除了承担肇庆学院各类教学技能比赛，平台还积极承担校外的比赛：在2017年至2018年，广东省师范生教学技能大赛安排在肇庆学院举办，来自全省师范院校的参赛选手和指导教师齐聚教师发展中心，同台竞技，展现高水平的教学风采。此外，平台每年承担肇庆学院青年教师教学能力培训，扎实服务本校教师的专业发展。

第一届师范生形象大赛

师范生微课大赛

师范生硬笔书法大赛

师范生说课比赛

师范生课堂教学技能大赛

第五届广东省本科高校师范生教学技能大赛

三、平台亮点多，成效好

1. 职前培养效果显著

中小学教师发展中心实训平台面向在校所有师范生免费开放，师范生可以根据自己的不足或最需要提升的专业能力找到相对应的实训平台，反复操练与实践，通过这种系统化、系列化、专门化、专业化的训练，师范生专业技能得到显著提升，在第 5 届、第 6 届广东省本科高校师范生教学技能大赛中，肇庆学院获奖总数遥遥领先于同类院校。尤其是自 2016 年以来，每年面向全校大二师范生所招收的 50 位未来卓越教师 "砚园班"，每届学生连续两年在中心平台各个功能室强化训练教育教学技能，在国家、省、市的教学大赛中屡获殊荣。未来卓越教师培养在办学理念、培养方案、培养目标、教学内容、办学形式等方面取得的经验，对促进教师教育改革，提高师范生人才培养质量有积极的意义，得到省内外诸多兄弟院校的高度关注和用人单位的普遍青睐，已成为广东省 "新师范" 的重要模板。

2. 职后培训成效凸显

近几年所承担的广东省"强师工程"项目，每年均获得专家及学员的一致好评。在广东省教育厅关于 2017 年中小学教师、校（园）长省级培训项目绩效评估结果的通报中，肇庆学院所承担的"中小学教师培训团队专项研修"位居第一，得 93.20 分；"乡村中小学校长培训""乡村中小学校长省内外跟岗学习项目""乡村小学教师多学科教学能力提升培训（全科教师培训）""乡村教师培训团队置换脱产研修""跨年度递进式培训项目——乡村教师置换培训""乡村教师访名校培训"等项目得分都在 90分以上。在广东省教育厅关于 2013 年中小学教师、校（园）长省级培训项目绩效评估结果的通报中，肇庆学院所承担的"中小学校长信息化领导力提升专项研修项目"得 94.2 分．在全省中小学校长省级培训项目中位居第一；乡村教师培训团队置换脱产研修、跨年度递进式培训项目获92.25 分的好成绩。正是优质的培训平台及我们认真、务实、精准的培训课程，广州、湛江、清远、中山等各地省培学员回到当地后，自发带班再来培训。培训班接踵而来，一个连着一个的培训班相继办起，好评如潮。我们视这些评价为责任，促使我们把基础教育发展更多的任务扛在肩上，不断追求建设更加卓越的综合平台。

3. 示范引领作用明显

2016 年 6 月全省中小学教师发展中心建设项目推进会在肇庆学院教师发展实训平台举行。2019 年 1 月，由广东省教育厅组织的首批市县教师发展中心负责人研修班由肇庆学院教师发展实训平台举办，向全省多个县市区推广平台建设理念、机制创新等举措。2019 年 4 月，教育厅组织省级中小学教师发展中心建设项目考核验收工作中，肇庆学院教师发展实训平台被评为优秀等级，并连续三年获得省内最高奖补。平台应用四年多的时间，德国富克旺根艺术大学、美国爱治伍德学院、北京师范大学、广东省教育厅、厦门大学、武汉大学、华中师范大学、华南师范大学、湖南大学、湖南师范大学、江苏第二师范学院、河北民族师范学院、广东第二师范学院、湖北第二师范学院、新疆喀什大学、福建三明学院、广东技术师范学院、衡阳师范学院、江西新余学院、黄冈学院、保定学院、邢台学院、邯郸学院、山西晋中学院、包头师范学院、云南师范大学、岭南师范学院、乐山师范学院等国内外 300 多所高校及全国教师教育课程资源专家委员，教育部，中央电教馆，广东省、市、县教师发展中心，省内外中小学，省、市教育行政部门，县域与镇教育指导中心等专家与同仁来平台考察，获得教师教育同行的一致赞誉。肇庆学院教师发展中心实训平台负责人应邀在保定学院、信阳师范学院、曲靖师范学院、湖南科技学院等高校及广东南海、怀集、封开等地指导教师发展中心的建设，在全国产生了广泛的示范引领和辐射作用。

2016 年 6 月 15 日，广东省中小学教师发展中心建设工作全体与会人员参观平台

2016 年 11 月 17 日德国富克旺根艺术大学校长 Kurt Robert Mehnert、副校长 Herr Fricke 一行参观平台

2016 年 11 月 6 日，第十届地方院校校长论坛与会代表参观平台

2017 年 5 月 14 日全国教师教育课程资源
专家委员会领导考察平台

海口市中小学校长一行 50 余人参观平台

我校未来卓越教师为贺州学院
未来卓越教师介绍平台使用情况

2021 年 3 月 11 日广东省委教育工委书记、
教育厅厅长景李虎察看平台各功能室

四、焦点效应强烈

肇庆学院中小学教师发展中心实训平台建设理念等受到多方领导关注。2017 年 12 月，教育部教师工作司王定华司长到平台调研。王司长声称：在肇庆学院看到了想看的一切，为肇庆学院教师教育的整体改革、实践和取得的成绩点赞！2019 年 11 月 23 日，借出席在肇庆学院召开的全国乡村教师专业发展论坛之际，教育部教师工作司司长任友群深入我校省级中小学教师发展中心进行实地考察调研，实地了解教师职业技能实训平台建设情况，任友群司长对平台各个功能室先进的硬件设备、配套设施、功用特色给予充分肯定。2017 年 8 月 10 日，广东省委教育工委书记、教育厅厅长景李虎在平台考察时，对平台的设计理念和所开展的各项工作表示充分肯定和认可，并希望再接再厉、完善设施、加强管理、办出特色，争当全省教师教育的排头兵；2021 年 3 月 11 日，景李虎再次来校调研时，

179

2017年12月22日王定华司长考察平台功能室

充分肯定我校教师教育工作既能站位高，对标国家战略和政策精神，更能接地气，找准基础教育的实际需求，充分体现了"融入式"教育的理念，景李虎希望我们进一步充实和丰富教师教育'肇庆模式'的内涵，为广东新师范建设做出更大的贡献！2018年5月，广东省教育厅时任副厅长王创到肇庆学院考察。王创高度赞赏平台的使用率及受益面，希望能在已有成绩的基础上，不断开拓创新，切切实实为我省中小学教师队伍建设服务。

2019年11月23日任友群司长考察平台功能室

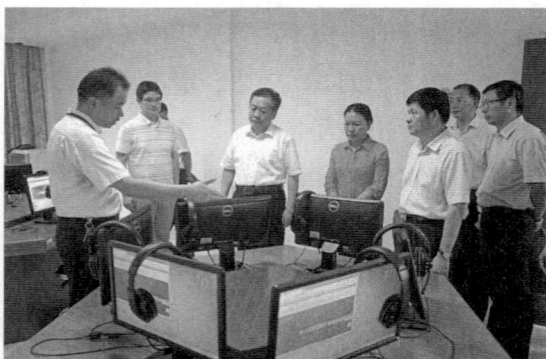

2017年8月10日广东省教育厅景李虎厅长考察平台

2018 年 5 月 11 日，广东省教育厅王创副厅长考察平台

平台得到全国各大媒体持续关注：中国教育电视台、光明日报、中国教育报、中国教师报、南方日报等先后对平台进行过报道。例如，2018年，中国教育报、南方日报对我校教师教育进行过专门报道。2019 年 2月，肇庆学院肖起清教授受邀参加教育部新闻发布会，针对中共中央、国务院《关于全面深化新时代教师队伍建设改革的意见》贯彻落实情况及下一步教师队伍建设改革思路，肖起清教授介绍了肇庆学院振兴教育、推进师范建设的经验和亮点，先后刊登在各种媒体上。

肇庆学院肖起清教授（右二）受邀参加 2019 年教育部新闻发布会

肇庆学院肖起清教授在西藏林芝市墨脱县中小学校长（园长）骨干教师培训班结业典礼上讲话

　　肇庆学院中小学教师发展中心实训平台于 2016 年建成。随着我国教师教育振兴行动计划的提出、以人工智能为代表信息技术的发展、教学改革的日益深入，对教师专业发展提出了更高的要求。2018 年 1 月，中共中央、国务院发布的《关于全面深化新时代教师队伍建设改革的意见》明确提出：着力提高教师专业能力，推进高等教育内涵式发展。搭建校级教师发展平台，组织研修活动，开展教学研究与指导，推进教学改革与创新。加强院系教研室等学习共同体建设，建立完善传帮带机制。《关于全面深化新时代教师队伍建设改革的意见》的发布为我们做好新时代教师教育工作指明了前进的方向，提供了有力的保障。步入新时代，肇庆学院教师教育工作还有诸多不足，我们将在文件精神指引下，围绕"扎实提高教师专业能力、推进内涵发展"的核心深度思考和积极探索，既要扩容部分功能室，又要对原有部分功能室进行升级改造。与时俱进，才能为平台更有效服务于教师专业发展的需要书写"奋进之笔"。

第七章

中小学教师发展中心研训一体实践探索

省、市、县（区）各级中小学教师发展中心，肩负着引领教师专业发展的重要使命。教师培训，在教师专业发展过程中发挥着不可替代的重要作用，是教师专业发展的重要途径。20 世纪 90 年代起，我国部分地区开始进行"研训一体"教师教育实践及探索，有效地促进了教师教育的发展。

第一节　背景与内涵

"研训一体"教师培训模式，是顺应国家教师培训改革及国内教师培训政策的必然选择，也是深化课程改革、提高教师培训质量、促进教师专业发展的新取向。但是，"研训一体"的实践中仍存在体制上"研""训"一体，但是在理念、目标、内容、方式、评价等方面并未真正落实。究其原因，主要是相关部门、人员对"研训一体"的内涵、特点缺乏深入的理解和体会。因此，本节尝试从"研训一体"的背景入手，梳理"研训一体"的内涵。

一、"研训一体"的背景分析

（一）"研训一体"是借鉴国际教师培训改革实践的必然选择

随着世界各国教育改革的不断深入，教师培训改革也在如火如荼进行。在制度层面上，美国国家资格认证委员会（American National Qualifications Board，ANQB）主要依据教师全身心投入到学生和学习中去、教师掌握所教科目知道如何教授这些内容等五个方面的核心内容来考查教师是否合格，从而促进在职教师不断努力提升而改变自己。而英国则通过《教师标准——给学校领导、职员和管理机构的指南》《教师专业发展标准》（STPD）和配套的实施指南》，引导教师职后普遍达成教学要求、专业行为等具体要求。

在实践层面，美国中小学教师在职培训机构大致包括高等院校、专门的教师培训机构、教师专业团体、广播电视等远程教育设施、部分中小学。其中高等院校设有全日制进修课程，供部分带职带薪教师进修。而实际上，美国教师的职后教育基地，主要在中小学校。新教师入职教育，普遍采取教学教练帮助模式：教学教练从业务角度帮助新教师的教学能力提升和教学问题分析、教学整改和教学发展方案形成。在职教师教育则主要以校本研修为主，以促使教师在校本研修中获得批判性观察、发现问题或提出问题、系统调查、备选解决方案等专业能力。

综上所述，美国、英国等国家的教师培训，呈现出这样的趋势：一是教师培训由经验型向专业化、标准化推进；二是教师培训主体迁移：由施训者向教师迁移，逐渐实现"以教师为中心"的教师培训；三是教师培训内容迁移：由关注教师理论知识的学习转向如何把理论知识转化为教师教育技能；四是教师培训的重心下移：由以大学为培训基地走向把中小学作为教师培训的重要基地；五是教师培训的方式由单一的传授式走向多元：教学教练帮助模式、教师同伴互助模式、专家引领模式等。

"研训一体"的教师培训模式，是国内从事教师培训的专家学者与教师进修学校、教师发展中心的教师结为研究共同体，借鉴国外教师培训改革的相关实践及理论，共同实践、研究的必然选择。

（二）"研训一体"是顺应我国教师培训政策的必然选择

教育政策对于教育实践具有导向、服务等功能。纵观我国2010—2020年的教师培训政策的颁布与实施，可以将其梳理为三个主要的阶段：探索期、发展期、深化期。

表 7-1　中国 2010—2020 年教师培训政策一览表

时期	探索期 （2010—2011）	发展期 （2011—2015）	深化期 （2015—2020）
主要文件通知	1. 国家中长期教育改革和发展规划纲要（2010—2020 年） 2. 关于实施"中小学教师国家级培训计划"的通知	1. 关于加强教师队伍建设的意见 2. 关于深化教师教育改革的意见 3. 关于大力推进农村义务教育教师队伍建设的意见 4. 关于深化中小学教师培训模式改革全面提升培训质量的指导意见 5. 关于实施全国中小学教师信息技术应用能力提升工程的意见 6. 关于启动实施中小学校长国家级培训计划的通知	1. 关于全面深化新时代教师队伍建设改革的意见 2. 乡村教师支持计划（2015—2020 年） 3. 教师教育振兴行动计划（2018—2022 年） 4. 关于实施卓越教师培养计划 2.0 的意见 5. 关于实施全国中小学教师信息技术应用能力提升工程 2.0 的意见 6. 关于做好 2019 年中小学幼儿园教师国家级培训计划组织实施工作的通知

解读以上政策，可以清晰地看到我国教师培训政策演进的脉络、导向：一是国家对教师队伍建设、教师培训的关注、重视，前所未有。二是教师培训强调规划引领，着眼体系构建与制度建设。例如，国务院颁布的《国家中长期教育改革和发展规划纲要（2010—2020 年）》就明确提出，要完善培训培养体系，做好培养培训规划，优化队伍结构，提高教师专业水平和教学能力。中共中央、国务院印发的《关于全面深化新时代教师队伍建设改革的意见》进一步提出，要建立教师学习培训制度，完善教师培养培训体系。三是教师培训目标逐渐聚焦，强调多管齐下，提升质量。四是教师培训对象，重点关注"卓越教师""乡村教师""校长"等。

"研训一体"正是顺应国家教师培训相关政策、深化教师培训改革的积极尝试。

（三）"研训一体"是提高教师培训质量的必然选择

我国的教师培训项目，总的分为国家级、省级、市级、县（区）级、校级五个层级。每一个层级的培训，又包括国培支持下的项目和该层级的特定培训项目。

不同层级的培训，发挥着不同的价值。例如，国家级培训，主要通过培训卓越校长（园长）、教师等培训者，发挥对全国教师教育引领的效果；省级培训，主要通过培训省级名校长（园长）、名教师、名班主任等，发挥对全省教师教育的示范作用；市级培训，主要通过培训市级的学科骨干校长（园长）、教师、班主任，发挥对全市教师教育的辐射作用；县（区）级培训，主要通过培训县（区）级骨干教师、校长、班主任及全员培训，促使全县（区）教师队伍整体素质的提升；校级培训，主要通过培训在岗教师，解决学校教育教学的实际问题，提高学校的教学效率及教学质量。

但是，在实践层面，往往不同程度存在着以下问题：

（1）市、县（区）级培训不成体系，缺乏长效的考核评价机制，缺乏中长期培训规划。

（2）校本培训常态化程度不高。部分学校校本培训在时间、人员、主题、内容、方式、考核等方面均存在一些问题，未能正常、有序开展，更未形成常态。

（3）受培训教师认识不到位。部分教师没有认识到培训对个人专业成长的重要意义，培训时只追求完成任务，获得学时。

（4）培训内容针对性不强。大部分培训内容不是源自不同学段、不同学科、不同层次教师专业发展的内在需求而设计，培训针对性不强，与学科教学、教研结合不够紧密。

（5）培训方式比较单一。大部分培训采取专题报告这一接受式培训的方式，重讲授轻研讨，重理论轻实践，未能充分借鉴、整合学科教研的方式、方法。

（6）培训资源不足。能够承担培训任务、引领教师专业发展的培训专家数量不足、资源有限，未能充分整合学科教研员、工作室主持人、学科带头人等有效资源，造成资源浪费。

以上这些问题，直接影响教师培训的效率及质量。因此，"研训一体"培训，正是为了优化培训内容、方式、资源及评价，提高培训效率及培训质量的有益尝试。

（四）"研训一体"是深化教研改革、提高教研质量的必然选择

教育部发布的《关于加强和改进新时代基础教育教研工作的意见》明确指出，教研工作是保障基础教育质量的重要支撑，在推进课程改革、指

导教学实践、促进教师发展、服务教育决策等方面，发挥了十分重要的作用，但是还存在机构体系不完善、教研队伍不健全、教研方式不科学、条件保障不到位等问题。同时，就"深化教研工作改革"提出了具体的意见：突出全面育人研究、加强关键环节研究、创新教研工作方式、加强教研队伍建设等。

的确，在发展素质教育、全面提高基础教育质量的新形势、新任务、新要求下，教研工作存在的问题不同程度影响、制约着教研工作质量及教育质量的提升。因此，为了提高教研工作质量、保障基础教育质量，我们要在加强关键环节研究、创新教研方式等方面做出积极的尝试。按照《关于加强和改进新时代基础教育教研工作的意见》的要求，要在加强对课程、教学、作业和考试评价等育人关键环节研究的基础上，根据不同学科、不同学段、不同教师的实际情况，因地制宜采用区域教研、网络教研、综合教研、主题教研以及教学展示、现场指导、项目研究等多种方式，以提高教研工作的针对性、实效性。

但是，无论是加强关键环节研究，还是创新教研方式，都需要加强教师的培训和指导。一方面要进一步加强教研队伍的建设，主要是加强专职教研员、兼职教研员的培训，以促进教研员的专业发展，充分发挥教研员的示范引领作用；另一方面，要加强学科教师的培训，以不断提高教师的课堂教学能力和专业水平，为提高教研工作、教育工作质量提供源源不断的人力支持。因此，"研训一体"是深化教研改革、提高教研质量的必然选择。

二、"研训一体"的内涵解读

"研训一体"顾名思义就是"研"和"训"的一体化。其中的"研"，是指教研和科研，即通过主动和系统方式，寻求实践中产生的教育问题的根本原因和可靠性依据，进而解决问题的过程，其核心在于研究，在于从研究的视角分析、处理中小学教育教学现实的问题。"训"是指培训。是指有组织、有计划、有目的地实施的、旨在促进参训者与其工作相关的知识、技能的增量及态度的改变，从而改善和提高个人工作绩效，实现个人与组织共同发展的一种活动。① 更具体地说，培训就是基于一个组织在其发展过程中，当面对外在环境的变化和组织自身变革对组织成员在知识、技能和态度上的要求之间存在的客观差距而进行的有目的、有计划、有组织的学习活动。其目的在于使组织成员在知识、技能、态度乃至行为上发生变化，从而使组织成员发挥最大的潜力，提高工作的绩效。②

"研训一体"，是指在全面推进素质教育、深化基础教育改革的背景下，立足于教育教学现场，以问题解决为导向，以项目为牵引，培训部门与教科研机构、教师培训与教科研相互整合，实现教师教育教学问题解决和教师自主发展目标相统一的教师职后教育的一种教育主张和组织形态。③

当然，"研训一体"并不是"研"和"训"两者的简单相加，而是要打破长期以来"研"与"训"分离的局面，从理念、目标、机构、制度、规划、课程、方式、评价、资源九个维度，将"教研"与"培训"有机整合，做到研训一体，研中有训，训中有研，研训同步发展。

具体而言，"研训一体"的内涵如以下几方面。

1. 研训理念一体化

中小学教师在教研、科研、培训领域及其活动全过程中，都应该秉承"研训一体、统筹安排"的理念，从目标、机构、制度、内容、资源、评价等多角度进行深度的融合，让研训互相合作、相辅相成。只有研训理念一体化，才能实现研训组织实施的真正一体。

2. 研训机构一体化

研训一体理念下的组织体制，需要把培训与教研、科研等部门的机构、设置或权限划分合为一体。实践中大致有四种组织方式：

第一种是师训部门主体式。即由师训部门承担管理教师教育具体职能，将教师的培训、教研和教学统筹规划、统一部署。

第二种是教研部门主体式。即教研部门通过教学业务专项培训和教学专题研究，在提高教师教学实践能力的同时提升理论水平。

第三种是松散协调式。即培训与教研、科研等机构独立存在，由工作

① 李树林.论培训的内涵及其变化［J］.职教论坛.2007（8）上.
② 鱼霞，毛亚庆.论有效的教师培训［J］.教师教育研究.2004（1）.
③ 陆福跟."研训一体"的内涵与特质：中小学教学实场［J］.中小学教师培训.2014（4）.

项目、任务驱动，结成联盟关系。

第四种是紧密统整式。即把培训与教科研机构进行整合，有初步整合、完全整合两个层次。初步整合指研、训两个部门分离，但是以研训一体为指导理念，将研与训工作紧密结合，即所谓分工负责，研训结合。完全整合是指培训部门与教研部门合为一体，成立研训部或教师教育中心，统筹安排，研中有训，训中有研。[1]

3. 研训目标一体化

研训的对象，都是教师。研训的目标，包括长期目标、中期目标、阶段目标、课时目标。研训的阶段目标、课时目标基本一致，略有区别。但是研训的中长期目标，都是指向教师的专业成长及教学质量提高。

4. 研训规划一体化

研训一体理念下的规划，包括长期规划、中期规划、近期规划。

5. 研训机制一体化

研训一体理念下的机制建设，需进行多方面的统整。一是教研员、师训干部两种角色要一体化，即教研员、师训干部要互相学习，取长补短，彼此兼备，不分你我；二是要工作机制一体化，即做到培训教研化、教研培训化；三是实现研训两种管理的融合，即将培训的教务管理与教研的活动管理整合与兼顾起来。

一体化的研训机制大致包含三种不同水平：联合层次、融合层次和化合层次。其中化合层次是理想的层面。机制上的"研训一体"让培训与教科研相互补充，形成协调参与教师教育的各部门内部的高效工作机制，同时又能形成上下联动、多方互动，以助推教师专业成长为目标的外部借力共享机制。

6. 研训课程一体化

研训一体化理念下的培训课程，首先要形成结构化、体系化。例如，上海市在"十二五"期间，将教师培训课程的类型确定为师德与素养、知识与技能、实践体验类、个性化自主学习四类。其中师德与素养课程包括师德修养、通识素养、身心健康三个学习领域；知识与技能课程包括学科

---

[1] 张杰.论研训一体中的问题意识［J］.继续教育.2010（9）：18-20.

知识、教育知识、教育教学技能、教育研究四大学习领域；实践体验类课程包括教学实践体验、育德与班级管理、教科研、专业发展四大学习领域。每个学习领域再设置具体的学习模块及专题。比如知识技能课程之学科知识领域，就包括课程标准与教材研读、学科知识更新、学科体系、思想与方法研究、课程资源开发、学科教学专题研讨等。这些结构化、体系化的培训内容，充分整合了教学、教研及科研几大板块，充分体现了研训一体化的理念。

其次，要基于教师的实际需要，分层、分类、分级、分科设计培训课程。例如，上海市在"十二五"规划期间开展了教师继续教育课程方案、教师培训大纲、中学高级教师培训大纲的研制工作，对不同层次、级别、类别、学科的培训内容进行了科学的设计。例如，语文学科"师德与素养"课程板块，三级教师的课程主题主要包括"当代教师的责任与使命""优秀语文教师访谈录""语文学科的立德树人功能""科学、人文与艺术的历史回顾"；二级教师的课程主题包括"教师的专业素养与语文教师的素养要求""优秀语文教师教学特点与教学风格剖析""语文学科中的立德树人资源""语文教师的人文与科学素养"。而在知识与技能板块，无论什么级别的教师，其选学的培训内容都包括以下内容：语文教材中的诗歌、散文研读与讨论，语文教材中的小说和戏剧研读与讨论，新闻和传记名作选读与讨论，大众媒体时代的文学批评，语法、修辞、逻辑知识精讲，语言文字规范化与应用文写作专题，演讲与辩论基础，文化论著选读，中文的危机与机遇等。这些分级、分科、分层的培训课程内容设计，充分体现了研训一体化的理念。

7. 研训方式一体化

研训方式一体化主要是指将传统培训与教科研的方式进行整合，根据培训课程的需要及培训对象的实际情况，采取专题讲座、集体备课、同课异构、观课议课、反思改课、合作互动、讨论辩论、课题研究、成果展示等方式，以提高培训对象的参与积极性，提高教师培训的效率。

第二节 区域研训一体的实践探索

中共中央、国务院印发的《关于全面深化新时代教师队伍建设改革的意见》提出，教师是教育发展的第一资源，要根据基础教育改革发展需要，以实践为导向优化教师教育课程体系，以全面提高中小学教师质量，建设一支高素质专业化的教师队伍。的确，教师培训对提高教师素质、促进教师专业化成长有着重要的价值。但是，目前的教师培训一定程度上存在着目标不明确、主题不集中、内容针对性不强、方式比较单一、评价不够到位、效率不够高等问题。

为了解决以上问题，我们尝试开展区域研训一体化的教师培训，取得了一定的成效。下面试以肇庆学院省级中小学教师发展中心主办的广东省"三区"教师全员轮训项目之粤北××县中小学校长培训班为例，阐述区域研训一体化的实践与思考。

一、研训一体，做好培训对象结构分析及需求调研，为培训的有效开展奠定基础

（一）研训一体，做好培训对象结构分析

结构是每一具体系统的构成形式，是系统质和量的集中表现。教师队伍结构一般包括年龄、职务、学历、智能结构等。要组织、开展教师培训，首先要对教师队伍的结构进行分析，以提高培训项目的科学性和针对性。粤北××县中小学校长培训项目的培训对象为该县中小学校长、分管教学副校长103人，分成两个班。学员的结构分析如下：

从年龄结构看，≥55岁6人，占5.82%；50～54岁19人，占18.44%；45～49岁40人，占38.83%；40～44岁27人，占26.21%；40岁以下11人，10.67%。

从学历结构看，原始学历高中的学员9人，占8.73%；原始学历中师（含中专）的学员58人，占56.31%；原始学历专科的学员26人，占25.24%；原始学历本科的学员10人，占9.7%。最高学历专科的学员13人，占12.62%；最高学历本科的学员89人，占86.41%；最高学历研究

生的学员 1 人，占 0.99%。

从职称结构来看，中小学副高职称的学员 53 人，占 51.45%；中级职称的学员 50 人，占 48.54%。

从校长任职资格培训结构来看，参加过在职校长任职资格培训的学员 70 人，占 67.96%；未参加过在职校长任职资格培训的学员 33 人，32.03%。参加过校长提高培训的学员 68 人，占 66.01%；未参加过校长提高培训的学员 35 人，占 33.98%。参加过在职校长高级研修的学员 39 人，占 37.86%，未参加过在职校长高级研修的学员 64 人，占 62.13%。

从教科研等专业角度分析，学员中有县级名校长工作室主持人 2 人，占 1.94%；县级以上骨干教师 6 人，占 5.83%；县级以上立项课题主持人 7 人，占 6.8%；参加过县级以上课堂教学大赛并获奖的学员 7 人，占 6.8%。

从以上统计数据可以看出该县中小学校长队伍结构的不足：

一是年龄结构不够合理。从 50 岁以上的学员 24.27%、40 岁以下的学员仅 10.67%可以看出，该县校长队伍老龄化的趋势比较明显。

因为 50 岁以上，特别是 55 岁以上的校长，虽然具有丰富的行政管理经验，但是由于记忆力、知识更新能力、思维活动能力衰退，工作效率开始下降。更为重要的是，随着新课标、新课程、新高考、新中考等新知识更新速度的不断加快，高龄化倾向的校长队伍不利于新课程改革的实施及教学质量的提升。而 40 岁以下的校长虽然处于校长职业生涯的初期，行政管理经验不足，但是符合人才成长规律的发展。只有这个年龄阶段的校长队伍稳定，校长队伍才能正常交替。如果这一年龄阶段的校长出现结构性断层，势必会影响基础教育后进的发展和质量提高。

二是职称结构开始呈现老龄化发展趋势。教师职称评定首先是教龄（工龄）的限制。从该县校长队伍中小学副高、中级职称分别占 51.4%、48.6%可以看出，校长队伍开始向老龄化层次发展。但是，在明显老龄化发展的校长队伍中，却缺少中小学正高职称的高端人才，这是校长队伍结构的明显缺憾。

三是学历结构不太理想。学历结构是反映教师（校长）群体学习水平、知识结构、理论根基的重要标志。校长队伍学历结构的深度优化，对提高校长队伍的整体素质有着重要的意义。该县校长队伍原始学历中师的学员57.9%，而原始学历本科的学员仅9.3%，研究生学历的学员只有0.9%。可见，该县校长队伍中高学历人才明显不足。

四是专项培训覆盖不足。教育部于1999年12月30日颁布的《中小学校长培训规定》明确规定：参加培训是中小学校长的权利与义务，新任校长必须参加不少于300学时的任职资格培训，取得"任职资格培训合格证书"，持证上岗。在职校长每五年必须接受国家规定的时数（不少于240学时）的提高培训，并取得"提高培训合格证书"，作为继续任职的必备条件。该县校长队伍32.03%未参加过校长任职资格培训，33.98%未参加过校长提高培训。校长队伍专项培训的不足，势必影响学校管理质量及教学质量的提高。

五是教科研专业化程度不高。校长具有行政领导、教学领导的双层职责。学校的教科研工作是教育教学的重要组成部分，是学校提高教学质量、提升办学水平、打造办学特色的重要载体，理应是"一把手"工程。校长对学校教科研的领导力，包括价值引领能力、方案设计能力、过程调控能力、资源整合能力、专业指导能力、成果提升推介能力等。该县校长队伍参加过县级以上骨干培训、教学大赛、主持过县级以上课题的校长均不足10%，可见校长队伍教科研能力明显不足，势必影响学校教学质量的提升及科研工作的纵深发展。

六是名师型、专家型校长不足。专家型校长是校长中的专家，专家中的校长，既有深厚的教育情怀、专业知识及理论基础，又有明确的办学思路、较强的管理能力及独特的教学思想，有利于引领学校教学质量实现质的飞跃，并打造特色型学校。从名教师、名班主任、专家型教师修炼为名校长、专家型校长，是国内外专家型校长的必由之路。该县中小学校长队伍中，县级名校长工作室主持人仅2人，占1.9%。没有市级、省级名校长、名教师、名班主任工作室主持人。由此可见，该县校长队伍名师型、专家型校长明显不足，势必影响学校办学品牌的打造及全县教育的高层次发展。

以上的结构分析，除了从传统培训的年龄结构、学历结构、职称结构、参训结构进行分析外，还从教科研专业化程度、专家型人才的角度进行分析。这种研训一体的结构分析，为研训一体项目设计及实施提供了科学依据。

（二）研训一体，做好培训需求调研

识别外部的培训需求需要确定四类关键人员：需求提出方、培训对象、培训对象的主管领导、开发者的主管领导[①]。同时，还需要借助一定的工具，进行针对性较强的调研。为此，在培训项目筹备阶段，项目组首先通过问卷调查、面谈等方式，就培训时间、地点、内容、方式、考核等，对培训班的学员、培训项目的主管领导等分别进行了调研，并将调研的结果形成了简要的分析图表。下表是粤北××县中小学校长培训班培训需求统计表。

表7-2　粤北××县中小学校长培训班培训需求统计表

逻辑维度	学员需求	教育主管部门需求
培训时间	每次3~5天	1年132学时，分成若干阶段。每次集中研训5~7天
培训地点	市内外皆可	集中研训安排市外，利于集中学习、交流；实践反思在校本基地
培训内容	教学、教研、德育、队伍建设等	校长的岗位职责、职业追求、学校管理策略、教师队伍建设等
培训方式	专题讲座、考察名校	集中培训：专题讲座、互动交流、主题论坛 跟岗研修：实地考察、观课反思、互动交流 实践反思：实践+总结，凝练成果 展示汇报：提升成果，展示汇报
培训专家	有管理经验、业绩突出的名校长	熟悉教育理论、政策的高校教授+经验丰富业绩突出的名校长+熟悉教研、培训的教研、师训管理者
培训考勤	弹性、人性	严格考勤，计算学时，纳入考核
培训作业	简单、轻松	前置作业+每日培训心得+阶段总结+结业成果（学校质量分析、改进报告、发展规划、教育论文）
培训成果	教育质量提高	1. 文本作业，报告、规划、论文等，结集成册。 2. 学员管理能力提高。 3. 学校及区域教学质量提升
培训考核	表彰优秀学员	1. 优秀成果评选。 2. 优秀学员评选，兼顾培训过程及成果

---

① 陈霞.教师培训课程设计［M］.上海：上海教育出版社.2019：43.

表 7-2 调研内容的设计，正是在研训一体理念指导而设计的。其培训需求的梳理，有利于提高培训的针对性及有效性。

二、研训一体，做好培训项目论证，撰写培训方案，为培训的有序开展提供指导与保障

（一）研训一体，做好培训项目设计论证

培训项目论证的过程，一般包括三个环节：一是项目负责人带领项目组主要人员，在做好培训对象结构分析、需求调研的基础上，查阅相关文献，撰写项目设计论证初稿；二是组织项目论证会。参会人员包括培训专家、行政主管领导、项目组参与人员、培训对象代表等；三是根据论证专家、领导的指导意见，修改项目论证书。

培训项目论证的内容，可借鉴科研课题的设计论证框架进行适当的增删调整。一般而言，培训项目的设计论证，应包括培训政策、培训背景、培训意义、培训对象、培训内容、培训方式、拟解决的关键问题、阶段安排、人员分工、经费预算、预期成果等。表 7-3 是粤北××县中小学校长培训班项目设计论证的具体内容及结果。

表 7-3　粤北××县中小学校长培训班培训项目论证一览表

培训政策	1. 教育部关于印发《义务教育学校校长专业标准》的通知。 2. 教育部关于进一步加强中小学校长培训工作的意见。 3. 中共中央国务院关于全面深化新时代教师队伍建设改革的意见
培训背景	1. 顺应国家政策。 2. 区域教育质量比较滞后，迫切需要提质增效。 3. 校长队伍缺乏理想追求、专业化程度不高，管理效率不高
培训意义	1. （个人）提高管理能力，促进专业发展。 2. （单位）提升学校管理水平，引领学校教学质量提升。 3. （区域）提高区域教学质量，满足群众需求
培训对象	全县中小学校长、分管教学副校长。平均年龄 47.6 岁，副高职称 51.45%，中级职称 48.54%，32.03% 的学员未参加过校长任职培训，33.98% 的学员未参加过校长提高培训。
理论依据	建构主义理论、自主学习理论、做中学理论、教师培训标准
培训主题	提高校长管理能力，提升学校教学质量

培训目标	1. 明确新时期校长的岗位职责，树立正确的职业理想及追求。 2. 理解《义务教育学校校长专业标准》的内涵及要点，结合实际，找到落实的途径与方法。 3. 了解学校现代管理的新理念及其前瞻发展趋势，科学制订学校发展规划与提升方案，改进学校管理工作，总结学校管理策略，提高学校管理水平。 4. 分析学校质量现状，明确学校质量提升的具体目标、措施，扎实推进学校教学常规、校本教研，提高学校教育教学质量
培训内容	1. 师德素养（校长的职责、追求）。 2. 知识与技能（教育知识、教育教学技能、教育研究、学校管理策略）。 3. 实践体验（学校质量分析、德育工作改进、校本课程开发、教学观察指导）。 4. 个性化自主学习（学校发展规划、校园文化建设、品牌打造）
培训方式	理论研修+实践反思+展示交流等
拟解决的关键问题	缺乏职业理想，教科研指导能力不够强，管理效率不高
培训安排	六个阶段：理论研修、实践改进、跟岗研修、专题研讨、实践凝练、成果汇报
培训分工	1. 领导小组：负责项目的指导、督查、考核。 2. 实施小组：负责项目的设计、组织、实施及总结。 3. 分设方案设计组、后勤保障组、信息资源组、质量监测组、新闻报道组、成果编辑组
经费预算	略
预期成果	隐性成果+显性成果
保障条件	政策保障+人员保障+经费保障
参考文献（摘记）	黄牧航《以教师为中心的区域教师培训模式——广东顺德区双塔校本研训模式探究》 胡断飞、古立新《"四主四环"骨干教师培训模式的建构》 刘沛林、申秀英《混合学习环境下的"国培计划""3+1+1"教师培训模式研究》

项目论证的形式，正是借鉴了科研课题论证的形式及方法。这种书面形式的项目论证，有助于深入梳理项目的背景、意义、理论依据，把握国内外培训的现状，明确培训采取的具体途径及方法，了解阶段安排及预期成果，从而使整个培训项目更加规范、系统、严谨、完善。这份论证表，作为整个培训项目的行动纲领，对保证培训项目的有序实施具有重要的指导作用。

另外，要撰写好培训项目论证书，培训项目设计者必须事先对培训项目的背景、意义、理论依据、现状等进行充分的调查研究，做出综述与评价，进一步提出所要解决的具体问题，以及解决这些问题的方法和步骤，并预期这些研究的可能结果和这些结果的可能的意义。因此，进行培训项目论证，其本身已经是一种研究，它必须占有翔实的资料，旁征博引，以齐全的参考文献和精心分析来支持自己关于培训设计主张。因此，经过论证之后的培训项目，其可行性、有效性必然更高。

（二）研训一体，撰写培训方案

成人教育学创始人诺尔斯在1958年提出了成人学习的五大特质：一是自我导向。即教师自己根据学习需求，制订学习计划，依据计划进行学习。二是基于经验。即以已知求未知，让经验成为学习的有价值的资源。三是问题中心。即以解决工作实践中的问题为培训的目标、核心。四是做中学。即在实践中学习并学会相关的教育教学知识及技能。五是制约较多。[①] 的确，大量的教师培训实践证明，虽然理论研修对于提升教师的专业能力有重要意义，但是教师明显对能够直接帮助他们解决工作实践问题与困惑、提高教学效率的培训更感兴趣。

一个完整的培训方案，应该包括培训的指导思想、培训对象、培训主题、培训目标、培训原则、培训内容、培训方式、培训时间、培训组织、培训考核等。相关要求详见表7-4。

表7-4 培训方案撰写流程及要求

序号	步骤	要点（要求）
1	明确指导思想	文献检索，依据级别选择最新的、联系最紧的、最重要的政策、文件，表述要完整、简洁
2	确定培训主题	立足培训需求，确定适宜的主题；一要实在，要针对实际工作中遇到的盲点、热点、难点、疑点问题，切忌空洞；二要集中，要解决一两个问题，切忌空泛；三要专业，有深度，切忌浮在表面；四要有效，让培训对象真正有收获
3	拟定培训目标	立足培训对象结构分析，尤其是存在的不足，结合培训主题，拟定培训目标：一要明确、具体；二要可衡量、可检测；三要切合实际，可达成；四要有条件，有时限性
4	确定培训内容	一要满足培训需求；二要紧扣培训主题及课程目标；三要反映时代最新研究成果；四要紧扣教学工作实际，具有可操作性

---

① 周南昭，赵丽，任友群.教师教育改革与教师专业发展：国际视野与本土实践［M］.上海：华东师范大学出版社.2007.

续表

序号	步骤	要点（要求）
5	优化培训模式	一要为达成培训目标服务；二要结合学情、培训内容选择讲授型、训练型、引导型教学模式；三要灵活运用讲授法、演示法、案例分析法、讨论法、辩论法、游戏法等
6	确定评价方式	一要兼顾过程与结果；二要恰当运用一定的测评工具；三是可从学员的反映、学习、行为、结果等各层次进行评估培训效果
7	拟定评价量表	可以结合实际拟定等级评价量表或赋分评价表
8	撰写成文，修改	梳理要点，撰写方案，定稿

以粤北××县中小学校长培训班为例，项目组依据以上的方案撰写流程及要点，撰写了详细的培训方案。表7-5是培训方案之培训安排表。

表7-5 粤北××县中小学校长培训班六阶段培训安排表

阶段名称	时间	培训形式	培训内容及相关安排
第一阶段：理论研修	2020.9.12—18（7天）	专题讲座 互动研讨	1. 团队拓展。 2. 校长的岗位职责与理想信念。 3.《义务教育学校校长专业标准》解读。 4. 学校管理策略。 5. 质量监测数据的分析与运用。（作业：①撰写学校质量分析报告；②以"校长的职责与追求"为主题撰写演讲稿，准备参加比赛）
第二阶段：实践改进	2020.10—2020.11（2个月）	实践反思 分层改进	学员：1. 基于问题分层改进，形成学校改进报告。 2. 参加主题演讲比赛。 项目组：1. 分组跟进、下校检查学员的实践情况，提出改进意见。 2. 组织校长主题演讲比赛。 3. 组织名校长工作室研修活动
第三阶段：跟岗研修	2020.12（7天）	考察名校 总结经验	学员：分视角观摩，上交学习总结：学校管理经验、教学管理经验。 项目组：组织第一次主题论坛，总结切合区域实际的学校管理策略，编辑成册供全县学习并实践
第四阶段：专题研讨	2021.1（3天）	专题研讨 策略分享	1. 教学常规精细化管理策略。 2. 校本教研的推进策略。 3. 参与式培训：集体备课、听评课等。 4. 科研课题的实施策略。 5. 如何撰写学校发展规划。 （作业：撰写学校近期、中期发展规划初稿。）

阶段名称	时间	培训形式	培训内容及相关安排
第五阶段：实践凝练	2021.4—2021.6（3个月）	实践反思成果凝练	学员：1. 加强实践，修订学校发展规划及实施方案。 2. 总结管理策略，撰写教育管理论文。 3. 提交质量分析报告、学校改进报告、学校发展规划、教育管理论文定稿。 项目组：1. 组织全县中小学教学教研工作专项检查，公布检查情况。 2. 组织学员优秀作业评选。
第六阶段：展示交流	2021.7（3天）	专题汇报展示交流	学员：1. 以专题讲座的形式，分组汇报学校管理策略。 2. 参加第二次主题论坛，分享学习心得。 项目组：1. 汇总、编辑学员优秀成果集，评选优秀学员。 2. 组织专家听取学员汇报并做具体指导。 3. 组织第二次主题论坛。 4. 总结项目研修情况。

三、研训一体，任务驱动，以评促训，切实提高培训效率

（一）任务驱动，引导学员积极参与培训全过程

任务驱动的教学方式，是教科研常用的教学方式之一。任务驱动运用于培训，可以通过任务，为学员提供问题思考及实践操作的情境，围绕培训任务展开相关学习，以任务的完成结果检验和总结培训的实效性等，从而改变学员被动培训的状态，使学生主动参与培训，在培训中积极学习、合作讨论、思考探究、实践运用，最终结合实际建构自己的知识与技能体系，解决教育教学实践中的问题，提高工作效率。表7-6、表7-7是粤北××县中小学校长培训班第一阶段培训前、培训中及培训后，项目组所安排的培训作业。

表7-6 粤北××县中小学校长培训班第一阶段研修前置作业清单

作业任务	具体内容及要求
1. 个人演讲	讲述您校长生涯中印象最深刻、感悟最深或者最为感动的一个故事，可长可短，3~5分钟皆可

作业任务	具体内容及要求
2. 撰写学校质量分析简案	（1）学校的师生人数等基本情况。 （2）2019—2020 学年教学质量基本情况，包括各年级三率一平的具体情况。 （3）分析教学质量存在的主要问题。 （4）提出教学质量提升的思路及主要措施
3. 撰写学校发展规划简案	（1）学校发展历史。 （2）学校近年教育教学概况，重点突出教学质量。 （3）学校发展的目标及规划（1 年、2 年、3 年、5 年）。 （4）实现目标的主要思路及做法

表 7-7　粤北××县中小学校长培训班第一阶段培训期间任务清单

作业任务	具体内容及要求
1. 主持、总结	各学习小组轮流负责主持、总结每天培训工作，具体包括： （1）上课前，1 位组员负责介绍专家。 （2）每场专题报告结束后，2 位组员上台谈学习心得。心得可结合专题讲座的整体框架、主要内容，也可结合其中的某一点、某一句话谈，要尽量结合实际，谈自己的思考与感悟。避免谈空话、套话、客气话。每人 2~3 分钟。 （3）1 位学员负责总结。总结要简要梳理专题讲座的主要内容。3~5 分钟
2.《义务教育学校管理标准》主题论坛	学习目标：深入了解《义务教育学校管理标准》要点及内涵，包括 6 大管理职责、22 项管理任务、88 条具体内容，并结合实际查摆不足，寻找落实的路径与方法。 学习过程： （1）学员利用课余时间，自主学习《义务教育学校管理标准》（以下简称《标准》）。要求阅读 2 遍以上，并对照《标准》，查摆本校管理工作的不足，记录自己的困惑与思考。 （2）各组组长收集、整理全体组员的学习问题及管理问题，并挑出最具普遍性、最有代表性的若干问题，供主题讨论。 （3）集中学习、讨论。流程建议：组长导读要点及内涵，5 分钟小组讨论，围绕课前收集整理的主要学习问题及工作问题而展开。要求各组要全员参与，分工明确。要有主持人、记录员、汇报员——小组代表汇报讨论要点。 每组 3 分钟—班级互动交流—班级总结
3. 交流学习心得	主要内容：交流第一天、第二天学习的心得。 交流主题：学习·成长。 要求：每位学员围绕"学习·成长"，逐一上台汇报自己的学习思考与收获，并结合实际提出自己的行动计划（怎么做）。按照学号顺序，从 1 号开始。每人 3 分钟

第一阶段培训结束后，项目组安排的培训作业，除了常规的培训总结外，还要求将学校质量分析报告、学校发展规划等前置作业进一步完善、提升。

以上培训任务的设计，正是为了激发学员参与培训的积极性，引导学员深入参与培训全过程。当然，任务的设计，要注意紧扣培训目标，为目标的达成服务。同时，要注意培训任务的量，要切合学员实际，可操作、可检测、可达成。切忌空泛，或者脱离实际，搞形式主义。

（二）设计评价量表，以评促训，切实增强培训效果

按照柯克帕特里克的"四层评价法"，一个完整的教师培训评价过程应该包括反映层、学习层、行为层、结果层四个层面上的评价。① 反应层评价指受训人员对培训项目的看法；学习层评价是测量受训人员对学习内容的理解、掌握情况及在知识、技能和态度方面的提高；行为层评价主要是检查受训学员是否在实践中运用了培训中学到的知识；结果层评价主要了解培训有没有给整个组织带来实效。

研训一体化理念下的评价，尽量兼顾反映层、学习层、行为层、结果层四个层面。其中反映层的评价可以通过培训前的问卷调查、访谈记录获取信息；学习层评价可通过收集、查阅学员撰写的学习日志、阶段总结、论文、案例等方式进行；行为层评价可通过下校调研、听课评课、座谈等方式进行；结果层评价可通过考核学员受训后教育教学所取得的具体业绩来进行。这四个层面的评价已贯穿培训的全过程，是兼顾了过程与结果、定性与定量、态度与知识、技能等多维度、多层面的评价。需要注意的是，评价的内容要与培训目标、培训内容保持一致，即保持学、培、评一致性。同时，要注意将评价量表在培训前公布，让学员了解评价的具体内容及方式。只有这样，才能真正达到以评促学、以评促培、以评促教、以评促研的效果。

另外，为了便于操作，可设计评价量表，对培训期间的考勤、作业、成效等进行量化评价，以全面掌握学员在反映层、学习层、行为层、结果

---

① 戴锡莹、王以宁.柯氏成效评估模式对教师信息化技术培训评估的启示［J］.电化教育研究.2003（12）.

层四个层面的具体情况，增强培训效果。表 7-8 是粤北××县中小学校长培训班所设计的评价量化表。

表 7-8　粤北××县中小学校长培训班考核评价量化表

项目（分值））		考核说明
过程考核（20分）	1. 考勤（10分）	按时参加集中培训。旷课 1 次（午段）扣 2 分，迟到、早退 1 次（午段）扣 1 分。请假 1 次扣 1 分
	2. 过程性作业（10分）	及时提交阶段作业，未交作业 1 次扣 2 分
成果考核（80分）	1. 质量分析报告（15分）	对学校的教学质量监测数据进行深入分析，明确学校质量现状及存在问题、原因，寻找对策，3000 字以上。优秀 12~15 分，良好 10~11 分，及格 9 分
	2. 学校管理工作改进报告（15分）	基于学校管理真实问题，撰写改进报告，明确学校管理工作目标及措施，包括教学质量三率一平具体目标及教学常规管理、校本教研管理措施等。3000 字以上。优秀 12~15 分，良好 10~11 分，及格 9 分
	3. 学校发展规划（10分）	包括近期、中期发展规划，含具体的情况分析、目标、计划、措施、评价等，3000 字以上。优秀 9~10 分，良好 7~8 分，及格 6 分
	4. 教育论文（10分）	以学校管理为主题，2500 字以上。要求聚焦学校某一方面深入分析论证，切忌泛泛而谈。优秀 9~10 分，良好 7~8 分，及格 6 分
	5. 专题讲座（10分）	学校管理策略汇报，结合 PPT，每人 30~40 分钟。优秀 9~10 分，良好 7~8 分，及格 6 分
	6. 质量目标达成（20分）	对照上一学年学校教学质量数据，考核学校本学年教学质量目标达成情况，包括及格率、优良率、低分率、平均分。
加分（20分）	1. 主题演讲（5分）	分别评出一、二等奖。一等奖 5 分，二等奖 4 分
	2. 主题论坛（5分）	积极参加主题论坛，围绕主题发言，条理清楚，有理有据。优秀 5 分，良好 4 分
	3. 评优项目（10分）	被评为优秀学员、优秀小组或者县"三名"工作室优秀学员等，每项加 5 分

第三节 校本研训一体的实践研究

校本培训是由中小学校长组织领导，以提高学校办学水平和促进教师专业发展为目的，紧密结合学校工作实践，教师任职学校自主开展的教师在职培训形式。它注重发挥学校整体和教师个性两方面的积极性，建立具有学校自身特色的培训制度，充分开发学校资源，并利用一切社会资源，始终以学校教育改革与发展需要和教师专业发展需要为依据，以学校自培和教师自学为主要形式。[①]

校本培训这个使用频率很高的概念，作为一种新的教师教育方式2000年被正式纳入国家中小学教师继续教育体系。2000年3月，《教育部关于印发〈中小学教师继续教育工程方案（1999—2002年）及其实施意见〉的通知》就明确指出：中小学校是教师继续教育的重要基地，中小学校长是教师继续教育的第一责任人。各中小学校都要制定本校教师培训计划，建立教师培训档案，组织多种形式的校本培训。各地要对中小学校开展校本培训加强指导，提供必要的支持，充分发挥中小学校在教师继续教育中的作用。

20年来，校本培训在全国各地学校如火如荼地开展，在促进教师专业发展、促进学校发展等方面取得了显著的成效。但是，传统的校本培训存在着重形式重管理、轻内容轻问题解决等缺憾，特别是培训课程的设计未能立足于学校、教师发展的主要问题，以致培训内容针对性不强，培训实效性不高。

因此，为了提高校本培训的针对性和实效性，肇庆学院省级中小学教师发展中心以问题教学理论、研训一体化理论指导粤北某校设计、组织、实施校本研训一体化培训，取得了良好的效果。下面试结合具体的操作实例，阐述校本研训一体化的实践探索。

---

① 张玉华.校本培训研究与操作［M］.上海：上海教育出版社.2003：26-27.

一、深入调研，认真梳理，提高校本培训的针对性

深入调研，认真梳理，发现学校及教师发展存在的真实问题、主要问题，明确校本培训的目标，提高校本培训的针对性。关于问题教学，苏联著名教育家马赫穆托夫在《现代的课》中说，在问题性的课中，教师应有目的地创设问题情境，组织学生进行探索，指导学生提出问题并解决问题，或者由教师来提出问题并解决它们，再向学生阐明解决问题时的逻辑思维。马赫穆托夫把问题教学的过程分为五个阶段：产生问题的情景，分析情景并提出问题，解决问题，以两种方式实施寻得的解决原则（或论证假想并进而证明它，或顿悟），检验解法。[①]

将问题教学理论运用于校本培训，首先要深入学校调研，了解学校教育教学及教师发展存在的真实问题。调研可采取"听、查、访、问"的方式进行。"听"是指深入学校课堂听课，观察教师课堂教学存在的问题；"查"是指查阅学校校本培训的相关资料，包括校本培训实施方案、课程安排、教师培训心得等；"访"是指召开教师座谈会，包括行政领导、科组长（备课组长）、科任教师代表座谈会，当面了解教师培训的感受、需求及困惑；"问"是指设计校本培训调查问卷，有针对性地了解教师对校本培训的需求。"问"采取"问卷星"设计调查问卷，与"访谈"比较，两者各有优势："问卷调查"可以将调查问卷的链接发到各校工作群，通知全校教师全员参与，所收集的信息会更加全面。同时，问卷调查结束后，问卷星会自动生成相关的数据及图表。而"访谈"的优势是可以直接感受被访谈对象（教师）的感受及需求，这是问卷调查所不能比拟的。当然，不管是问卷调查，还是当面访谈，都要注意其内容要紧密结合校本培训的实际情况来设计。这样，才能真正达到深入、全面了解学校教育教学及校本培训的实际情况及存在问题。

其次，要对所发现的问题进行梳理，发现主要的、突出的、急需解决的问题，并形成问题链。

表7-9，是培训项目组在粤北某校通过听、查、访及调查问卷后梳理

---

① 郑金洲.问题教学［M］.福州：福建教育出版社.2005：71.

出来的新教师、骨干教师、科研型教师在常规教学、专业成长及科研课题方面存在的主要问题。其中新教师是指任职五年内的教师，骨干教师是指各学科组长、备课组长以及校级、县级、市级骨干教师培养对象，科研型教师是指正在开展县级以上课题的课题主持人及主要成员。

表7-9　粤北某校教师教科研主要问题一览表

序号	新教师存在的问题	骨干教师存在的问题	科研型教师存在的主要问题
1	教师忽略课程标准的价值、不理解学科的性质、功能、目标	教师职业倦怠、生涯规划缺失	不了解课题研究的真正价值，选题未能立足教育教学的实际问题，价值不大
2	教师忽略学情，教学设计的起点、重点、难点把握不准，教学设计欠科学	教学设计以师为本、忽视学习活动、方法、评价的设计	不会运用调查问卷、文献综述，课题研究基础不实，准备不足
3	教师忽略教学目标的价值、不懂得教学目标确定及表达的方法	教学反思聚集度、深度不够，缺乏理论支撑	不了解课题申报的基本程序、要求，课题研究目标不明确、核心概念不清晰、研究内容欠具体，申报评审书质量不高
4	教师忽视教材体系及学情，教学内容随意性较强、教学效率低	专业发展动力不足、方向不明，缺乏韧性	开题报告的文献综述欠到位、拟解决关键问题及研究重点不突出，研究内容、思路、方法未能紧密结合教学实际
5	课堂教学以师为本、缺少学生活动、教学效率较低	听评课针对性不强，对教师专业成长助力不足	课题未能紧扣研究目标、内容、核心概念对标实践、深度研究
6	课堂教学缺乏学法指导、学生不懂学习方法、学习效率较低	优质课覆盖率不高，教学案例撰写欠规范、深入	课题实施欠落实，未能与常规教学教研深度融合
7	教学评价泛化、针对性不强	教学论文选题太大、论证不足、缺乏深度	课题成果提炼较为零散，不成体系
8	作业布置、批改等针对性不强、反馈不及时	教师未能形成教学风格	研究报告未能紧扣核心概念，缺乏深度与高度
9	教师忽视测评数据，未能充分利用数据改进教学工作	未能设计主题鲜明、内容集中的培训课程，辐射引领不够	未能紧密结合教学实际，推广不够深入、示范辐射不够

　　最后，立足学校存在的主要问题，明确校本培训的目标。校本培训是基于学校的培训，也是为了学校的培训。因此，校本培训的目标，简而言

之，就是为了解决学校存在的问题，提高课堂教学的效率，促进教师的专业成长，提高学校的教学质量。因此，在设计培训课程时，培训课程目标的定位既要符合教师专业标准和当前对教师专业素养的要求，又要针对培训对象的要求、特点及层次，满足教师分级、分类进行学习的需要。同时，更要解决学校存在的主要问题。一般而言，培训目标尽量与拟解决问题（存在问题）对应。例如，针对"教师忽略课程标准的价值、不理解学科的性质、功能、目标"这一主要问题，培训项目组拟定的课程目标为"了解学科课程标准的性质、价值，理解学科课程标准对学科教学不可替代的指导意义"。

二、紧扣目标，设计校本培训课程体系，突出校本培训内容的结构化、体系化

课程内容是指"教什么"，是课程目标达成的载体和手段。施良方在《课程理论——课程的基础、原理与问题》一书中指出："课程内容是指各门学科中特定的事实、观点、原理和问题，以及处理它们的方式。"廖哲勋、田慧生在《课程新论》一书中指出："课程内容是一系列比较系统的直接经验和间接经验的总和。课程内容是根据课程目标从人类的经验体系中选择出来的，并按照一定的逻辑序列组织编排而成的知识和经验体系，它是课程的核心要素。"从以上两种定义可以看出，课程内容包括事实、观点、原理、问题，可以是直接经验或间接经验。但是，课程内容的编排不是凭借主观经验的、随意的、零散的，而是根据课程目标、培训对象等要求，按照一定的逻辑序列组织而成的知识与经验的体系，也就是说，课程内容的编排具有结构化、体系化的特点。

因此，要设计科学的校本培训体系，首先就要紧扣培训目标，确立培训课程体系的框架，即要解决问题达成培训目标，需要多少个知识模块。例如，粤北某县某校的校本培训课程设计，根据教育部制定的《中小学教师专业标准（试行）》相关规定，对新教师、骨干教师、学科带头人（科研型教师）的培训课程体系分别设计了师德素养、专业知识、专业能力这三个模块。

其次，要立足培训课程结构（模块），设计具体的培训课程。培训课

程具体内容的设计，要以受训者及其学习为中心，以解决教师的实际问题
为立足点，从师德素养、专业知识及专业能力三个维度入手，进一步细化
培训课程。以粤北某校为例，培训项目组按照分级、分类的总原则及结构
化、体系化的总要求，指导学校分别为新教师、骨干教师、科研型教师设
计了校本培训课程体系。表7-10是该校新教师校本培训课程一览表。

表7-10　粤北某校"三三九"新教师校本培训课程内容一览表

序号	拟解决问题	课程目标	课程内容
1	对教师职业的使命、职责理解不够到位，岗位钻研精神、奉献精神、合作精神不够	树立正确的职业价值观，增强职业使命感、责任感，理解教师职业的必备品格及关键能力等	教师的核心素养及养成
2	教师缺乏职业生涯规划意识，专业发展比较被动	了解教师职业生涯规划的概念、规律，学习职业规划的方法，结合实际，规划职业生涯	梦想·规划——教师职业生涯规划专题
3	教师忽略课程标准的价值、不理解学科的性质、功能、目标等	了解学科课程标准的性质、价值，理解学科课程标准对学科教学不可替代的指导意义	学科课程标准与有效教学
4	教师忽略教学目标的价值，不懂得教学目标确定及表达的方法	了解教学目标在教学中的指引作用及其理论依据（布卢姆教育目标分类学），学习教学目标的确定策略（步骤及方法），学会正确表述教学目标	有效教学目标的确定与表述
5	教师忽视教材体系及学情，教学内容随意性较强、教学效率低	了解教学内容在教学中的重要意义及理论依据，学习教学内容的确立策略，学会运用相关的策略进行专业备课	教什么比怎么教更重要——如何确定有效的教学内容
6	课堂以师为本、缺少学生活动、教学效率低	了解活动式教学的理论发展及核心，学习活动式教学的设计、组织及实施策略，运用活动式教学策略提高教学效果	设计并组织有效的学习活动
7	教学评价泛化、针对性不强	了解教学评价的理论依据，了解有效评价的基本要求及策略，学习等级评价量表的拟定及实施策略	以评导教 以评导学——有效评价的基本策略

续表

序号	拟解决问题	课程目标	课程内容
8	作业布置、批改等针对性不强、反馈不及时	了解作业的功能及意义，学习作业设计、批改及反馈的基本策略	作业的有效设计、批改及反馈
9	信息技术与教学的融合深度不够	学会信息技术与教学深度融合的具体策略，改进教学方式，提高教学效率	信息技术与教学深度融合的策略

　　"三三九"是校本培训课程结构化、体系化的体现。其中第一个"三"是指新教师培训课程的三个维度（三个模块），即师德素养、专业知识、专业能力；第二个"三"是指教师常规教学的三个阶段，即课前、课堂、课后；"九"是指校本培训课程的九个环节：素养养成、职业规划、理解课标、明确教学目标、明确教学内容、设计学习活动、优化教学评价、优化作业设计及批改、提升信息技术能力。"九环"中1~2环节属于师德素养模块，3~9环节属于专业知识与能力模块，二者不能完全分开。同时，从教学流程看，3~5环节属于课前准备阶段，6~7环节属于课堂阶段，第8环节属于课后阶段。第9环节信息技术的融合，贯穿整个教育教学过程。"三三九"所设计的校本培训课程一方面兼顾了师德素养、专业知识、专业能力三个维度，同时又遵循常规教学的一般流程、内在规律及新教师普遍存在的、急需解决的问题而设计，其目的正是为了解决新教师教学普遍存在的课堂低效问题。因此，课程内容与拟解决的关键问题、课程目标是一一对应的，其结构化、体系化的特点比较明晰。

　　另外，针对科研型教师在教育科研中普遍存在的前期准备欠充分、选题价值不大、研究欠规范、与教育教学结合欠紧密、成果提炼不足等问题，培训项目组指导学校设计了表7-11"三段九环"科研课题校本培训课程："三段"是指科研课题的前期准备阶段、实施研究阶段、总结推广阶段；"九环"是指科研课题的九个重要环节：选题、前期准备（问卷调查、文献综述）、申报课题、开题论证、对标实施、中期检查、凝练成果、撰写研究报告（课题结题）、推广成果。该培训课程的总目标是提升教育科研的针对性、实效性，培养一批热爱科研、敢于改革、勤于实践、勇于探索、善于总结的科研型教师，培育一批优秀的教育科研成果，引领当地教育教学改革，助力当地教学质量提升。从培训课程的结构而言，"三段九环"的培训课程内容涵盖了素养、知识、能力三大模块，同样体现了结构化、体系化的特点。

表7-11　粤北某校"三段九环"科研型教师校本培训课程内容一览表

序号	拟解决的问题	课程目标	课程内容
1	为职称而申报课题，不了解课题研究的真正价值，选题未能立足教育教学的实际问题，学术价值或实用价值不大	了解课题选择的基本原则、路径，学会发现、筛选真实的研究问题，确定有价值的课题，并准确表述	选择有价值的课题
2	不会运用调查问卷、文献综述，课题研究基础不实，准备不足	了解调查问卷、文献综述的类型、实施方法	调查问卷的设计及文献综述的方法
3	不了解课题申报的基本类型、程序、要求，课题研究目标不明确、核心概念不清晰、研究内容欠具体，申报评审书质量不高	熟悉课题申报程序，把握课题申报要求，学会撰写一篇高质量的课题申报书	如何成功申报课题
4	不了解开题报告的规范及要求，文献综述欠到位、拟解决关键问题及研究重点不突出，研究未能紧密结合教学实际开展，实施方案可操作性不强	明确开题报告撰写的基本结构、要求，掌握撰写课题开题报告的基本方法，撰写高质量的开题报告	科学论证，对标设计——如何撰写高质量的开题报告
5	课题未能紧扣研究目标、内容、核心概念，对标实践，深度研究	了解课题实施的基本思路、方法、步骤、要求，围绕研究目标、内容和核心概念科学组织并实施课题活动	对标实践，深度研究——如何有效实施课题研究
6	课题实施欠落实，未能与常规教学教研深度融合，及时总结课题成果	了解课题中期检查的作用、方式及要求，学会总结课题成果，撰写中期报告	深度融合，总结提升——如何做好中期检查工作
7	课题成果提炼较为零散、杂乱，不成体系，缺乏重点，表述欠规范	了解研究成果的提炼路径及策略，提炼课题成果	体系梳理，总结凝练——如何凝练课题成果

续表

序号	拟解决的问题	课程目标	课程内容
8	研究报告欠规范，未能紧扣核心概念总结成果，缺乏深度与高度	了解研究报告的结构及要求，学会总结课题成果、撰写高质量的研究报告，做好课题结题准备	如何撰写课题研究报告
9	不明确课题成果推广的价值，未能紧密结合教学实际，推广不够深入，对常规教学教研的示范辐射不够	了解课题成果推广的意义和方式，学会撰写课题推广报告、课件，用课题成果反哺教学教研，引领学校提质增效	反哺常规，示范引领——如何推广课题研究成果

三、研训一体，优化培训模式，提高校本培训的实效性

立足于工作岗位是校本培训的显著特征，针对性是校本培训的生命。一般而言，校本培训的常用的教学互动模式有讲授型、训练型、引导型。这三种教学互动模式，其互动主体、教学方法、能力要求等具体情况，详见表7-12。

表7-12　三种教学互动模式的比较①

教学互动模式	培训者/学员互动比重	互动主体	教学方法	教学能力要求
讲授型	80/20	培训者为主	演讲法、讲授法、公开课法等	演讲、表达、演示等
训练型	50/50	对等	案例分析法、角色扮演法、情境教学法、体验教学法等	控场、点评、案例呈现等
引导型	20/80	学员为主	行动学习法、世界咖啡屋、焦点讨论法、六顶思考帽	引导、应变、提炼、萃取、催化等

从表7-12可以看出，这三种类型的互动模式所对应的培训方法及对培训者的要求是不同的，其培训效果也必然不同。

传统的校本培训，最常采用的培训方式是讲授型。因为它最大的优势是可以提高教师培训课程的经济效益，即有利于教学内容输出效率的最高

---

① 陈霞.教师培训课程设计［M］.上海：上海教育出版社.2017：138.

化。但是其不足之处也是显而易见的。

一是培训内容难以激发参培教师学习的积极性。因为大量的培训实践证明，教师最感兴趣的、能够通过培训学以致用的内容，一般具有以下几个明显的特点：一是现实性、工具性，二是思辨性、启发性，三是形象性、有趣味性，四是互动性、体验性。① 而讲授型模式，其教学内容大多是静态的知识讲解，缺乏形象性、趣味性、互动性和体验性，往往难以激发学员参与的积极性。

二是培训方式不利于学员理解相关的知识，并内化为专业能力。讲授型的教学模式，其主要活动形式是培训者在台上讲解，参训教师在台下听讲、做笔记。也就是说，参训教师的学习方式是以听讲为主。

按照著名的学习专家埃德加·戴尔学习金字塔理论，在塔尖，第一种学习方式"听讲"，其学习效果是最低的，两周以后学习的内容只能留下5%；第二种通过"阅读"学到的内容，可以保留10%；第三种通过"声音、图片"的方式学到的内容，可以保留20%；第四种采取"示范"的学习方式学到的内容，可以记住30%；第五种"小组讨论"，可以记住50%的内容；第六种"做中学"或"实际演练"，可以达到75%；最后一种在金字塔基座位置的学习方式，是"教别人"或者"马上应用"，可以记住90%的学习内容。同时，埃德加·戴尔提出，学习效果在30%以下的几种传统方式，都是个人学习或被动学习；而学习效果在50%以上的，都是团队学习、主动学习和参与式学习。

因此，在校本培训过程中，培训者要尽量多采用训练型和引导型的互动模式，综合运用多种教学方法，进一步调动教师参与培训的积极性与主动性，让教师在充分参与、互动、体验中，深度学习、深度实践，从而建构新知识，形成新能力。

另外，我们还可借鉴传统教研、科研的组织方式，在校本培训中，根据培训目标的需要，灵活采取集体备课、同课异构、观课议课、反思改课、讨论辩论、课题研究、成果展示等教科研方式，以进一步提高参培对象的参与积极性及校本培训的实效性。

---

① 陈霞.教师培训课程设计［M］.上海：上海教育出版社.2017：7.

第八章

中小学教师发展中心教师培训实践探索

第一节 教师专业发展与教师培训

教师专业化的概念早在 20 世纪 60 年代就已被提出，1966 年，联合国教科文组织和国际劳工组织在《关于教师地位的建议》中就强调教师的专业性质，认为应该把教师工作视为专门职业。按照当代教育理念，可以把教师专业发展理解为教师在从事教育事业过程中在师德、师能、师风三个方面的综合素养的整体发展与提高。教师专业发展离不开自身的终身学习、实践、积累与反思，同时也离不开行而有效的教师职后培训，二者是相互影响、相互促进的关系。

我国的教师培训发展基本是基于政策推动的，在中华人民共和国成立初期，我国的教师培训工作还没有形成国家层面的顶层设计，更多地注重教师的实用教育教学技能的培养和培训。改革开放时期，我国需要增补大量的教师，从国家政策层面来看更多的是加大了高等院校对教师的培养力度，教师的职后培训只是不断提高教育教学质量的一个重要手段，也没有系统完整的教师培训课程体系。21 世纪转型时期，国家对教师的职前培养更加侧重学历提升，对教师的职后培训也开始了五年一个周期的全面规划。

到了如今的新时代背景下，国家政府提出了优先发展教育，加大教师队伍建设，明确了中小学教师培训改革和发展的目标定位，即"教师人人尽显其才、好老师不断涌现"。特别强化了教师队伍的整体建设，全体教师的持续专业发展理念，将教师全员培训推上了一个高峰。在大力推行全员培训的同时，又强调教师发展的个性化需求，要做到求同存异，进一步规范和创新教师培训工作，推进教师培训工作健康发展。党的十九大报告指出，"建设教育强国是中华民族伟大复兴的基础工程，必须把教育事业放在优先位置、加快教育现代化，办好人民满意的教育"，明确要求"坚持社会主义办学方向，落实立德树人根本任务，遵循教育规律和教师成长发展规律，加强师德师风建设，培养高素质教师队伍"。在加强教师职业道德建设的同时加强教育教学理论与实践的提高。

我国"文化大革命"以后的教师培训按照培训内容分成四个时期：一是以教材教法过关为重点的教师继续教育时期（1977—1983 年）；二是以学历补偿教育为重点的继续教育时期（1983—1989 年）；三是学历教育和继续教育交叉的教师继续教育时期（1990—1998 年）；四是教师继续教育的攻坚时期（1999 年以后）。从中也可以看出，与学历培训有关的教师培训占了三个时期。到目前为止，教师学历培训方兴未艾，但是已经发生了"重心后移、层次上移"的变化，就是说，教师学历培训已经从学历补偿培训阶段进入到学历提升培训阶段。

教师培训工作在教师发展的进程中起着不可替代的作用，国家、省、市、县（区）加大了对教师培训的统筹，明确了职责，切实加强各级教师发展中心建设，制订中长期教师培训规划，明确培训目标及任务，科学构建培训课程体系，优化培训方法，确保上下沟通协调、齐抓共建。国家鼓励和支持各地出台地方性教师队伍建设法规，坚持依法治教。同时支持社会培训机构依法参与中小学教师培训行为。

联合国教科文组织教师教育中心发布"国培计划"蓝皮书（2010—2019）。十年来，共有 31 个省、市、自治区约 1680 万人次教师参与了"国培计划"，其中中西部项目和幼师国培项目参训人次占比 94%。"国培计划"已覆盖全部深度贫困县以及贫困地区乡村教师。据统计，2010—2014 年，"国培计划"培训教师 700 多万人次，农村教师占 96.4%。

近几年随着线上教育在教师培训中运用逐渐加深，培训的可得性增长，培训人次显著增长。我国教师培训产业细分市场主要集中在 K12 教师培训和成人教育教师培训领域。数据显示，我国 K12 教育教师培训市场规模从 2010 年的 216.4 亿元增长至 2019 年的 473.7 亿元，高等教育及其他教师培训市场规模从 2010 年的 22.7 亿元增长 2019 年的 46.8 亿元。2010 年时，我国教师培训行业培训人次约为 1166.3 万人次，2019 年已经增长至 2813.5 万人次，在职教师的教育培训体系建设基本完善，对教师专业素养的提升作用较为显著。

第二节　教师培训需求分析

一、教师培训需求分析的意义

根据 2019 年 9 月，教育部发布统计数据，全国现有各级各类专任教师 1673.83 万人。这个庞大的职业群体支撑起世界上最大规模的教育体系，被习近平总书记称为"一支了不起的力量"。但是由于地域发展不均衡、教师专业化程度不同、教师个性化发展方向不同等因素的影响，教师培训内容就不能过于统一和单一，要根据教师发展不同阶段的实际需求，开展针对性培训，因此，对教师培训需求进行分析就具有十分重要的意义和作用。

首先，对教师培训需求进行分析可以提高培训效果。培训方案的设计要以教师培训需求的充分分析为基础。根据教师的实际需求，设计培训目标、制定培训课程、设计培训内容、确定培训方式，可以大大提高培训的针对性和实效性，提高提高参培教师的收获感。

其次，对教师培训需求进行分析可以满足教师专业化的个性化发展。教师群体存在着广泛的差异性，即使是同一层面的教师，由于年龄、教育背景、工作环境、所教授学段及学科、学校要求及教师自身职业规划定位等多种因素存在着差异，也会对于培训内容的需求也存在着个性化差异。只有充分了解，才能更好地设计培训计划，提高培训的针对性，提高参培教师的收获感。

最后，对教师培训需求进行分析结果可以作为一个培训项目的培训目标和评价指标。一个培训项目可以从培训需求分析开始，然后确立培训目标、制定培训方案、实施培训过程，最后可以把培训需求分析作为培训的评价指标，即考核教师的培训需求是否得到了满足。

二、培训需求分析的方法和工具

培训需求分析意义重大，可以采用多种有效的方法和工具来实现，其主要取决于培训项目目标、培训人员、培训模式、培训绩效评估等多种因素，根据不同的培训项目，选择适合的培训需求分析方法。以下介绍六种比较实用的方法。

（一）调查问卷法

调查问卷法是培训需求分析最常见的方法，但是调查问卷的设计水平会直接决定培训需求分析的精准度，调查问卷的人群范围和数量也会决定培训需求分析的信度和效度。因此这种最常见的方法的有效性是建立在调查问卷的水准基础上的，当然调查问卷的填写方式和反馈方式也是重要的环节。许多人喜欢制定同一张问卷，采用多元问题设计和选项设计以及开放性问题的方式进行。其实也可以直接针对不同的群体设计不同的问卷内容，进行分层分类分析，既可以减少工作量，也可以提高精准度。随着科技的不断发展和进步，调查问卷也由纸质发展成为小程序，参加者可以使用手机进行选择和填写，后台会进行数据汇总，然后再来做分析统计，既省时、高效，又可以扩大参与者的范围。目前的一项重要工作是需要提高培训部门工作人员的信息技术水平，学会设计和运用调查问卷的小程序，而不是总是依靠机构来提供技术支撑服务。

（二）实地访谈法

实地访谈法是培训需求分析比较常见的方法，但是访谈法的一个前提条件是提前确定参加培训的人员名单，然后再针对这一群体开展访谈。这种方法比较适合时间、空间相对一致的群体，如同一学校或同一科组。访谈法对采访者的要求相对较高，既要提前做出访谈提纲，又要善于与被采访者有序互动，捕捉和记录关键信息，并且具有良好的现场把控和调解能力。因此，访谈法受主观因素的影响较大，一场好的访谈会帮助采访者与被采访者都有不同程度的思考和收获；一场不理想的访谈也会使被采访者不愿意更多、更好地表达自己，从而影响访谈的结果梳理和进一步分析。

（三）现场观察法

现场观察法也是培训需求分析比较常见的方法，但是观察法的实施建立在施训者与受训者具有相对比较熟悉的人际关系基础上。同时观察者要具有较高的专业素养和水平，被观察者要具有放松的心态和常态化的展示，否则就会有所隐藏和保留，使观察者不能看到真实的情况，得不出客观的结论。现在大部分教研员采用的都是观察法，他们有大量的时间和机会对教师进行课堂观察，然后通过观课、议课进一步交流，更加具体地了解教师的教育教学设计与想法，倾听教师的心声。然后在接下来的教研活动或者培训活动中，将通过观察发现的问题融入培训目标和内容当中去，作为培训需求分析与培训设计的依据。

（四）小组研讨法

小组研讨法是一种比较简单实效的培训需求分析方法，主要是将施训者与受训者的部分代表性人员聚在一起进行小组研讨。研讨的主题聚焦在培训项目上，受训者的部分代表一定是对其他受训者具有很高的了解程度，能够代表其他人员将问题准确地反映出来，并和施训者进行交流探讨，最后得出需求分析所需的启示和结论。

（五）绩效差距分析法

绩效差距分析法以培训绩效为出发点，对比参照绩效目标，寻求想做到什么、实际做到了什么，是否存在差距，分析产生差距的原因，包括主观原因和客观原因，归纳和总结缩小或避免差距的建议与方法。类似于教师教学中的设计与生成，通过对比反思可以找到设计目标达成或未达成的具体指标差距及原因，从而进一步提升和改进。

（六）专家指导法

在做教师培训需求调查问卷的过程中，尤其是参与人员区域范围较小或者整体水平偏低的时候，如校本培训、某些农村教师培训或者新教师培训，往往会出现一种情况就是教师对于培训需求的表达缺乏高度、深度或者系统程度不高，多是出于个人经验和主观意愿。这个时候就需要使用专家指导法，邀请相关专家对培训需求进行指导性分析，达到既能符合参培教师的需求，又能建立科学系统化的培训目标及体系，提高培训的质量。

三、教师培训需求调研案例

以新入职教师培训项目为例，目前新入职教师培训已经成为所有地区培训项目的必选项目，不仅要做到全员培训，而且要做到至少两年内阶段性培训。对于新入职教师的培训做得好能够帮助他们顺利地开始职业生涯，既是对广大新教师负责任，更是对他们即将教授的学生负责任。

众所周知，新入职教师在起初的职业生涯中会遇到多种多样的问题，但是繁多的困难中哪些是最急需解决的问题，哪些应作为新入职教师培训的重中之重是一个重要的研究课题。下面分享三个新入职教师培训需求分析案例，它们的分析是建立在对新入职教师从教初期所遇到的困难的调查基础上的。

案例一：美国学者维恩曼（Veenman）曾对 1960 年至 1983 年间关于教师教学工作中所遇到的近百项实证研究进行了归纳。他认为初任教师最常遇到的问题主要集中在 24 个方面，其中排在前十位的问题如下：①维持课堂上的纪律；②调动和维持学生的学习动机；③处理个别差异；④评价学生；⑤与家长的关系；⑥组织班级活动；⑦教学材料和设备欠缺；⑧处理个别学生；⑨由于没有充分的准备时间而形成的教学负担过重；⑩与同事的关系。因此，对于新入职教师的培训要以这些结论作为培训需求分析的重要依据，作为培训项目的重要内容，分清楚轻重缓急，逐步帮助新入职教师解决实际问题。

案例二：王小棉教授对初入职教师在实际工作中所遇到的困难做过调查研究，她得出了五个方面的结论：①处理与学校领导和同事关系的问题；②处理教育学生过程中的师生关系问题；③处理教学过程中学生方面的问题；④处理教学过程中教材等方面的问题；⑤处理与家长及校外有关方面的关系问题。

案例三：赵昌木教授也做过新入职教师的调查研究，他一共调查了196 名新入职教师，总结归纳了他们最初教学的几年里经常遇到的问题和困难，排在前十位的依次是：①教材不熟，重点、难点把握不准；②教法不灵活，难以调动学生的学习兴趣和积极性；③教学管理能力差，难以维持课堂纪律；④不能与学生进行有效的交流、沟通；⑤不了解学生的学习状况和学习需求；⑥对学生提出的疑难问题难以解答；⑦不能妥善处理课堂偶发事件；⑧教学材料缺乏；⑨难以处理与同事的关系；⑩学校设施简陋。

通过以上三个案例，我们可以清晰地看到新入职教师除了在教学工作上存在困难，在处理领导、同事、学生之间的人际关系也是一大困难，现今与家长的关系也成了一个难题。因此，在设计新入职教师培训项目的时候一定要将这些因素考虑周全，安排相应培训内容。尤其是请一些经验丰富的名优教师传授各他们一些实际、具体、可操作的方法，才更有效。

第三节　教师培训内容与课程体系

一、国家政策要求

百年大计，教育为本；教育大计，教师为本。我国高度重视教育的发展，多年来不断出台和完善相关文件，大力推动教育改革向全面纵深发展。在多部文件中对教师队伍建设及教师培训工作提出了具体的要求和任务，教师继续教育工作得到了高度的重视和发展，也为教师的职后发展创造了条件、提供了保障。

（1）1997 年 9 月 24 日，国家教委关于印发《关于加强中等职业学校教师队伍建设的意见》的通知，提出了要把政治和业务培训同步进行，提倡教师一专多能，明确培训内容包括专业理论培训，知识更新培训，教育理论培训，现代化教学技术、方法的培训和专业实践技能培训，等等。

（2）1999 年 6 月 13 日，中共中央、国务院发布的《关于深化教育改革，全面推进素质教育的决定》提出了教师培训工作的重点要放在提高教师实施素质教育的能力和水平上，鼓励高等学校参与培训中小学教师的工作，强调了信息技术的培训，强调了要大力开展骨干教师、学科带头人和有较大影响的教书育人专家的培养和培训。

（3）2010 年 6 月 11 日教育部、财政部联合印发了《关于实施"中小学教师国家级培训计划"的通知》，决定从 2010 年起实施"中小学教师国家级培训计划"（简称"国培计划"）。通过实施"国培计划"，培训一批

"种子"教师，使他们在推进素质教育和教师培训方面发挥骨干示范作用。文件要求采取集中培训、脱产研修、"送教上门"、对口支援和远程培训等多种模式开展教师培训。

（4）2012 年 8 月 20 日，国务院印发了《国务院关于加强教师队伍建设的意见》提出了要完善从幼儿园至高等学校（包含职业教育和特殊教育）教师专业发展标准体系。明确规定了实行五年一周期不少于 360 学时的教师全员培训制度，推行教师培训学分制度。

（5）2013 年 5 月 6 日，《教育部关于深化中小学教师培训模式改革 全面提升培训质量的指导意见》，这是一份专门围绕教师培训工作发布的指导性文件，在培训目标、内容、方式等方面提出了具体的要求，还特别强调了要激活教师的培训动力，以及加强培训者的能力提升。

（6）2018 年 1 月 20 日，中共中央、国务院印发了《关于全面深化新时代教师队伍建设改革的意见》，对新时代教师队伍建设做出顶层设计。这是中华人民共和国成立以来党中央出台的第一个专门面向教师队伍建设的里程碑式政策文件，将教育和教师工作提到了前所未有的政治高度。在这个文件中对 2035 年描绘了宏伟蓝图、制定了长远目标，大幅提升教师综合素质、专业化水平和创新能力，培养造就数以百万计的骨干教师、数以十万计的卓越教师、数以万计的教育家型教师，职业教育要建立一支技艺精湛、专兼结合的双师型教师队伍。把师德建设作为常态化、长效化工作，引导广大教师以德立身、以德立学、以德施教、以德育德。

二、教师培训课程建构的理论依据

大部分地区的教师职后培训设计是以分层分类推进的方式组织进行的。教师分层的理论依据是三阶段理论和五阶段理论。

（一）三阶段理论

福勒和布朗根据教师的需要和不同时期所关注的焦点问题，把教师的成长划分为关注生存、关注情境和关注学生三个阶段。

1. 关注生存阶段

处于关注生存阶段一般是新教师，他们非常关注自己的生存适应性，最担心的问题是："学生喜欢我吗？""同事们如何看我？""领导是否觉得我干得不错?"等等。

2. 关注情境阶段

当教师感到自己完全能够生存时,便把关注的焦点投向了提高学生的成绩,即进入了关注情境阶段。在此阶段教师关心的是如何教好每一堂课的内容,一般来说,老教师比新教师更关注此阶段。

3. 关注学生阶段

能否自觉关注学生是衡量一个教师是否成长成熟的重要标志之一。教师将考虑学生的个别差异,认识到不同发展水平的学生有不同的发展需要,教师应根据学生的差异采取适当的教学,促进学生的个性化发展。

(二)五阶段理论

教师发展五阶段理论的代表是美国亚利桑那州立大学的伯利纳和休伯曼的教师职业生涯周期理论。伯利纳根据教师教学专业知识和技能的学习和掌握情况提出的五个阶段是:新手阶段、熟练新手阶段、胜任阶段、业务精干阶段、专家阶段。

(1)新手阶段的教师,由于对学校各方面的情况了解很少,对职业角色要求和规范所知有限,跟实际工作密切相关的专业知识、经验和技能掌握不多,因而碰到的困难大多与如何适应并完成常规的教学工作和管理工作有关。这个阶段的教师缺乏灵活性,刻板,需要不断地熟悉教学情境,积累教学经验。

(2)熟练新手阶段的教师有了2~3年的工作经验,逐渐适应了自己的工作,开始形成简单的教育观念,并初步了解实际的教育教学工作。在这一时期,教师在教学技能等方面进行不断的改进与提高,压力和不适已经逐渐消失,能够比较轻松、自信地面对自己的工作了。

(3)胜任阶段一般有3~4年的工作经验,这时的教师已经掌握了有效的教学方法,也有了更强的责任心,教学目的性较强,但是在教学行为上仍不够灵活、流畅。

(4)业务精干阶段的教师有敏锐的直觉感受力,教学行为流畅、灵活。

(5)专家阶段的教师表现出明显的稳定性特征,因其资深的工作经历、较高的教学水平和较为扎实的理论功底,在努力钻研业务和开展教研中,结合自身特点和教育发展要求,逐步发展新的教学技能和教育思想,形成独特的教育教学模式，教学方式多样化。

与伯利纳五阶段理论相近的是休伯曼将教师的职业生涯过程归纳为五个时期：

（1）入职期时间是入职的第1~3年，是"求生和发现期"。

（2）稳定期时间是工作后的第4~6年。

（3）实验和歧变期时间是工作后的第7~25年。

（4）平静和保守期时间在从教的第26~33年左右。

（5）退出教职期，时间是教师工作的第34年以后，教师的职业生涯步入了逐步终结的阶段。

三阶段理论依据教师从教的心理活动划分，五阶段理论则按照教师从事教育教学工作的时间划分。

三、教师培训课程体系及内容

依据伯利纳的五阶段理论，许多教师培训内容都是按照教师的专业发展阶段来构建的。比较常见的课程体系是：新教师培训—骨干教师培训—卓越教师培训。

（一）新教师入职培训课程体系及内容

表8-1　新教师入职培训课程

课程类型	课程模块	课程内容
职业感悟与师德修养	教师职业理解与认识	教育政策与法规解读、教师职业理想与信念、教师职业生涯规划、教师专业发展等
	师德修养	教师职业道德、新时期师德师风建设、优秀师德标兵报告、优秀校园文化建设、教师团队建设等
教育理论课程	当代教育理论	新时代教育理论学习与应用、当代教育改革、国内外优秀教育理论实践案例等
	前沿教育理论	国内外教育前沿理论介绍、对未来教育的理解及构想等
	教育科研理论	教育科研的理论、课题研究的方式与方法、优秀课题研究案例分享等
	学科理论课程	新课程标准解读、核心素养解读、本学科优秀教师经验分享等

课程类型	课程模块	课程内容
教学技能课程	教师教学技能基本功	三字一话、学科专业基本功训练、专业技能提升、学科教学基本课型、课堂教学环节设计与实施等
	教师教研活动	常规教研活动规则、常见教师教研活动设计、如何听评课、教学反思等
教育信息技术课程	实用教育信息技术应用	常见多媒体辅助信息技术应用、数字教学音视频资料编辑、网络教学操作、多媒体素材处理
教师综合素养培养课程	教师心理健康	教育心理学常识、新型师生关系建立、教师职业压力与心理保健、教师消极情绪调节等
	教师礼仪	教师仪表与体态、教师的发声技巧、教师与人沟通的技巧
新班主任培训课程	班级管理	校园安全教育、班级文化建设、班规的制定、学生常见冲突问题处理等
	班会活动	班会活动设计与组织、家长会的设计与组织、有效家校沟通等
	个人修养	个人修养与行为、优秀班主任工作经验分享等

(二) 骨干教师培训新体系

骨干教师具有一定的教学经验，具有独立的教育思考能力，具有一定的教育教学成果，因此骨干教师的培训课程体系必须要符合这一群体教师的专业发展水平，既要有整体的教育理论与实践指导，又要有个性化的自主发展空间。例如，北京市海淀区教师进修学校的骨干教师培训课程的高阶设计模式经过多年的实践，已经取得了成功的经验。

必选课程以项目活动为载体来实施，每一个项目活动以学期为周期来开展，是学员三年研修期间的必选动作。内容主要包括"阅读素养""教学能力""学科核心素养"和"研究能力"等几个通识模块主题。自选课程由导师组长召集导师组成员并征询学员需求和意见讨论形成，模块主题、课程内容和形式由学科组自主决定。学员根据教学安排、需求和兴趣选择性地参加，参加次数不得少于自选课程总数的30%。个性化课程在导师与学员之间的"一对多"或学员与学员之间的"多对多"关系中展开，即导师根据自己学员的特点进行个性化指导，这种指导可能包括集体备课、听评课，也包括学员之间的"一课多研"和"同课异构"。个性化课程完全尊重学员自己的自主性和差异性，项目组和学科组不进行干涉。

表 8-2　海淀区导师制研修课程框架

必选课程			
模块主题	课程目标	课程内容	形式
阅读素养	增强理论与知识储备；提高教育及学科修养；培养文化与审美情怀	形成个性化书单阅读、分享与交流、读书心得撰写	项目活动："反思教学实践 寻觅理论支撑"海淀区书香文化节
教学能力	提高教学素养与能力；掌握团队研究方法；增强过程研究能力；提高教学反思的意识	研究团队组建研究专题确立研究过程分析课堂教学展示	项目活动："关注学生发展空间 创新课堂教学方式"教学交流研讨会
学科核心素养	探索核心素养在课堂教学实践中的途径；加深学科本质与学科思想方法的认识	高端备课及研讨课例分析与交流课堂教学展示导师点评	项目活动："把握学科本质 探索优质教学"课堂教学展示活动
研究能力	形成问题意识；增强研究能力；掌握研究方法；形成严谨态度和研究规范	选题与资料收集数据调查与分析研究框架的搭建论文撰写与修改	项目活动：结业论文
自选课程（以信息技术组为例）			
模块主题	课程目标	课程内容	形式
学科方向	了解教育改革对学科发展的影响	1. 基于学科素养的信息技术课程建设 2. 技术改变教学—教师必须直面的挑战	专家讲座学科论坛
学科理论	学科理论前沿对教学的影响及在课堂中的应用	1. 基于项目学习的学科综合实践活动课程设计 2. 基于技术的学习方式变革北京市现场会	学科论坛专题研讨
学科实践	了解学科在学生课外活动中的开展情况	基于科技活动的学科内容开展—海淀区科技节	实践活动
技术前沿	了解学科在技术生活领域的应用和开发	微软新技术学习体验	参观体验

续表

个性化课程			
模块主题	课程目标	课程内容	形式
导师与学员"一对多"	团队研究	不限	集体备课、团队研课、听评课交流
学员与学员"多对多"	同伴互助	不限	一课多研、同课异构

（三）卓越教师培训课程体系

北京师范大学继续教育与教师培训学院积极落实习近平总书记关于"四有好老师"重要讲话精神，于2014年9月10日顺势成立中国好老师发展中心，同步设立卓越教师研修基地。研修基地目的在于通过对卓越教师的培训与指导，培育其成为区域内教育的领军人物，做到造就一批名师、引领一支团队、产生一批成果、带动一门学科。研修基地的使命是"成为更好的老师"，研修基地的功能定位为国内一流的卓越教师师资研修中心；国家权威的卓越教师教育标准研制中心；国内一流的卓越教师课程资源研发中心和国内外知名的卓越教师教育交流中心。主要有四个项目：

（1）国际研修。汇聚北京师范大学和国内相关研究机构以及美国、英国、加拿大等国家和中国香港地区在教育学、心理学、脑科学和学科领域的知名学者，整合国内外小学教育改革前沿区域的名校名师，组建多元化实施指导团队。通过行动研究、国内外优秀课例在线观摩、听评课、学习共同体、学员工作室和汇报展示等对骨干教师培训与指导，培育其成为区域内教育的领军人物，做到造就一批名师、引领一支团队、产生一批成果、带动一门学科。

（2）国内研修。通过政府和大学共同联动，创新协同管理机制、多元团队建设机制和教育经费投入机制。聚焦教师的现实问题，满足不同层面教师的个性化需求，为教师提供全方位、立体化的支持与帮助，多途径持续跟进区域教师的专业成长。

（3）线上线下混合研修。分层分梯度设计，针对不同时期创设不同主题研修学习重点。通过梯度式面授研修（讲座、基地考察、行动研究、名师工作坊、专题交流与研讨、经验分享专题报告会、读书分享、学科工作坊和影子学习）、网络研修和行动研修以及质量监控等形式，培育出一支在基础教育领域有影响力和话语权的优秀教师队伍和管理团队，并以点带面，发挥名师辐射指导作用，带动基础教育领域教师队伍的整体提升。

（4）教育家成长工程。该工程以教育家书院的形式，进行课题研究、学术讲座、讲会营、学校诊断与改进、国际考察为主的活动，成为优秀校长（园长）、教师从事教育研究、凝练自己教育思想的交流平台；成为开展教育活动的影像、图文资料中心；成为基础教育阶段优秀教师教育者参与大学人才培养的中心。学员作为兼职研究员累计脱产研修 1~5 个月，参与书院的一系列教育科研活动和实践活动，并完成各自的研究课题。

目前国内许多教师培训机构也纷纷建立课程制作中心，汇集中国顶尖教育专家与实践精英，每年数百门课程投入制作，构建覆盖教师教育领域完整课程体系，满足客户的长期课程需求。例如，中国教师研修网根据中小幼教师专业标准和不同岗位教育工作者的发展阶段提供了 3000 门课程。部分课程结构如下：

学习对象	一级分类	二级分类	课程结构
学科教师	专业通识	综合素养	专业理论与师德
			职业礼仪与着装
		职业能力	教育科学研究
			学生教练辅导技术
			微课制作与应用
		职业健康	教师心理健康
			教师用嗓护嗓
	学科课程	分学段 分学科 分层级	课程标准解析
			课堂教学准备
			课堂教学实施
			课堂教学设计
			学科核心知识
			教学实践案例

续表

学习对象	一级分类	二级分类	课程结构
班主任	专业课程	中小学班主任	职业理解与认同
			班级管理与教育活动
			师生沟通与合作
			个人修养与行为
培训者	专业课程	培训管理	教师培训项目管理
			大规模远程培训项目管理
		培训技能	教师培训技能训练
		研修指导	校本研修管理指导

第四节 教师培训类型、方法与形式

一、我国教师培训的发展

图 8-1 2010—2018 年国家教师培训政策梳理

近 20 年来，国家对教师培训的重要性日益重视，教师培训工作的开展也得到了党和国家政府的大力支持。纵观我国教师培训政策的颁布与实施历程，可以将其分为五个主要阶段：探索期、初始期、发展期、深化期和变革期。

二、我国教师培训的分类

（一）按培训级别分类

在"国培计划"的引领带动下，中国构建了"国培—省培—市培—县培—校培"五级联动的新型教师培训网络，并将教师培训纳入教师继续教育学时学分管理当中，为教师终身学习和不断成长提供了制度保障。

1. 国培计划

国培计划相关政策的实施可分为三个阶段：国培 1.0（2010—2014年），国培 2.0（2015—2018 年），国培 3.0（2019 年—）。

在国培 1.0 阶段呈现出全面实施的特征，覆盖了教师培养的各个层级，从职前培养到职后新手教师、优秀教师、骨干教师层级的培训。同时，在关注基础教育阶段教师培训的同时，兼顾了特殊教育等教师的培训。在国培 2.0 阶段突出了乡村教师群体，并且逐渐分层明确、针对性地开展培训。在国培 3.0 阶段，加速进入提质增效阶段，利用政策配合与推动教师培训的全面改革。

2019 年 3 月 5 日，教育部办公厅、财政部办公厅联合发布《关于做好2019 年中小学幼儿园教师国家级培训计划组织实施工作的通知》。通知提出了 7 个"突出"：一是突出服务大局，示范引领新时代教师发展；二是突出扶贫攻坚，集中支持边远贫困地区教师培训；三是突出分层分类，遵循成长规律系统设计项目；四是突出模式创新，发挥培训品牌示范效应；五是突出应用导向，生成高质量培训成果；六是突出管理效能，切实落实"精细实"服务；七是突出制度保障，不断完善支持服务体系。

国培计划制定比较详细，在项目设置中明确了项目类别、培训对象、选派条件、培训人数、培训时长等具体内容，并对项目绩效的成果产出进行简要概述，以帮助各地教育行政部门更好地遴选参培学员，达到培训对象与培训项目的高度匹配。多年来，国培计划大力推进，并取得了很好的效果。下面分享一个规模较大的成功案例：国培计划（2019）—— 宁夏培育性示范校教师专业能力提升中学教师工作坊研修项目。

由宁夏回族自治区教育厅教师工作处主办，华东师范大学开放教育学院承办的"宁夏培育性示范校中学教师工作坊研修项目"培训时间从 2018 年 10 月 15 日至 2019 年 3 月 31 日，培训对象主要是来自银川市、吴忠市、固原市、中卫市、石嘴山市五个地市 20 所中学示范校的各学科教师，共计 3952 人，培训学时 80 学时。

培训共分四个阶段：

第一阶段：整体规划（2018 年 9 月 26 日—10 月 21 日），参培教师登录选课、制订个人研修计划、加入工作坊。

第二阶段：技能提升（2018 年 10 月 22 日—12 月 30 日），参培教师学习课程、参与课程、主题讨论和工作坊活动、完成考核作业、撰写培训日志（感言）。

第三阶段：实践反思（2018 年 11 月 5 日—2019 年 3 月 10 日），参培教师集体备课，确定主备人—上示范课—反思修改—第二次示范课—反思总结。

第四阶段：成果分享，案例沉淀（2019 年 3 月 11 日—3 月 31 日），研修成果展示、交流与分享、反思与小结。

教师工作坊是学员、辅导教师和专家进行业务学习交流的网络空间。在各个工作坊中，学员自主结合，形成一个个微型的"话题讨论室"，学员根据自身实际对教学中碰到的各类困惑，提出话题，工作坊内的其他成员献言献策，进行问题分析和梳理，整个讨论过程下来，通过解决他人的实际问题，也提升了学员自身在相关问题方面的解决能力，形成良好的互相研修、共促成长的氛围。随着培训时间的增长，一些好的工作坊逐渐涌现出来。

为了更好地服务于培训，项目组根据培训阶段的整体安排，为各位教师安排了三次文本答疑和三次视频答疑。具体安排如下：

阶段	时间	文本答疑	视频答疑
第一阶段	10.22—11.4	第一次文本答疑	第一次视频答疑——师德答疑
第二阶段	11.5—11.25	第二次文本答疑	第二次视频答疑——专家微讲座
第三阶段	11.26—12.15	第三次文本答疑	第三次视频答疑——信息技术提升

这是一次人数较多、时间较长的教师培训项目，以工作坊研修为主题，以工作坊研修的模式，采取集中面授、网络研修理论与实践相结合的方式，引导广大教师在做中学，通过亲自参与工作坊的研修活动体验和学习教师工作坊的操作流程。开展示范校教师专业能力提升中学教师工作坊研修，整校推进，构建项目校全员参与的网络支持下的常态化校本研修机制，提升校本研修质量，促进教师专业持续发展，发挥示范作用，辐射引领全区教师，形成区域化常态研修机制。

部分学员研修感言摘录：

（1）本次培训给我的感受很深，就像一位共事多年的挚友，帮你化解教学过程中困惑、烦恼。从而使我对新课改有了更深的认识，也意识到新课改的重要性及其必要性。在培训中，我进一步认识了新课程的发展方向和目标，反思了自己以往在工作中的不足。

（2）培训中让我觉得最为新奇的就是讨论了，很多学员提出了自己的各式各样在教育教学中出现的问题和解决各种问题的实例。

（3）对于一个教师，透过这次网上研修，让我懂得了网络的重要性，让我懂得了如何运用网络资源。作为传道授业的老师，只有不断地更新自我的知识，不断提高自身素质，不断地完善自我，才能教好学生。

（4）本次培训大大拓宽了我的视野。培训让我进一步地明白了走进新课程的教师也不再是充当"传道、授业、解惑"的单一主角，而更多扮演"组织者""指导者""促进者""研究者""开发者""协作者""参与者""学习者"等多元主角。

（5）参加教师"国培"网络培训的学习，既是教育发展形势的需要，更是上级教育部门对教育工作者提升工作潜力、提高业务素质的关爱和期盼。透过参加本次培训，我深感受益匪浅，它不仅仅提升了自己的教育理念，也开阔了教育视野，更增长了许多知识，同时也提高了自己对教育技术的应用潜力和教研潜力，对自己的业务水平和专业素养也起到了重要的作用，因此，我不仅仅在国培中收获着，更是进步着。

2. 省培计划

目前，我国各省的教师省培计划基本由当地政府或教育厅进行顶层设计、统一规划项目、统一支配经费，通过名额分配的方式将名额分派给省内各市、县级教育行政部门，然后层层分派名额。有条件的省份都在本省建立了省级教师发展中心或省级教师培训基地，分别承担省级教师培训项目。条件不足的省份则采用外请机构或者外请专家的形式组织开展省级培训。

表 8-3　省培计划案例：2019 年江苏省中小学教师和校长省级培训项目

序号	项目类别	项目名称	培训对象	人数	培训方式和时间
1	领军人才高端研修	江苏教育名家培养工程	各市推荐，省遴选确定	50	周期 3 年
2	领军人才高端研修	省名师工作室培训计划	各市推荐，省遴选确定	40×30＝1200	工作室成员每年集中培训不少于 2 次，合计不少于 15 天
3	领军人才高端研修	省级领航名师高级研修	2018 年延续项目，6 个项目	6×11＝66	工作站方式，周期 3 年，持续混合，每年集中研修不少于 20 天
4	领军人才高端研修	省级领航名师项目组成员集中研修	首批领航名师项目组成员	66	集中研修 7 天
5	领军人才高端研修	特级后备高端研修	各市特级教师后备人员，注意学段、学科、城乡分布	各市确定，不少于 50 人	省市合作，集中培训不少于 30 天
6	领军人才高端研修	"长三角"名校长高级研修	人员由"长三角"三省一市最后确定		上海、江苏、浙江、安徽联合，持续混合
7	领军人才高端研修	"苏粤渝"青年骨干校长高级研修	小学、初中校长各 20 人	40	江苏、广东、重庆联合，持续混合式，全年集中 40 天
8	领军人才高端研修	"京苏粤浙"中青年骨干教师高级研修	2018 年 30 人，2019 年新遴选小学语数外教师 30 人	60	持续 2 年，北京、江苏、广东、浙江联合，持续混合式，全年集中 40 天

续表

序号	项目类别	项目名称	培训对象	人数	培训方式和时间
9	助力乡村专题研修	乡村领军校长培育计划（小学）	优秀乡村小学校长	100	持续混合，集中10天，跟岗10天，网络研修5天，返岗实践指导5天
10	助力乡村专题研修	市级学科带头人培育计划	各市遴选确定	2000，25人/站，共80站	省市合作，以市为主，培育站式，集中培训不少于20天，周期1年
11	助力乡村专题研修	县级骨干教师培育计划	各市遴选确定	4000人，30人/站，共133站	省市县合作，以县为主，培育站式，集中培训不少于20天，周期1年
12	助力乡村专题研修	乡村校（园）长轮训	乡村学校正职校（园）长	各市确定，不少于50人	省市合作，以市为主，集中学习及跟岗学习各5天
13	助力乡村专题研修	乡镇中心小校音体美骨干教师培训	乡镇中心校音体美骨干教师	各市确定，不少于50人	省市合作，以市为主，持续3年，3年内每个乡镇中心校音体美各科至少有1名教师接受培训。
14	助力乡村专题研修	名师送培下乡	县域内乡村教师	每团150—200人；45个	省市县合作，以县为主，短期集中2.5天
15	助力乡村专题研修	幼儿园"双基"培训	区域内乡村幼儿教师	各市确定，不少于50人	省市合作，以市为主，分阶段集中研修不少于15天
16	助力乡村专题研修	乡村中小学教师培训千人计划	乡村义务教育学校教师	1000	分五期，集中研修5天
17	助力乡村专题研修	乡村幼儿教师培训千人计划	乡村幼儿园教师	1000	分五期，集中研修5天
18	助力乡村专题研修	乡村优秀青年教师培养奖励计划成员培训	各区市教育局推荐，省遴选确定	100	分阶段集中研修20天

续表

序号	项目类别	项目名称	培训对象	人数	培训方式和时间
19	高中教育专题研修	高中骨干教师分学科专题选学	高中骨干教师	4020	集中研修5天
20	高中教育专题研修	高中校长新课改分专题选学	高中校长	300	集中研修5天
21	高中教育专题研修	高中校长任职资格培训	新任高中校级领导	根据提任数确定	分阶段集中研修25天
22	特殊教育专题研修	特殊教育学校校长班培训（教学副校长）	特殊教育学校教学副校长	105	分两期，集中研修10天
23	特殊教育专题研修	特殊教育专家型中青年教师高级研修班	特殊教育专家型中青年教师	105	分两期，集中研修10天
24	特殊教育专题研修	融合教育巡回指导教师培训	全省特殊教育指导中心巡回指导教师	105	分两期，集中研修7天
25	特殊教育专题研修	特殊教育儿童诊断与评估培训	特殊教育学校相关教师	100	分两期，集中研修7天
26	特殊教育专题研修	培智课标解读与应用（生活适应）培训	培智学校相关课程的教师	100	分两期，集中研修7天
27	特殊教育专题研修	培智学校孤独症儿童教育培训	培智学校相关教师	100	分两期，集中研修7天
28	特殊教育专题研修	培智学校康复训练教学设计培训	培智学校相关教师	100	分两期，集中研修7天
29	教改专题研修	设区市申报项目（5个）	区域内相关人员	各市确定，不少于50人	省市合作，各市确定
30	教改专题研修	"国培计划"领航名师名校长工作室成员	江苏学员工作室成员	100	集中研修4天

序号	项目类别	项目名称	培训对象	人数	培训方式和时间
31	教改专题研修	研训员（科研人员）能力提升培训班	县级教师发展中心研训员（科研人员）	200	集中研修5天
32	教改专题研修	民办学校校长培训	民办学校校长	200	分两期，集中研修5天
33	教改专题研修	中小学书法骨干教师培训	中小学书法骨干教师	400	集中研修5天
34	教改专题研修	留守儿童教育班主任培训	义务教育学校教师100人，校长50人	150	集中研修3天
35	教改专题研修	义务教育教师教学质量提升培训	小学、初中教师各120人	240	集中研修5天
36	教改专题研修	行知学校校长和教师培训	行知实验学校校长和教师	160	集中研修5天
37	教改专题研修	义务教育优秀班主任培训	小学、初中教师各120人	240	集中研修5天
38	教改专题研修	全省内地民族班（校）骨干教师培训	内地民族班（校）骨干教师，每校2~6人	100	集中研修3天
39	教改专题研修	幼儿园课程游戏化建设项目园骨干教师研训员培训	课程游戏化建设项目园及共建园项目负责人、项目园所在区县研训员	200	分两期，集中研修5天
40	教改专题研修	小学特色文化建设工程项目培训	小学特色文化建设工程项目学校负责人，每校2~3人	150	集中研修4天
41	教改专题研修	薄弱初中质量提升工程项目培训	薄弱初中质量提升工程项目校负责人，每校2~3人	150	集中研修4天

续表

序号	项目类别	项目名称	培训对象	人数	培训方式和时间
42	教改专题研修	普通高中课程基地建设项目培训	普通高中课程基地建设项目校负责人，每校2~3人	150	集中研修4天
43	教改专题研修	2019年基础教育前瞻性教学改革实验项目培训	基础教育前瞻性教学改革实验项目负责人，每项目1~2人	200	集中研修5天
44	教改专题研修	中小学生品格提升工程项目培训	中小学生品格提升工程项目负责人，每项目1~2人	200	集中研修3天
45	教改专题研修	中小学社会实践基地负责人培训	校外社会实践教育基地、青少年宫、活动中心等基地场所负责人	200	集中研修3天
46	教改专题研修	心理健康教育教师培训	各县（市、区）及市直学校初中、小学心理健康教师	小学120人初中120人	集中研修5天
47	教改专题研修	中小学校（园）长法治教育培训	中小学校（园）长或法制副校长	200	分四期，集中研修2天
48	教改专题研修	法治课教师培训	小学、初中道德与法治教师，高中为政治课教师	300	分三期，集中研修2天
49	教改专题研修	教育系统家长学校校长培训	省教育系统家长学校校长	150	集中研修3天
50	教改专题研修	全省STEM教育种子教师高级研修（小幼段、中学段）	幼儿园、中学相关的骨干教师	260	集中研修2天

续表

序号	项目类别	项目名称	培训对象	人数	培训方式和时间
51	教改专题研修	中小学音乐新体系实验校教师培训	音乐新体系实验学校教师	100	集中研修5天
52	教改专题研修	中小学经典诵读骨干教师培训	中小学语文、德育及校园文化活动骨干教师，年龄小于45岁，向乡镇倾斜	260	分两期，集中研修5天
53	教改专题研修	乡村学校校长语言文字规范化专题培训	乡村学校校长或分管副校长	100	集中研修2天
54	教改专题研修	中小学音乐教师职业技能提升培训	中小学音乐学科骨干教师	50	集中研修7天
55	教改专题研修	中小学校园足球教师培训	省足球特色学校教师	100	集中研修14天
56	教改专题研修	全省"四有"好教师团队建设系列培训	获批团队的领衔教师、中青年卓越教师和年轻优秀教师	200	分阶段集中研修20天
57	教改专题研修	"书香校园建设·阅读领航人"培训	在学校担任阅读推广工作的骨干教师、管理人员	200	集中研修5天
58	教改专题研修	"教海探航"优秀教师发展培训	"教海探航"优秀选手	100	分阶段集中研修20天
59	教改专题研修	汉语国际推广储备教师培训	汉语国际推广储备教师，按市分配名额	120	分中学组、小学组，集中研修15天
60	研训专家专题研修	全省教师管理者培训班	各市县教育行政部门有关负责同志	140	集中研修7天

续表

序号	项目类别	项目名称	培训对象	人数	培训方式和时间
61	研训专家专题研修	乡村骨干教师培育站主持人高级研修	全省市县两级培育站主持人	240	分两期，集中研修3天
62	研训专家专题研修	省示范性县级教师发展中心发展培训	省示范性县级教师发展中心管理者	140	分两期，集中研修5天
63	研训专家专题研修	省示范性县级教师发展中心创建培训	拟申报创建单位负责人	80	集中研修5天
64	研训专家专题研修	首批省级教师发展示范基地校建设培训	首批省级教师发展示范基地校负责人	220	分两期，集中研修5天
65	研训专家专题研修	省级教师发展示范基地校创建培训	拟申报创建省级教师发展示范基地校负责人	340	分三期（140人，100人，100人），集中研修5天
66	研训专家专题研修	教师发展研究专项培训	教师发展研究基地校骨干教师	100	集中研修5天
67	远程网络培训	网络自主选学远程培训	全体教师	不低于教师总数的10%	全年
68	远程网络培训	网络竞赛1：师德师风及法律法规知识	全体教师	不低于教师总数的30%	4月
69	远程网络培训	网络竞赛2：根据教育部2019年主题活动定	全体教师	不低于教师总数的30%	10月
70	远程网络培训	启航工程	学前、小学语文、小学数学部分入职5年内教师	不超过5000人	7~12月

注：项目代码及培训基地略。

3. 市、县级培训计划

市、县级教育行政部门统筹制定全年本市、县教师培训计划，依然采取层层分派名额的方式组织报名，并将全市县中小学教师参加市级以上教师培训机构的参培情况纳入市教育局对区、县（市）教育局和直属学校年度绩效考核。在教师人数较多的市、县，为了保证全体教师均有参加培训的机会，许多市、县级培训计划规定各单位在推荐人选的过程中把握一个限制原则，例如要求学校原则上每位教师在同一年度内只能选择一个四天以上的集中培训。

表 8-4　市、县级培训计划案例：长沙市 2020 年中小学教师发展中心培训计划

项目	时间	培训班名称	培训对象及人数	学分	拟培地点
英才工程	8.6—8.8	未来教师·教育信息化 2.0 高级研修班	信息技术与教育教学融合研究团队 60 人	20	长沙市中小学教师发展中心
	9.20—9.26	长沙市高中数学骨干教师高级研修班	高中数学卓越教师、骨干教师 62 人	40	华中师范大学
	9.20—9.26	长沙市高中物理骨干教师高级研修班	高中物理卓越教师、骨干教师 62 人	40	北京师范大学
	10.11—10.17	长沙市初中历史教研组长高级研修班	初中历史教研组长 60 人	40	北京教育学院
英才工程	10.11—10.17	长沙市初中语文卓越教师高级研修班	市县两级初中语文卓越教师 50 人	40	北京师范大学
	10.17—10.21	特级教师"卓越人生"参观、考察、培训高端研修班	新评选的部分正高级教师、特级教师、市级首席名师、学科带头人，市、区（县）部分培训管理者，共 30 人	30	南京大学
	11.8—11.14	长沙市小学语文骨干教师素养提升高级研修班	小学语文教研组长、卓越教师、区县语文名师 60 人	40	华东师范大学
	11.8—11.14	长沙市初中信息技术骨干教师高级研修班	初中信息技术专职教师 60 人	40	华南师范大学

续表

项目	时间	培训班名称	培训对象	学分	拟培地点
骨干教师	6.12—6.13（语文）6.19—6.20（数学、英语）	同研共享·名师优课小学语文、数学、英语教师主题研修	长沙县、天心区三学科专职教师，其余部分区县及市直单位教师。语文、数学、英语，共600人	16	联合两个区县教师培训机构组织实施
	7.20—7.22	小学学科骨干教师主题培训	语文100人、数学50人、道德与法治专职教师50人、英语教师80人、音乐专职教师50人、美术专职教师60人（两届市级卓越教师全体及市直、区县级卓越教师代表）共390人	20	长沙市中小学教师发展中心
	7.31—8.2	长沙市骨干班主任主题培训	各区县及市直小学骨干班主任100人，高中（含中职）、市直初中骨干班主任，初中（110人）、高中（190人），共400人	20	长沙市中小学教师发展中心
	8.6—8.8	初中美术教师人文素养主题研修班	初中专职美术教师60人	20	长沙市中小学教师发展中心
	8.6—11.7	长沙市初中科学教育深度学习主题研修班	市直初中物理、化学、生物、信息技术、通用技术等科学教育学科，岳麓、雨花、开福、天心、芙蓉区共60人	40	长沙市中小学教师发展中心
骨干教师	10.15—10.17	长沙市教育系统财务管理人员专项培训班	长沙市教育系统财务管理人员，60人	20	长沙市中小学教师发展中心
	10.15—10.17	长沙市信息技术与高中音乐学科融合培训	高中音乐骨干教师50人	20	长沙市中小学教师发展中心
	10.16—10.17（高中）11.13—14（初中）	同研共享·名师优课高中英语、初中英语骨干教师主题研修	部分高中英语骨干教师100人；岳麓区、高新区初中英语教师200人	16	联合部分高中校、区县教师培训机构组织实施
	11.12—11.14	小学科学骨干教师能力提升班	各区县及市直小学骨干科学教师50人	20	长沙市中小学教师发展中心

项目	时间	培训班名称	培训对象	学分	拟培地点
乡村教师支持系列	6月—11月	小学、初中菜单式"同研共做"到区县主题研修	小学语文、音乐，初中语、数、英、物、化、生、政、史，区县级骨干教师专题类，预计350人	16	采用菜单式选定学科；联合区县教师培训机构组织实施
	7.20—7.22	小学体育教师体能提升训练主题研修班	长望浏宁四县及市直小学体育专职教师，共60人	20	长沙市中小学教师发展中心
	9.23—9.26	对口支援—龙山县骨干教师专项培训班	由龙山县提供骨干教师名单，约100人	30	长沙市中小学教师发展中心
全员培训	3月—6月	中职学校教师学科素养提升网络研修	中职学校教师1000人	60	网络研修：超星信息技术有限公司
	3月—6月	未来教师·智慧课堂专项培训网络研修	长沙市初中教师2000人，其中市直初中1000人，区县（市）初中1000人	60	网络研修：国家教育行政学院
	3月—6月	新高考背景下学科教学改革网络研修	高中教师2000人	60	网络研修：中国教师研修网
	6月—11月	高中菜单式"同研共做"到区县主题研修	高中语、数、英、物、化、生、政、史；区县级骨干教师专题类；预计300人	16	采用菜单式选定学科；联合区县教师培训机构组织实施
	6月—12月	长沙市信息技术应用能力提升工程2.0整校推进试点项目	第一批4个试点校长沙市第十一中学，长郡滨江中学，麓山实验小学，明德华兴中学；第二批12个试点校。共3760人	72	16所市直试点校
	7.23—7.26	市直初中教师主题培训班	市直初中教师语、数、英教师（每科70人），物、生、政、综合实践（每科45人），共390人	30	长沙市中小学教师发展中心
	7.27—7.30	高中教师主题培训班	高中语、数、英教师（每科50人），物、化、生、政、史、地教师（每科40人），共390人	30	长沙市中小学教师发展中心

续表

项目	时间	培训班名称	培训对象	学分	拟培地点
其他专项培训	9.12（第一期）9.13（第二期）9.20（第三期）	信息技术应用能力提升工程 2.0 管理员、管理者、专家培训班（第一期、第二期、第三期）	管理员、管理者班各 87 人（市直校 1 人/校，2 人/区县），专家培训班 60 人，共 234 人	8	长沙市中小学教师发展中心
	5.14—5.16	长沙市学校安全管理主题培训班	区县（市）教育局及市直单位负责安全的同志 55 人	20	长沙市中小学教师发展中心
	8.3—8.5	"新苗工程"——新入职教师主题培训班	2019 年长沙市直中、小学校新入职入编的教师	20	长沙市中小学教师发展中心
	8.6—8.8	长沙市省级普通话测试员培训班	长沙市省级普通话测试员，共 80 人	20	长沙市中小学教师发展中心

4. 校本培训计划

相对于国培、省培、市培和县（区）培项目而言，校本培训项目更加聚焦于本校发展的目标、本校教师的实际、本校教研的特色以及本校亟待解决的相关问题。由于国家在大力反对千校一面的现象，鼓励学校办学特色发展，所以校本培训工作已经呈现出百花齐放、百家争鸣的态势。

校本培训案例一：华东师范大学第三附属中学——校本培训

上海市金山区教育学院设有完整的组织架构，形成合力。（详见下列组织结构图）

组织结构

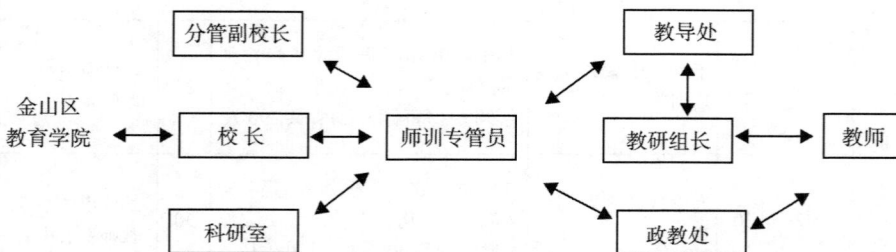

图 8-2　组织结构图

对市区校级特色教师（含市名校长、名师成员，区"明天的导师工程"导师及以上成员，校学术委员会成员，有高级职称的教研组长等），开展"特色教师风格养成工程"。主要工作任务是：①做好公开课展示周，深入开展课题研究，进一步完善华东师范大学第三附属中学"教师家园栏目"，扩大知名教师的影响力。②深入研究教师专业发展的策略，贯穿"三个100%教师观"的培养理念，完善与新课程体系相适应的，以校为本的有效教研制度，开发教师校本培训课程，采用新版《教师培养手册》的考核方法，完善教师评价制度。③为青年教师开设微型培训课程，彰显教师个性化的教学风格，培养一批知名的学习型、创新型教师，形成个性化的教学风格，扩大知名教师的影响力。

校本培训案例二：上海市行知实验中学——特色文化浸润

上海市行知实验中学作为上海市首批高中体育专项化改革试点学校，上海市非遗进校园优秀传习基地龙狮项目已成为学校的特色品牌和靓丽名片。特邀上海体育学院魏志强教授做了题为"中国龙文化与龙运动"的专题讲座，向广大教师传递了中华优秀传统文化龙文化的巨大魅力。他从龙文化的渊源说起，到龙的传说、龙是中华民族的图腾、舞龙竞赛内容与方法、舞龙动作类别、舞狮龙文化与陶行知教育思想的结合等，通过丰富的图片翔实的史料，深入浅出的将中国龙文化与龙运动的发展与运用展现在聆听者面前，使广大教师对龙文化与龙运动有了更为深入的认识和理解。还提出了要充分借助上海市教委、体育局，携各界的力量和资源，主动介入民族文化进校园团队，更希望学校能结合陶行知教育思想，让传统文化与民族精神融为一体，从而扩大社会影响。

校本培训案例三：温州市第十二中学——英特尔未来教育校本培训

"英特尔未来教育"（Intel Teach to the Future）是一个大型的国际合作性教师培训项目，涉及20多个国家和地区。其项目目标是帮助教师"扩展思维，从而达到让学生发挥创造力，摆脱课堂束缚的目的""使教师知道如何把计算机技术应用到他们所教的课程中去，从而增强学生的学习能力，提高他们的学习成绩"。

该培训课程主要内容包括在课堂上高效地利用计算机技术；让学生和教师能通过利用现代科学通信技术、多种教学策略和教学手段加强自身的学习研究；强调动手操作练习、创作每个课程单元教案和评价工具，并符合地方和中央的学术和技术标准；为学生提供更多的掌握和使用技术的机会；鼓励团队合作精神，共同参加交流、解决问题。

培训过程的具体内容是让教师选择一个他们目前在教的或在将来要教的单元作为正规课程的一部分，整合多媒体演示文稿、电子出版物、网站制作于该单元的教学中，最终制作出一个有效利用技术的、与国家课程标准相符合的完整单元计划；让教师能带着"技术产品"回到学校，并能使这个技术产品具体运用到课堂教学中，提高班级学业水准，达到重要的学习目标。

（二）按职业生涯规划分类

按照普遍的职业生涯发展规律，可以根据教师的教龄和发展阶段对教师培训进行分类，从教师的岗前培训开始，到新入职教师培训（1~3年）、青年教师培训（3~5年）、新秀教师培训（5~10年）、骨干教师培训（10年以上）、优秀教师培训、精英教师培训、卓越教师培训等。

（三）按教师的工作性质分类

按照教师具体从事的工作性质分类，可以将教师培训与教师所从事的具体工作相对应，如班主任培训、备课组长培训、教研组长培训、教研员培训、学时学分管理员培训、心理咨询师培训、家庭教育指导师培训、职业生涯规划师培训、后备干部培训、校长培训、幼儿园园长培训等。

（四）按培训内容分类

现在的培训项目是多元交叉的，基于培训内容进行分类，建立完整的培训课程体系，促进教师的发展。职业道德类培训、专业知识类培训、专业技能类培训、通识理论类培训等，以及由于疫情影响带动的教学方式的变革，线上线下混合式教学模式的培训等。

第五节　教师培训项目管理

一、教师培训项目管理制度建设

加强教师专业发展培训，是积极推进教育改革，促进教育科学和谐发展的一项重要举措；是深入实施素质教育，全面提高教育质量的必然要求；也是广大教师加快专业发展、实现自身价值的内在需求和迫切愿望。所有的教师培训项目要坚持以促进教师专业发展为本，突出强调教师培训必须充分体现教师的自主选择性，调动教师参与培训的积极性。各级各类教育行政部门都能深刻认识加强教师培训工作的重要性和紧迫性，高度重视，统筹规划，抓紧制定和完善各项配套政策措施，并结合当地实际，制定具体实施细则。

以浙江省"国培计划"示范性集中培训项目为例，浙江省教育厅高度重视教师培训工作，根据教育部、财政部《关于实施中小学教师国家级教师培训计划的通知》、教育部《中小学教师继续教育规定》《中小学校长培训规定》和《浙江省专业技术人员继续教育规定》等有关规定，在认真总结以往教师培训工作经验、广泛听取意见的基础上，制定了《浙江省中小学教师专业发展培训若干规定（试行）》（以下简称《若干规定》），并将把各地实施《若干规定》的情况列入对市、县（市、区）教育局教育科学和谐发展业绩考核的指标。

在《若干规定》总则中明确指出参加培训是教师的权利和义务。组织教师培训是各级教育行政部门和中小学校应尽的责任。将中小学校长指定为教师专业发展培训工作的第一责任人。要求学校要建立以校本培训为基础的教师专业发展培训制度，明确教师专业发展目标和要求，制订教师专业发展规划，加强对教师参加专业发展培训的指导组织和检查考核，适时对教师专业发展进行评估，提出个性化的改进意见。

二、教师培训项目管理流程与实施

（一）教育行政部门统筹管理

中小学教师专业发展培训由各级教育行政部门统一管理，实行统一筹划，分级管理，以市、县（市、区）为主的管理体制。市、县（市、区）教育行政部门统筹规划组织区域内中小学校教师培训，制订中小学教师培训规划和相关配套政策，落实培训经费，建立培训质量监控机制。

（二）学校统一管理

中小学教师专业发展培训每5年为一个周期。在职中小学教师，周期内参加专业发展培训时间应累计不少于 360 学时，其中校本培训时间的计算不超过总学时的三分之一。教师周期内培训时间，可以集中使用，也可分散使用，但每年参加培训时间一般不低于 24 学时，周期内至少参加一次不少于 90 学时的集中培训。

新录用的、教龄在一年以内的新任教师，在试用期内需参加不少于 180 学时的培训，其中实践培训不少于 60 学时。新任教师在试用期内接受规定培训的时数，不列入教师周期内专业发展培训时数。

新任校长到岗一年内需参加 300 学时的任职资格培训，其中集中培训不少于 90 学时。新任校长任职资格培训的时数，不列入校长周期内在职提高培训时数。

教师和校长参加由各级教育行政部门或学校指定的培训项目培训时间可累计计算。

（三）教师自主选择

教师应根据学校培训要求，制订个人专业发展 5 年规划和年度专业发展培训计划。在此基础上，结合教学与专业发展的需要，根据培训机构提供的培训课程、形式和时间，选择培训项目，并在学校做出新学期教学安排前，向学校提出参加专业发展培训的申请。学校应从提高办学水平，全面提升教师综合素质和执教能力出发，制订教师培训 5 年规划和年度培训计划，并根据教学安排需要，以及培训经费情况、教师培训申请，统筹安排教师参加培训。

（四）条件保障

1. 资格认定

实行培训机构资格认定制。认定条件由省教育厅统一制定和公布。培训机构认定工作，根据教育管理权限，分级组织开展，并实行动态管理。

2. 网络支持

省教育厅依托门户网站，建立与各级教育行政部门门户网站相链接的全省教师培训网络管理平台。参与省教师培训的机构均须在培训网络管理平台上公布经审核确认的资质条件、培训项目及具体内容，以方便教师和学校选择适合自身需要的培训项目。培训机构需对公布内容的合法性、真实性负责。

3. 条件保障

加强教师培训条件建设。各级教育行政部门要将教师培训机构建设纳入本地教育事业发展规划，保障其建设、培训和日常公用经费的支出。整合县（区）级教师培训机构与县（区）级教科研、电教等现有相关教育培训资源，努力将教师培训机构建成"多功能、大服务"的教师学习与资源服务中心。加强培训者队伍建设和培训课程资源建设。

4. 质量保障

成立省教师专业发展培训指导委员会，负责编制教师专业发展培训指南。培训机构按照培训指南要求，针对教师专业发展需要，编制专业发展培训项目。项目应包括培训目标、课程和师资安排、内容和方法、时间和地点、经费预算等。项目需根据服务培训对象涵盖范围，报所在教育行政部门备案。跨县（市、区）培训的，报设区市教育局备案；跨设区市培训的，报省教育厅备案。备案时间为每年4月和10月。

5. 经费保障

教师培训经费，按办学体制和责任，由市、县（市、区）政府为主负责筹集，省级根据各地不同情况，适当补助奖励。在全省建立旨在增加教师培训选择性、调动教师培训积极性的，与教师培训学时、培训质量相挂钩的培训经费保障机制。根据《浙江省人民政府关于进一步加强农村教育工作的决定》的要求，各地财政要按每年不少于当地教职工工资总额3%的比例安排专项资金，用于中小学教师的培训；中小学校要按照不少于学校年度日常公用经费总额10%的比例，提取教师培训经费。省级每年安排专项资金，用于省级统一培训和补助奖励市、县（市、区）级教师培训。市、县（市、区）应统筹使用本级财政教师培训专项经费。除留不高于30%比例经费用于本级指定培训项目外，其余部分原则上按人均以学校为单位下拨经费，适当兼顾培训类别、人数，确定单位培训课时报销经费标准。教师在县域内自主选择参加本级教育行政部门组织的360学时的培训，原则上培训费用应由本级财政和学校全额保障。教师经学校批准参加专业发展培训，凭培训结业证书和实际培训课时数，在培训课时报销经费标准内报销培训经费。超出标准限额部分，由教师个人承担。教师培训资金需专项用于教师培训，任何部门、单位、个人不得侵占和挪用。学校用于教师培训的资金应每年公布一次，自觉接受教师监督。

（五）考核管理

1. 建立教师培训项目考核制度

省教育厅将根据工作需要、教师及社会反映，每年不定期地组织专家，对培训机构设置和实施培训项目情况进行抽查。重点抽查培训项目设置是否合理，培训行为是否合法合规，培训宣传是否真实可靠，培训承诺是否真正落实，培训目标是否如期实现等，并公布抽查结果。对培训存在严重问题的机构及项目，实行黄牌警告，限期整改，并实行再检查。若再检查仍无明显改进的，依程序取消该培训项目或取消该培训机构培训资格。

2. 建立教师培训工作分级考核制度

各级教育行政部门和中小学校要将教师专业发展培训情况列入相关工作的考核指标。省教育厅将各地按规定开展教师专业发展培训情况列入教育强县和教育现代化水平评估考核指标，列入市、县（市、区）教育局教育科学和谐发展业绩考核指标。各地教育行政部门要将学校开展教师专业发展培训情况列入学校发展性评价考核指标。学校要将教师参与专业发展培训情况列入教师年度绩效考核指标，并将考核结果作为教师聘用、聘任、晋级、评优、奖励的必要条件。

3. 结果运用

建立健全教师培训统计管理制度。统计的内容和办法由省教育厅统一规划设置，各级教育行政部门和中小学校负责组织实施。学校要落实专人及时登记教师参与培训的情况，并作为教师专业发展档案长久保存。教育行政部门要加强指导和检查，并按要求做好区域内学校教师培训的综合统计和分析。

例如，广东省教育厅为了减负增效，采用了学时折算的方法，将教师参加课题研究、撰写论文、课例展示、专题讲座等教研活动采用相应的公式进行学时折算。

江苏省教育厅为了响应号召到贫困地区支教，将任教一个学期、考核合格的认定县级以上72学时。

（六）专项教师培训项目设计与流程

1. 项目设计的意义

明确培训项目对教师发展的作用，从理论指导、实践价值、能力提升等方面进行设计，既要考虑此项培训的现实意义，也要考虑该项目的长远意义。

2. 培训主题的选定

为了提高培训的针对性，培训主题要尽量聚焦，突出核心内容，切忌主题泛化。培训主题的选择既要符合当前时代发展的需要，也要符合实际教育教学工作的需求，以解决实际问题为准则。

3. 培训目标的定位

培训目标的设定可以从培训效果的角度来思考，即通过这次培训，培训对象在哪些方面有所转变或哪些方面有所提升，对今后的工作和发展会带来哪些好的影响。培训目标的定位要真实有效，易于评估。

4. 培训需求的分析

教师群体存在明显的差异性，教师的专业发展要呈现多元的空间，因此对教师培训需求的调查和分析是确定培训内容的重要依据。采用科学有效的分析工具和方法，得到更加客观的结论，对整个培训项目的设计和效果都起着重要作用。

5. 培训课程的设计和安排

在培训需求分析的基础上设计培训课程，课程尽量建立在一个相对完整的体系当中，避免过于碎片化的呈现。课程的实施也离不开优秀的培训者团队和专家库资源，同一门课程由不同的人来讲授，效果也会不同。因此在设计内容的同时也要考虑授课教师的选择。培训课程的安排要考虑逻辑顺序和时间分配，即课程与课程之间的逻辑关系、先后顺序，在时间分配上要做到主次分明，对于实操类课程要给出足够的时间，确保参培教师有充分的体验和感受。

6. 培训方式的选择与改进

教师培训属于成人培训，他们具有明确的学习目标，也有足够的学习动机。除新入职教师培训项目外，在其他的职后培训项目中的参培教师都具有一定的教学经验和感悟，也对培训者的授课水平有着比较理性的判断标准。因此，教师培训项目的培训方式要符合其学习特点，不能使用单一的讲授法，应更多地融合演示法、研讨法、角色扮演法、案例研究法、小组合作学习、研修工作坊等多种方法。随着信息技术的发展与应用，为了更好地解决教师的工学矛盾，可以采用线下与线上相结合的培训方式进行，不仅可以为教师节省时间成本，还可以远程邀请一些知名专家学者进行线上授课，提高培训课程的质量。

7. 考核评价的指标

培训项目效果考核主要从培训项目的设计、实施过程与效果三个维度来考核。包括对文本材料的查阅，如培训计划、方案、预算等。对培训实施的过程性材料要重点考核，尽量做到全面，将培训实施的整个过程分成若干个环节逐一考核，包括学员考勤、培训记录、培训资料收集与整理、学员管理办法实施、经费使用记录等。效果评估可采用柯克帕特里克的四级培训评估模式。

好的培训项目管理体系要借助于简易便捷的管理工具的使用，充分运用信息化软件，实现项目管理流程的模板化和标准化，达到高效运作的项目管理效果。

第六节　教师培训质量与绩效评估

一、培训评估的概念

培训评估（Training Evaluation）是一个运用科学的理论、方法和程序，从培训项目中收集数据，并将其与整个组织的需求和目标联系起来，以确定培训项目的价值和质量的过程。建立培训评估体系的目的，既是检验培训的最终效果，同时也是规范培训相关人员行为的重要途径。

二、培训评估分类

培训评估包括训前评估、训中评估和效果评估。

1. 训前评估

训前评估是指改进培训过程的评估，即如何使培训计划更理想获得定性数据，如对培训计划的看法、信任、和感觉。可以保证培训需求确认的科学性，确保培训计划与实际需求的合理衔接，帮助实现培训资源的合理配置，保证培训效果测定的科学性。

2. 训中评估

训中评估可以保证培训活动按照计划进行，及时对培训执行情况进行反馈和调整培训计划，过程检测和评估有助于科学解释培训的实际效果。

3. 效果评估

效果评估是指用以衡量受训者参与培训计划后的改变程度的评估，即受训者掌握了培训目标中确定的知识、技能、态度、行为等。效果评估通常应用测试行为或绩效的客观评价标准等来评价，有助于树立结果为本的意识；有助于扭转目标错位的现象，是提高培训质量的有效途径。

三、培训评估方法

下面主要谈一谈效果评估的有关事宜。常见的评估方法有调查问卷法、书面测验法、实操测验法、观察法、提问法（面试法）、案例测验法。

1. 调查问卷法

调查问卷法就是通过对参培教师发放调查问卷，然后统计问卷的数据、整理问卷信息，对结果进行统计和分析。最常见的就是培训满意度测评，可以从培训方案设计、培训课程、培训教师、培训环境、培训组织与管理、培训效果等多种维度进行全方位的调查，形成对培训项目的整体评价。

2. 书面测验法

书面测验法是指对参培教师进行闭卷笔试测试，通过测验成绩对培训效果进行评估。笔试测验法比较适合于理论类培训，可以看出参培教师对理论学习掌握的效果。笔试测验法可以采用多种题型进行，如单项选择题、多项选择题、是非判断题、填空题、连线题等标准化试题题型。

3. 实操测验法

实操测验法针对教学实践类培训课程采用实操测验法进行效果评估。例如，教学设计、课堂导入、授课、课堂提问、课堂管理、作业设计等要求具有实践技能的培训项目内容进行实际操作测验，来检验参培教师是否掌握这些教学环节的要领，是否能将理论与实践有机结合。这种评估方法更适用于新教师的教学实践与技能培训，达到做中学的良好效果。

4. 观察法

观察法指对培训环境进行观察，评估培训项目的条件是否得到保障，如对场地、采光、温度、多媒体设备、学习物品、餐饮等具体事项进行观察。也可以对培训教师和参培教师进行课堂观察，评估培训者的培训水平及质量，参培教师的喜爱和参与程度等人文要素。此种方法对于实施者的专业程度有一定的要求，要求能够对所看到的情境做出科学准确的判断。

5. 提问法（面试法）

提问法（面试法）指以现场口头提问的方式对参培教师进行随机提问，以测验培训项目的效果。注意提问的人数不要太少，避免以偏概全，以点带面。同时对提问人的专业水平有一定的要求，所提问题的针对性和有效性都会影响测验结果，主观性较大、主观因素较多。这种方法更适用于参培教师群体为单一群体的情况下，如小学英语骨干教师培训，在学段、学科及教师专业成长阶段比较接近的情境下。

6. 案例测验法

案例测验法指根据参培教师完成的典型作业或者任务的情况来评估培训项目的效果。这种方法适用面比较广，选择不同层次的有代表性的参培教师的案例作为测验样本。但同样对测验样本的鉴定与甄别需要一定的专业水平，以确保全面公正地做出评估。

四、培训评估内容

我国的教师培训评估内容多采用国际著名学者威斯康星大学教授柯克帕特里克于1959年提出的四级培训评估模式，目前已成为应用最广泛、最实用的经典指南。这四级培训评估分别是反应评估、学习评估、行为评估和结果评估。

1. 反应评估

反应评估是第一级评估，即在课程刚结束的时候，了解参培教师对培训项目的主观感觉和满意程度。可以通过访谈法或者调查问卷法进行，可以对培训项目涉及的所有方面进行全方位的评估，并将反馈作为下一个培训项目的参考依据。

2. 学习评估

学习评估主要是评价参培教师通过培训对所学知识深度与广度的掌握程度，可以采用书面测评法、口头测试法及实际操作测试法等方式进行。主要目的是要通过测验来得出参培教师是否理解和掌握了培训内容，是否可以通过培训获得理论、技能与实践方面的提高。

3. 行为评估

行为评估指评估学员在工作中的行为方式有多大程度的改变。观察、主管的评价、同事的评价等方式。这种行为的转变多发生在培训结束一段后的时间里，观察教师是否能够做到知行合一，是否得到学校领导、同事及学生的一个进步性评价。同样，也可以采用教师自评的方式来进行自我行为的评估，因为教师对自己行为是否有转变还是能够明显感知到的。

4. 结果评估

结果评估是第四级评估，其目标着眼于由培训项目引起的业务结果的变化情况。最为重要的评估内容是对项目绩效的确定，既包括经济效益，也包括社会效益。

五、培训评估案例

培训项目绩效评价案例：广东省省培项目绩效评价指标体系

表 8-5　省培项目绩效评价指标体系

评价指标								指标说明	评分	扣分依据
一级指标		二级指标		三级指标		四级指标				
名称	权重（%）	名称	权重（%）	名称	权重（%）	名称	权重（%）			
投入	10	项目立项	8	论证决策	2	论证充分性	2	1. 具有前期可行性研究报告或摸底调查工作总结（包括培训需求的调研）等文字材料； 2. 经过集体会议协商，并咨询相关专家意见（提供关于专题研究培训工作的会议纪要和文件），且有文字材料		

续表

评价指标								指标说明	评分	扣分依据
一级指标		二级指标		三级指标		四级指标				
名称	权重（%）	名称	权重（%）	名称	权重（%）	名称	权重（%）			
投入	10	项目立项	8	目标设置	2	完整性	1	依据相关基础信息和证据判断目标设置的完整性，即是否包含总目标和阶段性目标，是否包括预期提供的公共产品或服务的产出数量、质量、成本指标，预期达到的效果性指标，据此核定分数		
						合理性	0.5	依据相关基础信息和证据判断目标设置的相关性，即绩效目标是否与资金或项目属性特点、支出内容相关，体现决策意图，同时合乎客观实际，据此核定分数		
						可衡量性	0.5	依据相关基础信息和证据判断目标设置的可衡量性，即绩效目标设置是否有数据支撑、是否有可衡量性的产出和效果指标，据此核定分数		
				保障措施	4	资金管理制度	0.5	依据相关基础信息和证据判断制度完整性和是否具备条件实施，根据实际情况核定分数。制度应包含资金管理办法、财务管理相关制度		
						培训管理制度	1.5	依据相关基础信息和证据判断制度完整性和是否具备条件实施，根据实际情况核定分数。制度应包含培训管理、培训方案、培训专家团队配备、学员考核机制、监督检查机制、专项资金跟踪问效和绩效评估机制等方面内容		
						培训方案	2	培训课程安排合理，内容理论与实践相结合，实践性课程占50%以上，讲座与现场教学有机结合得2分；每降低10个百分点依次递减0.5分，直至不得分		

续表

评价指标									指标说明	评分	扣分依据
一级指标		二级指标		三级指标		四级指标					
名称	权重（%）	名称	权重（%）	名称	权重（%）	名称	权重（%）				
投入	10	资金落实	2	资金到位	1	资金到位率	0.5	1. 各类来源的资金足额到位的，得满分； 2. 各类来源的资金未足额到位的，按实际到位金额÷应到位金额×指标分值		
						资金到位及时性	0.5	1. 各类来源的资金及时到位的，得满分； 2. 各类来源的资金未及时到位的，按实际及时到位的金额÷应及时到位的金额×指标分值		
						资金分配合理性	1	依据相关信息和证据判断资金分配是否合理，是否有助于实现资金的绩效目标。		
过程	25	资金管理	7	资金支付	2	资金支出率	2	主要依据"支付额÷预算额度×100%×指标分值"计算核定得分，同时综合考虑工作进度，以及是否垫资或履行支付手续而影响支出率等因素适当调整最后得分		
				支出规范性	5	预算执行规范性	2	按规定履行调整报批手续或未发生调整的，且按事项完成进度支付资金、资金管理、费用标准、支付符合预算规定的得满分，超范围、超标准支出、虚列支出、截留、挤占、挪用资金的，以及其他不符合预算支出的，发现一处扣0.5分，直至扣到0分；其他情况酌情给分		
						支出及财务核算规范性	3	规范执行财务核算得满分，未按规定设专账核算，或支出凭证不符合规定，或其他核算不规范的，否则发现一处扣0.5分		

评价指标								指标说明	评分	扣分依据
一级指标		二级指标		三级指标		四级指标				
名称	权重（%）	名称	权重（%）	名称	权重（%）	名称	权重（%）			
过程	25	事项管理	18	实施程序	9	程序规范性	3	项目或方案按规定程序实施，包括项目或方案调整按规定履行报批手续，项目招投标、建设、验收等或方案实施严格执行相关制度规定的，得满分，否则酌情扣分		
						培训生活与后勤	3	食宿、交通有保障，后勤服务到位，条件良好得满分，其他情况酌情给分		
						培训场所和设备	3	培训场所和设备满足培训需要，条件良好得满分；其他情况酌情给分		
				管理情况	9	事项管理自查	3	承训机构培训管理部门对培训管理制度、资金管理制度的执行情况开展有效的检查、监控、督促整改并形成相关检查监督总结和整改文字材料，具体根据所提供的信息材料作出判断给分		
						培训质量监控	3	培训质量监控工作：有无作业要求，是否进行日常培训课程满意度测评。没有质量监控的不得分		
						对学员的考核	3	对学员的考核与评价。采用过程性和终结性评估方式对学员进行评估，没有考核和评估的不得分，考核方式不合理的酌情给分		
产出	30			完成进度	12	培训课时完成率	2	是否按计划及时开课，已完成课时÷项目总课时×100%×指标分值		
						学员参训率	2	实际参训学人数÷预期应培训人数×100%×指标分值，认真规划招生目标，积极联系各学校教师参加培训，完成培训计划人数		

评价指标								指标说明	评分	扣分依据
一级指标		二级指标		三级指标		四级指标				
名称	权重（%）	名称	权重（%）	名称	权重（%）	名称	权重（%）			
产出	30			完成进度	12	学员出勤率	2	学员出勤率（%）：实际出勤人数÷预期应出勤人数×100%×指标分值		
						相关项目按文件规定内容完成情况	6	根据各相关项目文件制度规定应完成的内容（按照相关项目文件完成的，得满分；未按相关项目文件规定内容酌情给分。）		
						其他被评价单位认可的个性化指标		根据评价对象设置指标名称和分数权重，包括完成及时性、实际完成情况、质量达标情况等		
				完成质量	18	培训专家团队配备	3	一线校长与教师占50%以上、省外专家占20%以上得3分，每降低10个百分点依次递减1分，直至不得分 中职项目评分标准：有一支专兼结合的专家团队，一线专家（含企业行业）与教师占80%以上得3分，每降低10个百分点依次递减1分，直至不得分		
						培训模式	3	根据培训目标采取灵活多样的培训方式，突出问题导向和实践导向得满分；培训模式比较单一则酌情减分		
						培训成绩	3	通过考试或其他考核方式，考核成绩合格人数÷参加培训总人数×100%×2分； 优秀率：90分及以上人数比例达到30%以上得1分，比例为10%~30%的0.5分，比例为10%以下不得分		
						培训内容实用性	3	根据参训学员对培训内容适用于自身工作需要情况评价		

续表

评价指标						指标说明	评分	扣分依据
一级指标		二级指标		三级指标		四级指标		
名称	权重（%）	名称	权重（%）	名称	权重（%）	名称	权重（%）	
产出	30			完成质量	18	培训对象相关性	3	培训项目课程与培训对象工作岗位是否相关		
						培训教学质量	3	根据参训学员对授课讲师方面的教学质量反馈、教师备课内容、学员成绩等多个方面评价		
						其他被评价单位认可的个性化指标		根据评价对象设置指标名称和分数权重，包括完成及时性、实际完成情况、质量达标情况等		
效益	35	效果性	27	社会效益	20	受训学员专业知识提高	4	受训学员专业能力提高，项目覆盖范围内受调查学员认可的人数÷项目覆盖范围内受调查学员总人数×100%×指标分值		
						受训学员教学水平提高	5	受训学员教学水平提高，项目覆盖范围内受调查学员认可的人数÷项目覆盖范围内受调查学员总人数×100%×指标分值		
						受训学员教育理念更新	4	受训学员教育理念更新，项目覆盖范围内受调查学员认可的人数÷项目覆盖范围内受调查学员总人数×100%×指标分值		
						社会影响力	7	对学生教育的影响（根据调查问卷、学员日志、绩效自评报告等酌情给分）。媒体宣传：在省级及以上媒体积极宣传实施情况和工作成效，并在学院网站上呈现		
						其他被评价单位认可的个性化指标		根据评价对象选择效果性指标，并相应设置指标名称和分数权重		

续表

评价指标							指标说明	评分	扣分依据
一级指标		二级指标		三级指标		四级指标			
名称	权重(%)	名称	权重(%)	名称	权重(%)	名称	权重(%)		
效益	35	效果性	27	可持续发展	7	人员、机构可持续	2	反映事项完成后，人员机构安排可持续，有稳定的管理人员结构，师资团队优质，得满分		
						政策或制度可持续	2	反映事项完成后，后续政策或制度是否带来可持续发展影响，出台项目后续的政策或制度可持续的得满分		
						机制可持续	1	反映事项完成后，后续管护、经费是否对可持续发展有影响，管理和维护、经费投入等可持续得满分		
						培训模式特色与创新	2	培训模式特色与创新：在培训方式（包含专题讲座、交流研讨、现场观摩、技能训练等多种形式，专业知识和实践技能训练同时体现新知识、新技术）、方法、管理上有显著特色，且取得了明显效果。否则酌情给分		
		公平性	8	满意度	8	项目负责人/班主任对培训整体满意度	2	表示满意的服务对象÷项目覆盖范围内接受调查的对象总数×100%×指标分值。 1. 整体满意度（1分） 2. 对学员的满意度（1分）		
						学员对培训满意度	6	表示满意的服务对象÷项目覆盖范围内接受调查的对象总数×100%×指标分值。 1. 整体满意度（2分） 2. 食宿满意度（1分） 3. 场所和设施的满意度（1分） 4. 对授课老师的满意度（2分）		

续表

评价指标								指标说明	评分	扣分依据
一级指标		二级指标		三级指标		四级指标				
名称	权重（%）	名称	权重（%）	名称	权重（%）	名称	权重（%）			
其他		加减分项		工作表现加减分指标		反映项目工作受到表彰或批评问责的情况		1. 加分项：工作获得省教育厅或以上机构表彰的，表彰一次加 1 分，同一项工作获得多次表彰的，按一次计算，累计加分最多 3 分，加分后总分不能超过 100 分； 2. 减分项：在省教育厅审计、监察机构或以上机构等监督检查时发现问题并被问责的，问责一次扣 2 分，同一个问题被问责多次的，按一次计算，累计减分最多 6 分，减分后总分不能低于 0 分		

注：完成进度、完成质量、社会效益指标下的末级指标为个性化指标，可根据项目具体情况增减，并重新调整分值。

六、培训评估报告

在分析以上评估内容之后，再结合学员的结业考核成绩，接下来需要对此次培训项目给出公正合理的评估报告。评估报告可以由培训项目主管来撰写，也可以要求承办此次培训的培训机构来完成评估报告。评估报告对于日后的培训项目设计有着重要借鉴意义，也是同一培训项目是否需要延续进行的重要依据。如果评估结果表明培训项目的某些部分还不够完善，如培训的时间安排、培训教师、培训内容、培训方式、后勤保障等方面，培训机构就可以有针对性地考虑对这些部分进行重新设计或调整。

培训评估报告案例：浦东新区校长教师境外培训项目绩效评审评估报告

评估组由七名专家组成，对该项目的相关资料进行了审阅，包括培训机构的自评报告，对培训项目主管和部分参培学员进行了提问，专家组分项撰写评估意见，最后形成一份完整的评估报告。

评估报告的主要意见是：培训方案设计合理；培训管理有序规范；培训内容充实；培训成果切实。

在对培训项目充分肯定的同时也提出了几点建议：一是对国外的培训资源还要加深了解；二是课程设置的范围可以再宽泛一些；三是讲座内容的理论部分过多，实践指导不足；四是参观考察的学校应该更具有代表性；五是对培训效果的检核和验证还需要增加实证性研究，手段还应更加丰富一些。

第九章

中小学教师发展中心信息化建设实践探索

　　2019 年，中共中央、国务院印发的《中国教育现代化 2035》中明确指出要加快信息化时代教育变革，建设智能化校园，统筹建设一体化智能化教学、管理与服务平台。[①] 利用信息技术创新人才培养模式、创新教育服务已成为教育改革的重要途径。对于培养中小学教师的各级教师发展中心，在其建设过程中，一定要注重信息化建设，致力于打造一个智慧教育平台，形成教育大数据，真正实现线上线下融合、一体化的学习和教科研支持环境。新型的教师发展中心建设应该满足教师未来教育和智慧教育的需求，能够培养教师信息化教育教学知识和能力、提高教师品质和终身学习能力，促进教师的全面发展。

　　那么在信息化建设过程中我们是不是就要毫不犹豫地采用最先进的技术和设备呢？实际上，人们最普遍犯的一个错误就是受到技术本身令人炫目的效果的诱惑而去提出新技术推行方案，而不是出于新技术是否能够解决实际困难。过去的几十年，技术以惊人的速度更新着，很多我们以为最先进的设备，也许在被安装使用或者教师和学生学会使用前就已经被淘汰，从而陷入投入大量的人力、物力和财力在新技术上，却没有多少回报的怪圈。但在现代社会，把技术整合到教学中又是如此的重要，前面我们已经提到，我们必须利用现代技术推进教育改革。因此，在开始中小学教

---

① 新华网. 中共中央、国务院印发《中国教育现代化 2035》［EB/OL］.［2019-02-23］. http：//www. moe. gov. cn/jyb_ xwfb/s6052/moe_ 838/201902/t20190223_ 370857. html

师发展中心的信息化建设之前，首先要明确需要解决的核心问题或者要达到的首要目标，问题和目标必须植根于改进教育效果中，即提升教师教育教学能力，促进其专业化发展，从而推动基础教育发展。参考广东省教育厅2015年出台的《广东省中小学教师发展中心建设标准（征求意见稿）》中，关于信息化环境和信息化建设的要求，并根据目前教育和技术的发展趋势，我们从技术平台、资源建设和远程支持三个方面来阐述中小学教师发展中心的信息化建设要点。

第一节　技术平台建设

中小学教师发展中心是在智慧校园建设标准的基础上进一步集成化智慧教育平台。中小学教师发展中心技术平台的建设可参考智慧校园建设。智慧校园以物联网为基础，建设智慧化的校园工作、学习和生活一体化环境，这个一体化环境以各种应用服务系统为载体，将教学、科研、管理和校园生活进行充分融合。① 智慧校园的前提是万物互联，它依赖物联网技术将各种不具备信息反馈能力的校园对象，如花草树木、电力、水源、建筑等赋予信息产生并反馈的能力，以此实现检测、警告、预测以及决策推荐。因此，中小学教师发展中心在建设规划时就要考虑设备的"可物联"性，考虑硬件和软件的总体部署。

智慧校园建设主要涉及几个方面，包括智慧校园的总体框架、教学环境、教学资源、各管理系统以及服务内容。对于如何规范建设，可参考2018年6月公布的国家标准文件《智慧校园总体框架》（GBT 36342 - 2018）。各省也出台有相应的中小学智慧校园、智慧教室指南，进一步指导各地教育信息化建设。例如《广东省中小学智慧校园建设指南（试行）》《广东省中小学智慧教室建设指南（试行）》。各中小学教师发展中心可参考相关标准和指南根据地区实际情况具体规划和建设。

---

① 国家标准全文公开系统，智慧校园总体框架［EB/OL］.［2018 - 06 - 07］http：//openstd. samr. gov. cn/bzgk/gb/newGbInfo？ hcno＝EB82492C508C0A5148B86E2C5BEE8E30

一、智慧教育环境

从信息化建设的角度看，中小学教师发展中心技术平台一般主要由中心机房、控制管理室、远程观摩室、智慧教室、其他场所和安防系统（门禁、监控、考勤、电话系统）六个模块构成，如图9-1所示。

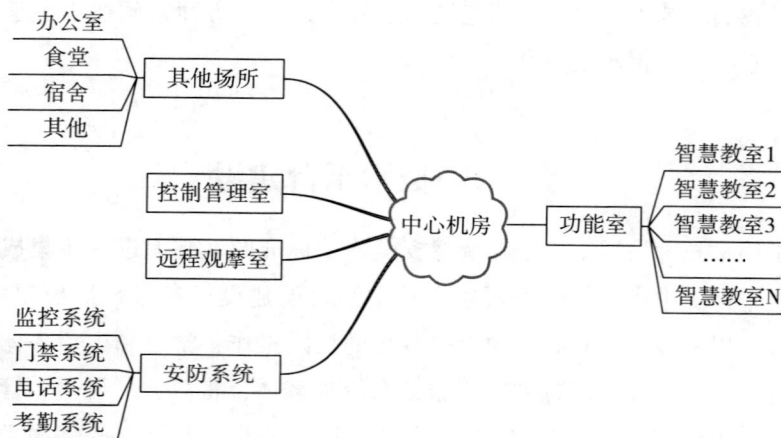

图9-1　中小学教师发展中心技术平台结构

1. 中心机房

中心机房主要功能是为中小学教师发展中心各功能室及其他场所提供地线及强电配电、弱电交换，保障各类服务器、存储器及网络交换机等重要设备的运行。

中心机房建设要坚持高可靠性、高安全性、先进性、实用性、可持续发展性、易管理维护性、开放性等原则。① 具体建设原则及规范可参考中华人民共和国国家标准，《电子计算机场地通用规范》（GB/T 2887-2000）及《电子信息系统机房设计规范》（GB 5017A-2000）。

2. 控制管理室

控制管理室通过物联网平台和互联网能实现指挥、协调、调度远程观摩室和各功能室的资源，实现后台控制管理。主要内容包括多维度管理设备类型、接入设备、设备配置信息等；统一协调管理设备连接，设备状

① 中华人民共和国国家标准.电子计算机场地通用规范（GB T 2887-2000）[S].

态，设备节点和实例的监控、维护；存储配置和管理；数据分发规则配置和授权；应用程序和管理；秘钥、授权及身份认证等。

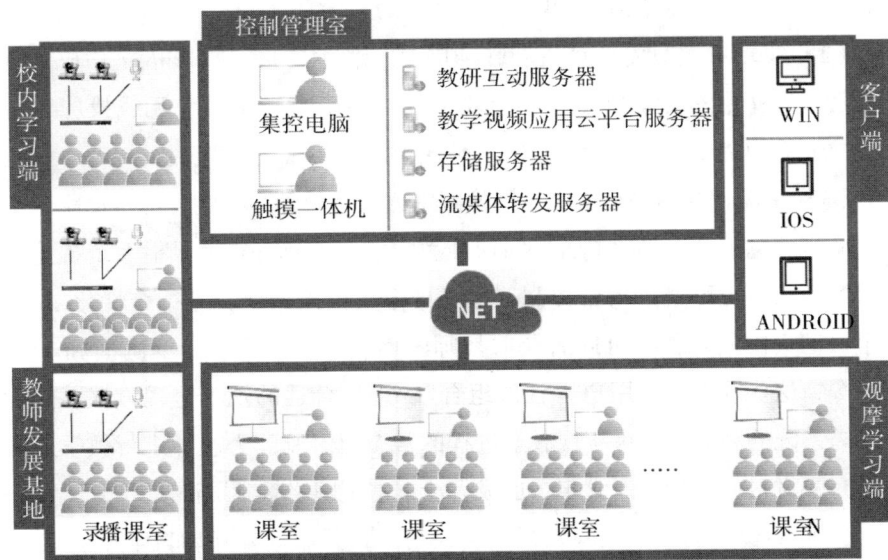

图 9-2　控制管理室功能拓扑图

3. 远程观摩室

远程观摩室是用于集中展示互动教学、观摩和指导的场所。提供给教育工作者及师范生进行远程教学和教学观察，能实时察看各功能室的运行和使用情况，并能实现与各教学楼的视频通信交流，更重要的是可以支持与其他地区的远程互动。远程观摩室的图像管理器能在大屏上实现多路视频信号显示，为多方互动提供便利。

4. 智慧教室

目前大多数课室存在教学环境不精致、教师座位不合理、教学设施不能满足新时代的教学需求等问题，最终导致课堂授课方式过于传统的困境。智慧教室是对传统教学环境的技术设备、空间环境、课桌椅等方面进行全面提升，是对传统教育教学过程的优化和重构，是智慧校园的重要组成部分。参考《广东省中小学智慧教室建设指南（试行）》，智慧教室建设应遵循"育人为本、深化应用、融合创新、适度超前、特色发展"的基本原则。教室可设演示型、录播型、研讨型、互动型、创新创业型等多个类型。具体建设内容如下：

（1）教室设计应可实现定制化教学场景，上课教师可根据需求，灵活设置教学空间布局，让学员更加贴近真实的教学环境。

（2）实现对教室内计算机、教师屏幕、学生屏幕、投影机、功放、时序电源、录播、视频矩阵、视频会议系统、环境感知系统、无线投屏系统等建立物联网络，全部设备 IP 化，实现智能化集中统一管理。

（3）智能化录播系统，采用图像跟踪方式对教师和学生进行自动跟踪定位，实现课堂的全自动录制，同时保证教学的常态化进行。录播系统提供多种录制模式，也可通过后台控制，指定摄像头拍摄角度，进行个性化录制。多个摄像头协同工作，可同时获取教师画面、学生画面、板书画面和 VGA 画面等，这些画面可供用户"任意组合"，选择合适的视频呈现方式。智能化录播系统的高效运作可实现教学过程的常态化录制，为教师进行教学反思提供一手材料，大量的课堂实录也极大地丰富了网络教学资源。

（4）实现多间教室之间以视频会议的方式开展远程互动教学。

（5）建设基于 RFID 物联网全生命周期资产管理，实现教室环境的智能调节，营造一个舒适的教学环境。

（6）实现了无感知考勤。

（7）与数据中心联网，建设教学大数据，助力教学相长。

智慧教室硬件和软件体系如图 9-3、图 9-4 所示。

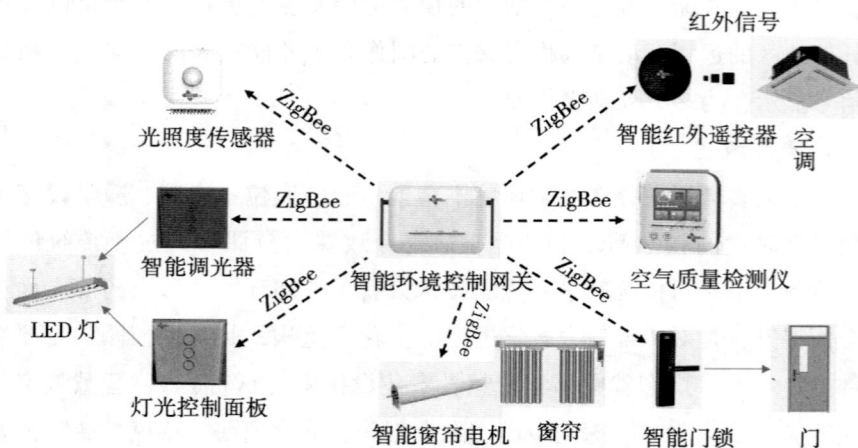

图 9-3　智慧教室硬件体系结构图

智慧教室硬件体系主要通过智能环境控制网关，实现对教室内外的门窗、灯光、空调、空气质量等进行智能化监测和控制，实现对教室硬件的智能管理，保证了教室的舒适性和安全性。

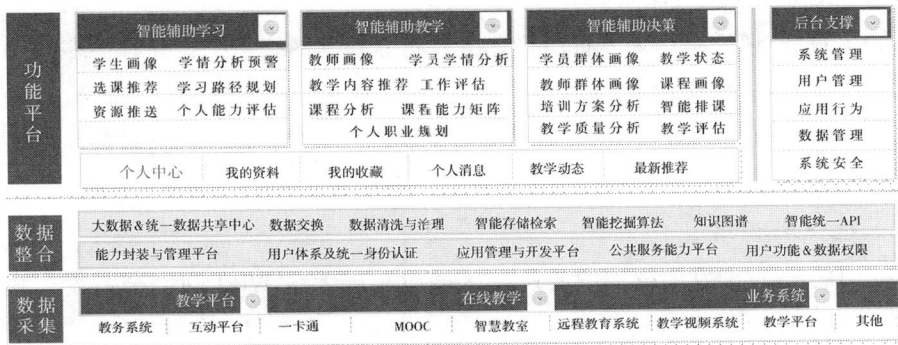

图9-4　智慧教室软件体系功能图

智慧教室软件体系通过低层的数据收集和数据整合，在系统后台支撑下，实现智能辅助学习、智能辅助教学、智能辅助决策。实现智能辅助学习功能主要包括学生画像、学情分析与预警、选课推荐、学习路径规划、资源推送、个人能力评估；智能辅助教学功能主要包括教师画像、学员学情分析、教学内容推荐、工作评估、课程分析、课程能力矩阵、个人职业规划等；智能辅助决策包括学员群体画像、教学状态、教师群体画像、课程画像、培训方案分析、智能排课、教学质量分析、教学评估等。

5. 安防系统

中小学教师发展技术中心的安防包括门禁、监控、考勤、电话几个系统，各建筑能实现全方位安防，各室均可使用门禁（IC卡或人脸识别）开启大门；各功能室、中心出入口、大楼走廊、楼梯口均要设置安防监控摄像。

（1）门禁及考勤系统：该系统应与教务系统或排课系统对接，以便获取有权进入功能室人员的名单。教师通过刷脸或刷卡，可打开教室门和讲台，获取多媒体设备使用的权限；学员通过刷脸或刷卡进入课室和宿舍，便于考勤系统记录进入功能室时间和统计出勤率。

（2）监控系统：监控系统能够对要求的教师发展中心各个部位进行视

频监控。控制端系统能够随意对图像进行切换或控制。在夜间无光情况下有监控需求的监控点需要摄像头有夜间红外监控功能。系统应具备视频捕捉、冻结视频图像及视频回放等功能。系统还应具备海量存储，可满足至少 30 天监控录像的存储要求。

（3）电话系统：为节省话费支出和充分利用网络系统，拥有更多的功能，可以考虑部署 IP 电话系统。IP 电话应能支持有线连接方式，最好是无线方式。经配置好的 IP 电话，电话机摆放在讲台，便于任课教师在设备故障或需求技术支持时与管理室的值班人员联系。

6. 无线网络

中小学教师发展技术中心所有区域应实现无线 WIFI 网络全覆盖，并实现统一身份认证；配备一定数量的备用 AP，以满足个别临时要求较多接入终端的功能室。建设方案要考虑利用现有设备设施，避免重复建设，减少建设成本；与现有管理平台无缝对接；与现有设备完全兼容。具体如下：

（1）充分利用现有校园网的设备设施，如网络机房、机柜、管道、桥架、线缆、交换机和管理机运维软件等；当现有设备设施不足时，可以增加相关设施建设。

（2）为便于统一管理与运维，要求网络产品（包括 AP 主机、AP 射频模块）等为同一品牌，能够与现有无线网络设备完全兼容，并且能够与学校现有的认证系统无缝对接。

（3）在相对空旷的公共空间，采用大功率 AP 定向覆盖。

（4）要求系统能对各种终端进行识别，并将终端信息推送到管理平台，管理员可对终端进行精准的信息投放或修改。

（5）支持使用微信等扫描二维码连接上网。

（6）在室内安装的 AP 或射频模块必须带有 4 个或以上的有线网络扩展端口。

二、教师教育大数据

1. 教师教育大数据平台

什么是教师教育大数据？在给这个概念下定义之前，我们先理清什么是大数据。大数据的概念是随着信息技术和通信技术的发展，人们在工作、生活、研究等实践中发展而来的。大数据在当今社会中应用越来越多，如金融、教育、银行业、网上购物、娱乐等各行各业都已经融入了大数据的痕迹。那么什么是大数据？为什么它能发挥那么大的作用？麦肯锡全球研究认为大数据是一种大规模数据集合，具有数据规模大、数据流转快、数据类型多和价值密度低四大特征[①]。大数据研究机构 Gartner 则认为大数据是一种信息资产，这种信息资产具有海量数据、高增长率、多样化类型的特征，而且这种数据必须应用新技术与模式处理才会更具价值[②]。由此可见，信息化社会中产生了海量数据，而技术的发展与创新应用促进了大数据的形成并提升了其价值。教育大数据是大数据的一个子集，特指教育领域的大数据，对于教育大数据目前还没有一个公认的定义，杨现民等学者认为教育大数据是一切用于教育发展并可创造巨大潜在价值的数据集合，教育大数据主要来源于教学和学习活动、教育管理中采集、科研活动中采集、校园生活产生[③]。杨现民等学者指出的教育大数据主要来源于正式的教育环境。但实际上，真正的教育大数据还应该包含非正式的教育环境产生的数据，如图书馆、博物馆、培训机构、家庭等环境下的学习和教育活动。不管是正式的还是非正式教育活动，都要注意收集包含线上和线下活动产生的数据。本文根据大数据的来源和范围，我们将其分为五层架构，从下向上汇集各类数据，如图 9-5 所示。

由教育大数据的分层架构图可见，各级中小学教师发展中心教师教育大数据是教育大数据的一个子集，其数据来源和范围更接近于区域层教育数据。其数据内容主要包括国家标准规定的教育行政管理数据，区域教育云平台产生的各种行为与结果数据，区域教研训学等所需的各种教育资源，各种区域层面开展的教学教研与学生竞赛活动数据，社会培训与在线教育教研活动数据及教师基础数据，行为和状态数据等。

---

① J. Manyika, M. Chui, B. Brown, et al. Big Data: The next frontier for innovation, completion, and productivity [OL]. [2012-10-02], http//: www. mckinsey. com/

② RL Villars, CW Olofson, M Eastwood Big data: What it is and Why You Should Care [M]. White Paper, IDC, 2011

③ 杨现民，唐斯斯，李冀红. 发展教育大数据：内涵价值和挑战 [J]. 现代远程教育研究，2016（1）：50-61

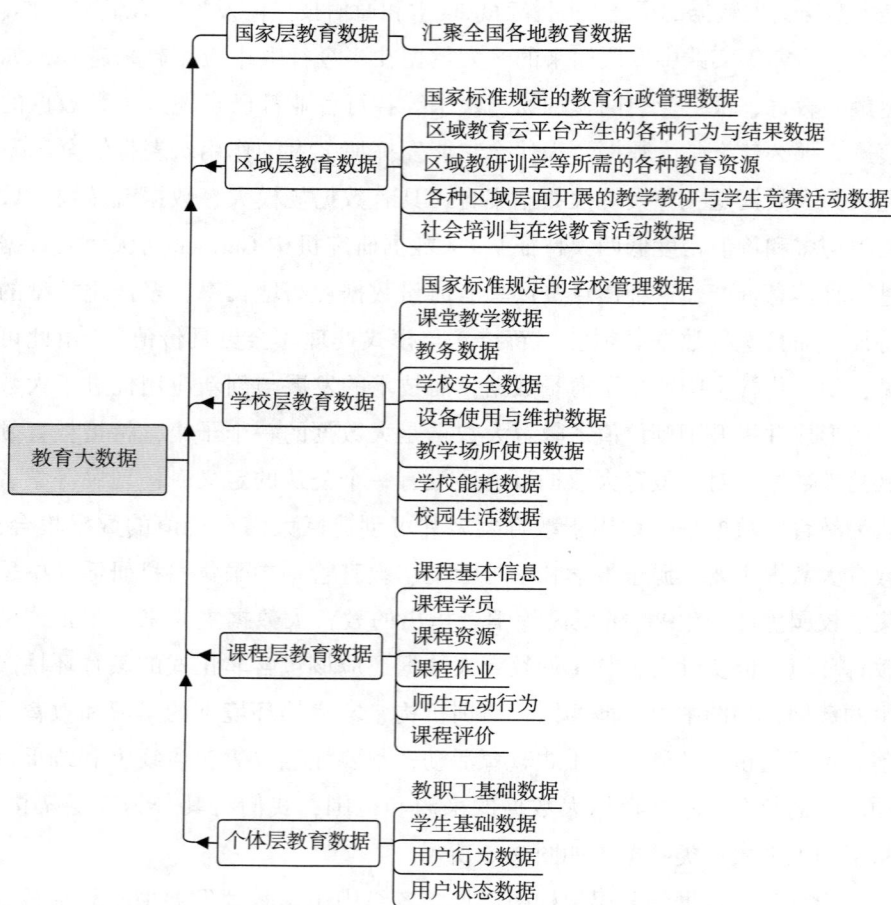

图 9-5　教育大数据的分层架构

　　大数据是"互联网+教育"发展的必然需求，目前各级在建立教育大数据平台时也面临着诸多挑战，具体如下：

　　（1）信息数据孤岛严重。多年来陆续建设的管理类、教育教学等软件技术标准各异，区域/校际相互数据未打通，数据散乱；各区域都缺乏整体规划，数据与资源相对封闭，积累沉淀的很多应用系统趋向于繁杂、重合、臃肿等状态。

　　（2）数据采集与共享是难点。数据有结构化、半结构化和非结构化，部分厂商已不提供服务，数据采集在现有产品的应用端和数据存储端都存在一定的问题，数据交换共享和深度分析较为困难。

（3）缺乏统一的数据标准。教育信息化发展按"以需定采"应用，信息化建设往往是以区县或者学校应用为基础，数据与资源封闭，存在重复建设，针对教育大数据的标准制定工作还不完善。

（4）教育云平台建设不完善。基础教育行业目前主要以教育云平台建设为主流，各子系统缺乏有效整合，没有形成有效的应用生态，教育资源利用率不高，缺乏有力的运营模式。

（5）数据分析决策模型不足。教学分析过多依赖教师测评系统，并未建立教学过程、教学成效、第二课堂全维度分析模型，教师个人发展缺乏数据指导，师资均衡决策不够科学。

（6）缺乏有效的常态数据感知。学员的安全管理缺乏物联感知和人脸识别技术支持，难以有效进行校外研修旅行和校内学员安全管理。缺乏对教育资产装备的低值易耗品有效的状态数据采集手段，不能实现审计和提前制订采购计划。

总的来说，目前区域教育信息化由于过去分散建设、重复建设等历史原因，存在诸多问题，而新型的区域教育信息化平台要求能够打通原来的信息数据孤岛，统一数据标准，实现数据采集与共享。同时，实现多场景应用，满足各级差异需求。这就需要建设基于区域的教育云平台，通过统一认证平台收集数据形成决策模型，实现有效的常态数据收集与分析以支持教育决策。

教师教育大数据平台的建设应符合国家"教育信息化2.0"发展思路，总体架构设计满足省、市、县（区）、校的教育信息化的基本需求，用大数据技术打破信息孤岛，支持互通共享，实现教育教学业务与人工智能、大数据技术的深度融合，破解传统教师教育面临的教师发展不平衡、教师教学划一性、教育信息隐形化、教育决策粗放化等问题。中小学教学发展中心的信息化建设应满足教育大数据平台建设需求，而区域教师教育大数据平台是在智慧校园的基础上建立的。因此，其架构可参考《智慧校园总体框架》国家标准，然后根据本地具体需求进行设计。图9-6为参考框架。

（1）设施层。基础设施层是教师教育大数据平台的基础，也是智慧校

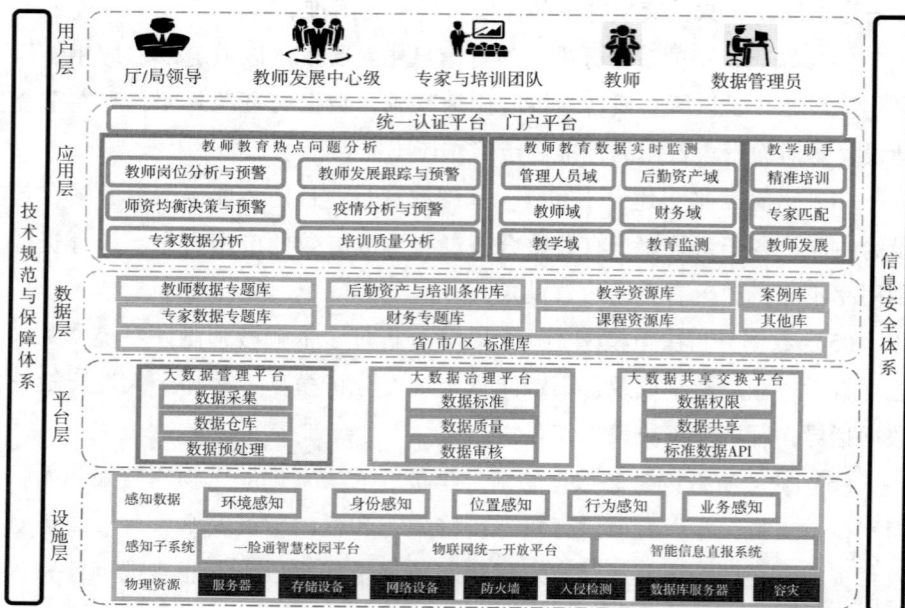

图 9-6　中小学教师发展中心教师教育大数据平台建设框架

园平台的基础设施保障，提供异构通信网络、广泛的物联感知和海量数据汇集存储，为智慧校园的各种应用提供基础支持，为大数据挖掘、分析提供数据支撑，包括各类物理设备和感知系统等。设施层的建设以物联设备为底层基础，以实现教师发展中心设备及各场所的智能化管理。

（2）平台层。平台层主要是进行数据的采集、存储、管理，主要由大数据管理平台、大数据治理平台和大数据共享交换平台三大平台组成。

（3）数据层。数据层主要有各类资源库和专题库组成，包括教师数据库、专家数据库、后勤资产与培训条件库、财务专题库、教学资源库、课程资源库、案例库等。

（4）应用层。应用层是教师教育应用与服务的内容体现，在支撑平台层的基础上，构建智慧教学环境的管理和服务等应用，利用大数据为教师教学活动提供支撑服务。包括教师教育热点问题分析如师资均衡决策与预警、培训质量分析、教师职业发展画像与监测等，以及教师教育实时监测和教学（培训）辅助等。

（5）用户层。系统用户应包括厅/局领导、中心管理人员、培训专家、中小学教师及系统管理员。用户可通过多种方式进入平台浏览和获取相关信息，如浏览器登录、客户端登录或 App 登录等。

2. 远程教育平台

远程教育平台是教师教育大数据平台中"数据层"业务的具体实现，在教师发展中心建设中占有非常重要的地位，因此这里单独列出详细介绍。中小学教师远程教育平台应落实地方中小学教师发展中心建设项目的具体要求和满足广大中小学教师培训工作发展的需要，按照国家教育信息化总体规划和《中国教育现代化 2035》对教师队伍素质建设的具体要求，使教师发展中心的中小学教师培训工作能辐射所在市、县周边地区乃至全省，提升教师发展中心的社会服务能力。建成后应满足广大中小学教师职业发展需要，提升教师专业能力为导向，以大数据、云服务及移动应用为技术为特色，具有服务能力强、辐射面宽、功能丰富等特点的，能全面满足本地教师随时随地的远程教育培训需要，同时能与省级教师继续教育信息管理平台进行数据对接的，具有培训、学习、管理多功能的综合平台。远程教育平台至少由一个门户网站、一个个人空间、一个远程培训平台、一个培训管理系统构成。各模块功能如下：

（1）门户网站是中小学教师远程教育培训的整体展示窗口，门户网站必须整合所有应用内容，对各大应用项目进行统一导航和集中呈现，形成方便用户了解和使用的具有地方中小学教师远程教育培训个性化特色的门户。

（2）个人空间是每个学员的个人主页，是学员在远程教育平台中所有信息（日志、评论、课程、资源等）的汇聚。为更好地管理自己的个人研修主页、凸显自己的研修成果，平台提供学习计划、学习日志、我的资源、自主选学、我的相册、我的粉丝、我的关注、消息提醒及学习轨迹等功能。

（3）远程培训平台是整个远程教育平台的核心，包括选课系统、课程学习、教学活动、研讨社区等。学员可根据教育部门要求和自身需求，通过选课系统进行选课。选课后通过课程学习模块进入相应课程学习，如观看教学视频、课件，参加研讨、提交作业等。学员还可以通过教学活动模块，参加专题研讨、课题研究、案例分析、评课、议课等教学活动。学员如果想形成比较稳定的学习共同体，还可以选择加入名师工作坊，定期参加工作坊组织的各类线上活动。远程培训平台旨在突破时空限制，为中小学教师提供一个学习、交流、合作的开放型网络空间。

（4）远程培训管理平台是远程教育平台的管理模块，负责管理和维护前端所需数据，是前端系统的支撑平台，主要包括权限管理、基础数据管理、课程资源管理、项目培训管理、选课及成绩管理、工作坊管理、通知管理、培训统计以及社区管理等。系统管理员有系统所有权限，包括对各项基本设置的维护权限，系统管理员可按需增设管理角色。

3. 教学视频应用平台

教学视频应用平台是教师发展中心录播系统的软件管理平台和视频资源管理平台，主要是用于实现教师教育大数据平台框架中的"数据层"及"应用层"业务，主要功能如下：

（1）教学资源建设。配合录播系统实现常态化录播，并自动分类，实现教学视频日积月累，形成中心特色的视频资源，有利于教师教育资源的建设。

（2）优课点播。用户可通过学段、学科、授课教师姓名、授课主题、录制时间等关键词点播系统内的视频资源。资源也可通过推荐排行、最新发布、热度排行、关注排行等方式显示视频资源，便于用户选择。

（3）课堂大数据。平台能通过 AI 技术，实时或异步分析课堂情景，形成教师教学、学生学习等多维度的大数据分析，为教学管理和决策提供数据支持。

（4）网上晒课。区域内的教师可通过平台，上传自己的上课实录并公开展示。教育部门或学校可以组织教师对晒出的课堂教学进行点评和反思。

（5）校园直播。平台开通直播功能，任何联网的录播主机都可以实现直播。学生和教师都可以通过平台观看直播课堂。

（6）教学观摩督导。视频平台要求能集成管理区域内的所有录播主机。管理人员和教育工作者可通过平台实时查看录播应用情况，支持随时远程听课和评课。

教学视频应用平台目前的解决方案已很成熟，但各教师发展中心建设前应深入已应用单位和厂商进行实地调研，明确自身需求及经费情况，选择具有前瞻性的解决方案。

4. 教育 App

随着移动技术和智能手机的发展，人们越来越多的通过各类 App 进行工作、学习和交流。教育 App 是对教育大数据平台的一个补充，为用户提供便捷的操作平台。鉴于 App 等各类网络应用程序在教育领域的应用日益广泛，教育部等部门对教育移动互联网应用程序的健康发展给出了意见，其中就提到教育 App 的服务对象是教职工、学生、家长，应用场景以教育、学习为主，服务范围是学校教育教学与管理、学生学习与生活以及家校互动等方面①。目前，教育 App 来源与应用大致分为三类：市场竞争提供，师生自主选用；学校企业合作，学校组织应用；学校自主开发，部署校内使用。国家层面鼓励各地购买优质教育 App，以减少一次性采购的资源浪费，同时也减少自主开发技术和管理压力。另外，不管是采购还是自行开发的教育 App，都应与区域的教育大数据平台实现统一认证与管理，确保数据的安全性、共享性和可用性。

第二节　资源建设

教育资源在教育中有着举足轻重的作用，可以说教育资源的质量决定了教育的质量。顾明远在《教育大辞典》中将教育资源定义为：教育过程所占用、使用和消耗的人力、物力和财力资源，即教育人力资源、物力资源和财力资源的总和。人力资源包括教育者人力资源和受教育者人力资源，即在校生数、班级生数、招生数、毕业生数、行政人员数、教学人员数、教学辅助人员数、工勤人员数和生产人员数等。物力资源包括学校中的固定资产、材料和低值易耗物品等。固定资产分为共用固定资产、教学和科学研究用固定资产、其他一般设备固定资产②。而由教育部科技司在2000 年组织制定的《教育资源建设技术规范》中所界定的教育资源是指以数字信号在互联网上进行传输的教育信息，它属于学习对象的一个子集。

---

① 中华人民共和国教育部. 教育部等八部门关于引导规范教育移动互联网应用有序健康发展的意见［EB/OL］.［2019－08－15］. http：//www. moe. gov. cn/srcsite/A16/moe＿784/201908/t20190829＿396505. html

② 顾明远. 教育大辞典［M］. 上海：上海教育出版社，1998.

由此看来顾明远对教育资源的定义范围更广泛，而《教育资源建设技术规范》中界定的教育资源主要为数字资源，它的资源类型包括媒体材料、测试、试卷、课件、案例、文献资料、资源目录索引、在线课程等①。在如今的大数据时代，教育资源特别是数字资源在教师教育中显得尤为重要，甚至有学者提出教师教育的过程，从某种意义上讲是教师教育资源的利用和开发的过程②，可见资源在教师教育中的重要地位。中小学教师发展中心在建设过程中应注重教师教育资源的建设。

关于教师教育资源，学界普遍认为是包括了有教育活动以来产生和积累的所有与教育相关的知识、经验、技能、资产、资金、制度、品牌、人格、理念、设施、人际关系等③。秦桂芳提出教师教育资源是指为实现教师教育目标所投入的一切显在与潜在的有助于教师专业发展的资源要素总称④。朱旭东等从资源类型的角度提出教师教育资源由组织资源、制度资源、财物资源和实践资源组成⑤。借鉴以上学者对教育资源和教师教育资源的界定，本文从中小学教师发展中心建设的角度，将教师教育资源界定为一切支持教师培养和教师专业发展的组织资源、物理资源和数字资源。

在这里，我们主要讨论《教育资源建设技术规范》中界定的数字资源。主要包括课程资源、教学案例资源、培训专家资源以及教师诊断与发展测评工具体系等。教师发展中心信息化建设的一大任务就是将教师教育资源数字化，以便更好地传播和应用。

一、课程资源库

课程资源是教师培训活动中最主要的学习载体，课程资源的质量在很大程度上决定着教师培训的质量，课程资源建设是教师培训项目教学质量

---

① 余胜泉，朱凌云.《教育资源建设技术规范》体系结构与应用模式［J］. 中国电化教育. 2003.（3）：51-55
② 胡振华，蔡新. 高校教师教育资源科系统模型与实施策略［J］. 图书情报知识. 2012（4）：11-16.
③ 姚瑶，刘和文. 传播学视野下教师教育资源数字化建设之策划［J］. 现代情报. 2015（5）：83-86.
④ 秦桂芳. 教师教育资源概念疏解［J］. 当代教育科学. 2010.（2）：53-54
⑤ 朱旭东，袁丽. 论二次转型背景下大学教师教育资源整合［J］. 教师教育研究. 2016（3）：1-6.

的重要保证①。《教育部关于深化中小学教师培训模式改革全面提升培训质量的指导意见》② 明确提出："各地要加强优质课程资源建设，重点建设典型案例和网络课程资源，积极开发微课程。"为教师教育找到合适的在线内容从而形成一种教师培养策略并不是件简单的事。一方面有些人认为需要建立一套统一的一体化结构的课程资源，以便能提供性能较好的服务，这种意见下所采取的方案主要是自己打造或者从单一供应商那里获得一个全套的一体化解决方案③。另一方面，考虑到没有任何一家供应商能够满足每位教师的独特需求，因此会考虑模块化的解决方案，即联合多个供应商提供服务，或者在网络上收集开放教育资源。

我国自 21 世纪初就从国家层面开始规划建设公共教育资源，目前而言服务范围较广、资源较为丰富的是由中央电化教育馆网络部承建的国家教育资源公共服务平台，该平台 2012 年开始试运行，至今已建立了大量优质的教育资源。平台包括晒优课、找资源、看教研三大模块，并提供了国家中小学网络云平台、国家基础教育资源网、教育部网络学习空间应用普及展示活动等教育资源快速通道。其中晒优课平台上已经有优课 2000 多万节课，在线教研室也提供了大量的教研活动可供教师观看和参与，资源模块则提供了大量的学习和教育资源供学生和教师选用。另外在教师教育课程方面比较有影响力的平台有爱课程中国教师教育 MOOC，截至 2021 年初，该平台提供了教师教学类课程 384 门，其中教师教学能力系列课程 69 门。中国大学 MOOC 中关于教育教学的课程也有 300 多门。

表 9-1　部分教师教育网络课程资源列表

序号	网站名	访问地址	资源简介	备注
1	国家教育资源公共服务平台	http://www.eduyun.cn/	各类教育资源丰富，面面俱到	部分免费

① 王瑞娥，杨虎. 中小学教师培训课程资源库建设的研究与实践 [J]. 继续教育. 2018 (6)：9-12

② 中华人民共和国教育部. 教育部关于深化中小学教师培训模式改革全面提升培训质量的指导意见 [EB/OL]. [2013-5-6] http：//old. moe. gov. cn//publicfiles/business/htmlfiles/moe/s7034/201305/151910. html.

③ Clayton M. Christensen, Michael B. Horn, Curtis W. Johnson. Disrupting Class [M]. New York：McGraw-Hill, 2011：33，38.

续表

序号	网站名	访问地址	资源简介	备注
2	爱课程中国 教师教育 MOOC	http://tmooc.icourses.cn/	面向职前职后教师， 课程完整性好	部分免费
3	中国大学 MOOC	https://www.icourse163.org/	面向职前职后教师， 课程完整性好	部分免费

二、教学案例及资源库

教学案例及优质的教学资源对中小学教师的教学教研有着极大的帮助。那么到底什么是教学案例呢？它对中小学教师能发挥什么样的作用呢？顾泠沅提出特质教学案例的概念，而且认为案例就是指包含有某些决策或疑难问题的教学情境故事，这些故事反映了典型的教学思考水平[①]。廖哲勋认为课堂教学案例要在课堂中围绕一个主要问题或主要任务进行多样化教学并取得显著效果并能提供经验教训的教学实例[②]。教学案例是教师对教学过程中产生的实际情境所做的具体的、详细的描述，在这个情境中，包含了典型的教学问题及解决这些问题的方法[③]。教学案例是教师对教育教学理论的有效实践与应用，能够极大地为教师专业发展提供实践指引与力量，同时也是有效提升教师专业素质的重要方式[④]。中小学教师发展中心应认真筛选和规整各类教学案例供教师参考与学习，另外还应鼓励教师按照一定的规范撰写教学案例，建立教师个人案例库，从而形成其具备区域特色的教学案例库。

除了教学案例，优质的教案、课件以及教学素材对教师的教学也起到一定的支撑作用。教师发展中心应鼓励教师注意积累，按照技术规范，创建自己的教学资源库，也可从网络上收集整理开放教育资源形成自己的教学资源库。目前网络上有大量的教学资源，可供教师使用，下表列出了部分资源网站，教师可参考使用。

---

① 顾泠沅. 教学任务与案例分析 [J]. 上海教育科研. 2001（3）：2-6，36.
② 廖哲勋. 关于课堂教学案例开发的理性思考 [J]. 课程·教材·教法，2003（6）：20-25.
③ 单莲芳. 教学案例的撰写 [J]. 教学与管理，2004（26）：34-35.
④ 陈先锋，撰写教学案例：教师专业发展的实践力量 [J]. 教师教育论坛，2016（6）：22-24.

表 9-2　部分教师教育网络资源列表

序号	网站名称	访问地址	资源简介	备注
1	国家教育资源公共服务平台	http：//www.eduyun.cn/	各类资源丰富，面面俱到。	部分免费
2	教研网	http：//www.zgjiaoyan.com/	各类教育资讯、教研活动、教学案例及教学资源	部分免费
3	学科网	http：//www.zzxk.com/	涵盖小学、初中、高中三个板块，各科课件、教案、试题、视频、素材资源等	部分免费
4	菁优网	http：//www.jyeoo.com/	聚焦理科，提供海量题库。	收费
5	育星教育网	http：//www.ht88.com/	整合了初中、高中丰富的课件、教案、试卷、备课素材、论文和作文等资源	部分免费
6	绿色圃中小学教育网	http：//www.lspjy.com/	网站主要是特级教师的教学视频，课件，教案，试卷等。资源以帖子形式展示	免费
7	人民教育出版社	http：//www.pep.com.cn/	含人教版中小学教材电子版、课件、素材等	免费
8	好课件吧	http：//www.goodkejian.com/	有大量小学各版本的教材的教案、课件、试卷、素材	免费
9	瑞文网	http：//www.ruiwen.com/	涵盖小学到高中各类教案、试题和素材，面比较广，但资源较少	部分免费
10	PPT 课件网	http：//www.pptkj.net/	涵盖幼儿园到高中各科各类课件，资源丰富	免费
11	正确云	https：//www.zqy.com/	涵盖初中、高中各科名校试题，高频考点	收费
12	中国教育在线	http：//www.eol.cn/	各类教育资讯	免费
13	中国教育新闻网	http：//www.jyb.cn/	各类教育资讯，含中国教育报电子版	免费
14	中国教师报电子版	http：//www.jyb.cn	各类教育教学资讯	免费

三、师资库

中小学教师发展中心的师资应注重与省内外众多专家名师、中小学名校合作，在教师队伍的遴选方面注重了三个结合：部属师范大学培训专家和教师发展中心培训专家相结合；高校教师和中小学教师相结合；高水平理论专家和具有丰富基础教育从教经验的一线教师相结合。形成具有高尚的师德修养、过硬的专业水平、丰富的教学经验、职称年龄结构合理、熟悉中小学教育教学、满足中小学教师省级培训需要的高素质专兼任教师队伍。参考广东省省级中小学教师发展中心建设标准，教师队伍分为专任教师、兼职教师和研究与管理人员。专任教师队伍应建立首席专家制。根据培训项目分类，针对每个项目由一名具有正高级职称的高校首席专家和一名中小学正高级或特级教师首席专家组成。由首席专家为受训教师设计专业发展规划和专项培训项目，审核培训项目实施方案，指导项目实施。除了首席专家和培训专家，教师发展中心应有专门的培训管理、培训服务人员，具备专业培训管理、培训服务能力，为中小学教师的专业发展提供有力的保障。

中小学教师发展中心应利用培训管理平台，为每位专家及管理人员建立个人档案。档案数据内容包括个人基本信息、个人简介、专业特长、培训专题、授课经历以及学员评价等过程性数据，为教师教育大数据提供有效数据源。

四、教师诊断与发展测评工具体系

教师评价是根据教育需求，对教师的素质和能力、履职的情况及已取得的成绩做出价值判断，并对其专业发展水平的提升、工作方法的改进给予指导的过程。可见，教师评价的本质是对教师进行价值判断，是评价者在一定教育价值观的支配下，根据被评方提供的信息，经过思维加工之后对教师的价值做出价值判断的过程，目的是改进与发展，以达到促进教师专业发展、提高教育教学质量、发展教育事业[①]。2018 年，中共中央、国

[①] 孙河川. 教师评价指标体系的国际比较研究 [M]. 北京：商务印书馆，2011：6- 7.

务院颁发了《关于全面深化新时代教师队伍建设改革的意见》①，其中有明确指出：对教师的评价要坚持德才兼备、全面评价，突出教育教学实绩，要建立符合中小学教师岗位特点的考核评价指标体系，引导教师潜心教书育人。当前，我国中小学的教师评价大多是用于职称晋升、奖励和筛选等服务于行政管理的即时性评价，目的是进行职称评定、年终考核或者评选先进等，较少发挥出评价促进教师专业发展的作用②。

中小学教师发展中的教师评价，主要是帮助教师进行诊断和发展测评，因此要建立不同于目前学校评价方式的测评工具体系。以测评的结果为培养方案制定的参考依据，以培养的效果作为测评的输入数据，通过测评与培养方法的交替运用，积极促进教师教育教学能力的螺旋上升。工具体系主要包括教师综合素质与岗位胜任力综合测评、教师教研能力综合测评、教师心理素质测评、教师人格特质测评、教师职业素养与综合能力测评、教师专业知识测评、教师专业能力测评、教师专业知识与业务能力专项测评、教师信息化教学能力专项测评、中小学教师数字胜任力专项测评等，具体可根据教师专业发展需求进行设计开发。教师各项测评应以教育部最新颁发的《幼儿园教师专业标准》《小学教师专业标准》和《中学教师专业标准》为依据，测评项目的及内容应经过充分调研，测评工具可自行开发或采购教育产品供应商现有的测评系统，或是与供应商合作根据教师发展中心需求定制开发。

第三节　远程支持

传统的远程教学通过网络和通信技术提供教学视频和课件、作业等资源让更多的人通过联网的计算机、电视进行学习，在扩大教育范围促进教育公平方面发挥了积极的作用。但这种教学方式也存在极大的局限性，如资源更新慢、缺乏教学互动等，这严重影响了学习者的能动性，从而影响

① 中华人民共和国中央人民政府. 关于全面深化新时代教师队伍建设改革的意见 [EB/OL]. http://www.gov.cn/zhengce/2018-01/31/content_ 5262659. htm. 2018-1-31.
② 刘范美. 中小学教师专业发展评价现状与对策探析 [J]. 教育理论与实践, 2019 (39)：34-36.

学习效果。随着通信协议的标准化，网络特别是无线网络的覆盖范围越来越大，传播速度越来越快，通信接口稳定性也得到了提升。随之而来的就是层出不穷的互联网设备，从电源、路由器、交换机，到电视机、摄像头等电子设备，智能设备越来越和我们的工作、学习和生活紧密联系在一起[①]。智能教学系统的发展，使得更多的教学设备实现了联网，通过一定的软件平台搭配一定的智能设备即可实现实时的远程教学互动。新一代的远程教学技术，使得远程互动教学、教研成为现实。目前的互动教学、教研不再局限于局域网内，学校间，甚至是国际都可实现远程交互教学活动。

一、远程交互教学平台

远程交互教学平台采用一个平台多种应用的原则，以互联网为载体，能够实现跨区域互动教学、优质课录制与直播、优质教学资源共享、跨区域教学联盟和学术交流、创新教学模式和督导听课模式等多种应用。教师发展中心在建设远程交互教学平台时主要涉及硬件平台和软件平台。

1. 硬件平台

远程交互教学平台硬件体系主要包括智慧教室录播系统和远程交互系统。其拓扑结构图如图9-7、图9-8所示。智慧教室录播系统的硬件设备主要有录播主机、资源平台主机、跟踪主机、摄像机、数字音频处理器等。录播系统通过录播主机处理好视频信后再通过网络传输到交互系统，然后通过交互系统与其他终端或录播系统进行交互。远程交互系统主要部署在教师发展中心控制管理室。交互系统硬件由各种应用的服务器组成，包括管理服务器、流媒体转发服务器、存储服务器等，录播管理平台对整个系统设备进行集中管理，如对系统内的硬件设备进行统一管理，对区域内的录播设备及配置进行远程的添加、修改、删除等。

---

① 梁永生. 联网技术与应用［M］. 北京：机械工业出版社，2010.

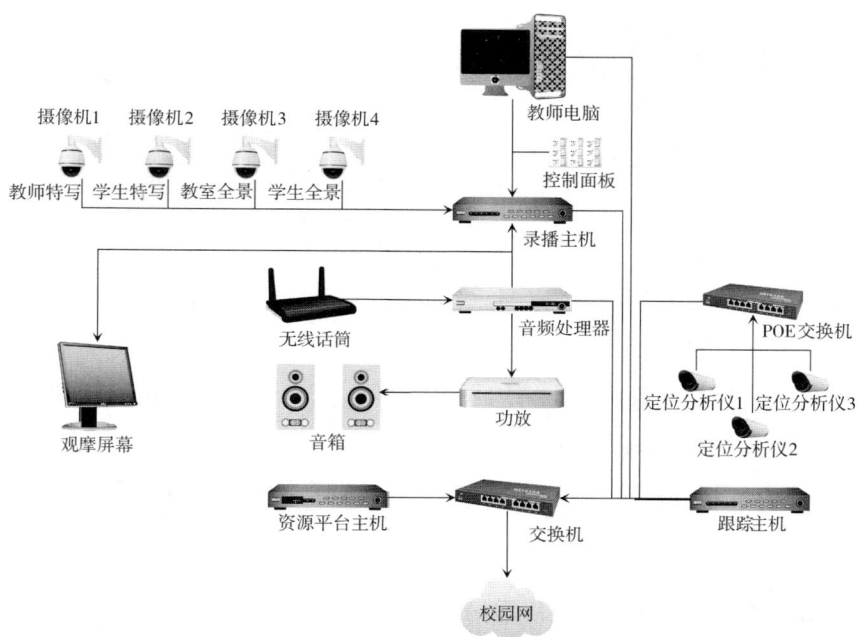

图 9-7　智慧教室录播系统结构图

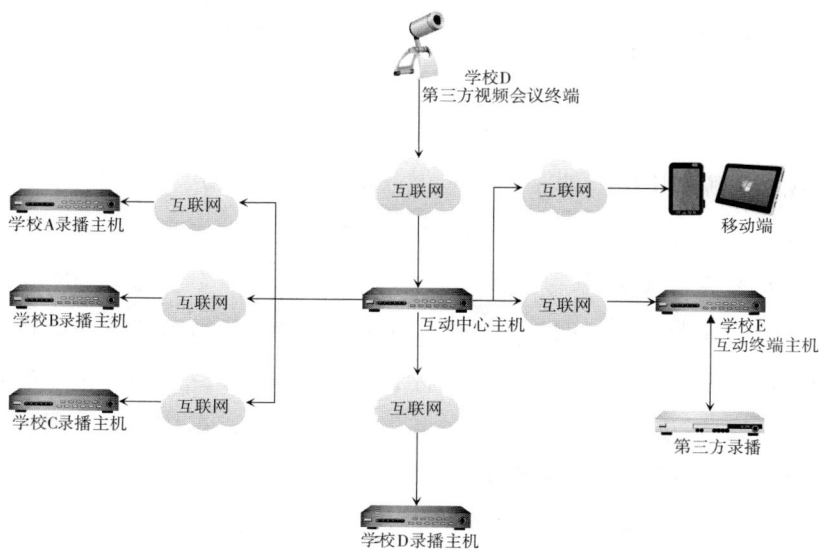

图 9-8　远程交互教学平台结构图

2. 软件平台

远程教学平台主要通过各类软件对录播及交互设备、录播和视频资源、远程交互进行控制和管理。系统软件包括：

（1）录播系统管理软件：用于对流媒体进行直播、录播、导播、点播管理。

（2）跟踪系统管理软件：主要用于拍摄行为识别和智能切换。

（3）视频资源管理系统：多种直播模式下，系统能实现视频录制后自动发布功能，用户亦可在个人空间里进行视频管理。

（4）集控交互系统：支持用户对所有录播课室进行管理，能同时浏览多路录播课室的直播图像，支持从树状课室列表中监视录播课室系统的运行状况，同时可通过远程方式对每个录播课室系统进行包括开/关机、摄像机控制等远程操作。

二、远程支持教学、教研案例

1. 成都七中——这块屏可能改变命运

2000 年 4 月，成都市第七中学（以下简称成都七中）在全国发起成立第一家高中学历远程教育学校，通过卫星等现代通信技术，将成都七中本部课堂教学辐射到偏远山区，谱写区域优质均衡"教育梦"[①]。成都七中是一所国家示范性高中，汇聚了成都市优秀的教师和优质的生源。为了提高名校优质资源利用率，成都七中于 2000 年与企业合作成立成都七中东方闻道网校，将成都七中的课堂，通过直播的方式，让其他薄弱学校学生远程听课，并参与课堂及课后等教学活动，实现"全日制直播教学"。截至 2020 年底有来自云南、四川、贵州、甘肃、陕西、青海等省份的 240 多所高中，每天 7000 多名教师、7 万余名学生与成都七中异地同堂。成都七中与当地学校和教师的紧密对接，通过远程教学方式，在教学上实现了"六同"：同教材、同课表、同备课、同考核、同作息、同教学管理。从而将薄弱学校学生学习远程教学资源的完成比例由 4% 提高到 60%，可以说弥

---

① 王晓明. 成都七中网校落地偏远山区　谱写区域优质均衡"教育梦"［J］. 中国教育信息化，2014（12）：24-26.

补了优质学校和薄弱学校之间教学资源的巨大鸿沟。这种教学模式最显著的成果就是实现了远端学校学生成绩的提高，自 2005 年首届接受远程直播教学的学生毕业至 2018 年，已有 88 名教育薄弱地区的学生走入清华、北大。在四川省民族地区，一些以往连专科生都没有出现过的学校，如阿坝州松潘中学、小金中学、甘孜州康北中学等，直播教学以后，不但有学生考上本科，考上重点大学也已不再稀奇了。2012 年，甘孜州、阿坝、凉山州三州少数民族远端学校直播教学班均有学生被清华、北大录取①，实现了边远地区学生也能上顶尖大学的夙愿。

显然，成都七中的直播课，改变的不只是上了清华北大的几十个孩子的命运，而是给了千千万万个孩子享受优质教学资源的机会，改变了许多家庭的命运。其实从成都七中获益的不只是学生，还体现在远端薄弱学校教师的专业成长上。在全日制远程直播教学环境下，薄弱学校教师在实现"六同"的基础上，还参加成都七中各项教研活动，新颖的教学方法，活跃的教学气氛、高效的教学课堂强烈地冲击他们，使得他们的教学理念，教学方法和技术都有了一定的提升，从而实现了当地师资水平的提高，为薄弱地区教育的发展带来一定的动力。几年前，四川一位贫困县的干部曾拜访网校负责人王红，他几乎哭着说，县里教育改善后，生源回来了，跟着学生出去的家长也回来了，整个县城又有了人气，房价都涨了！这是一篇特稿《这块屏幕可能改变命运》里描述的一个小故事。2018 年 12 月中国青年报冰点周刊的这篇特稿从远端薄弱学校的学生和教师角度报道了成都七中全日制直播教学模式，在教育、商业等圈子引起了不小的震动，也再次引发了人们对如何实现教育公平的思考。除了成都七中，全国各地都有很多优质的中小学校，如何参考成都七中模式，充分利用优质教学资源和更先进的远程交互技术进一步实现教育公平也成为各级教育部门应该去思考和探索的一项责任和义务。

成都七中远程教育模式可以说是我国"双师课堂"最初也是最成熟的实践模式。"双师课堂"由城镇优质学校与农村学校或薄弱学校建立紧密

---

① 易国栋，尤文芳，李晓东."互联网 +"时代百年名校的责任与担当——成都七中全日制远程直播教学的实践探索［J］.中小学数字化教学，2018，（4）：83-85.

型结对学校，利用互联网技术，将优质学校优秀教师的课堂教学同步到乡村学校或薄弱学校，使薄弱学校也能够享受优质的教学资源①，提高学习成绩的同时也促进了教师的专业发展，可以说"双师课堂"在一定程度上促进了教育公平。

2. 柯桥区教师发展中心——天天智慧课堂

浙江省绍兴市柯桥区教师发展中心的"天天智慧课堂"可以说是远程交互教学、教研的典型案例。走在教育信息化建设前沿的浙江省绍兴市柯桥区，经过多年建设从 2018 年开始全力推进智慧教育，依托智慧教育平台融合创新实现"天天智慧课堂"常态化深度应用②。柯桥区教育信息化连续多年列入区政府十大民生实事工程，迄今柯桥区教育信息化建设已投入 2.1 亿元③，精品录播教室建设覆盖全区各校，由区教师发展中心建立"优课平台"与"天天智慧课堂平台"，巨大的教学创新空间为智慧教育奠定基础。通过网络日历排课，各校轮流执教，柯桥区正在建起"天天智慧课堂"，天天智慧课堂形成了天天展示、周周评论、月月研讨、年年观摩四大特色活动。教师线上观看直播，即时点评促进执教老师深度反思，专家远程指导开展混合研修。柯桥区通过现代教育技术及手段，打破教研活动的空间限制。因为天天智慧课堂是由教师和学校自主申报，教师的主体性和积极性发挥得比较好，使得区域的资源效益发挥得更加充分。柯桥区积极推动创新机制，建立了推动教育技术应用的各级组织，协同发展保证智慧教育纵深推进。为提升教师教育技术应用能力，柯桥区天天智慧课堂融入评比机制优化智慧教育推进氛围。柯桥区天天智慧平台在开课后的 1 年内，总访问人次 26 万次，共开直播课程 240 节，几年来，在全国中小学创新课堂教学实践观摩活动中，柯桥区屡创佳绩。柯桥区天天智慧课堂，在智慧教育技术支撑下，实现常态化深度应用。柯桥区天天智慧课堂实践共同体项目入选教育部 2018 年度教育信息化教学应用实践共同体项目，并

---

① 田俊，王继新，王萱. "互联网+在地化"：乡村学校 教学质量提升的实践研究［J］. 中国电化教育. 2019（10）：38-46.

② 案例根据绍兴市柯桥教师发展中心网站（http://www.sxedu.org/）及柯桥教育资源公共服务平台（http://yun.sxedu.org/）2018-2020 年简报整理，查询时间 2020 年 6 月 10 日

③ 绍兴日报. 智慧教育让课堂变"好玩"［EB/OL］. http://epaper.sxnews.cn/sxrb/html/2014-04/24/content.11858-4365393.htm.

于 2020 年 6 月顺利结题。项目实践过程中，遵循"精准+生本"的理念，构建信息技术环境下智慧课堂的柯桥模式，为柯桥区教师的专业发展提供了优秀的平台，促进了当地基础教育的进一步发展，也为各地建设信息化教研平台提供了参考模式。

相比成都七中的主要面向全国薄弱学校共享资源，提高学生学业成绩的远程教育模式，柯桥区教师发展中心的"天天智慧课堂"更多的是为区域内的教师提供一个展示与学习的平台。"天天智慧课堂"成果的主要几点保障：一是行政部门参与，有组织推动，有制度保障；二是形成常态化深度应用；三是成熟的技术支持，技术方案本土化。

第十章

国内中小学教师发展中心案例

我国于 20 世纪 90 年代末开始关注教师发展中心并逐步尝试在少数高校建设专门的机构。2012 年，教育部高等教育司从全国高校已经成立教师发展中心相关机构的 74 家中遴选出 30 个国家级教师教学发展示范中心，并给予相关政策支持与经费支持。国家级教师教学示范中心颁布的举措标志着我国"教师发展中心"的建设开始成为高等教育内涵式发展的一项重要战略性工程，为推进教师教学发展中心建设工作的标准化、制度化、规范化、制度化、常态化、组织化，引导大学教师倾心教学、热爱教学、研究教学，切实提高教师教学能力和水平，建设高素质教师队伍，搭建了大学教师专业发展的重要平台。随着国家级教师教学发展中心的建设，各地高校教师教学发展中心、挂靠高校的省市级中小学教师发展中心、市县（区）级教师发展中心如雨后春笋般发展起来，纷纷尝试以全新的师资培训理念提高工作不同层次、不同类别教师的整体素质、教学能力和教学水平，以期更有效地提高教学质量。

第一节　省级中小学教师发展中心

一、湖南省中小学教师发展中心

（一）中心概况

湖南省中小学教师发展中心的雏形是 1981 年成立的湖南省中师函授学

校，1981年至2002年挂靠湖南省第一师范学校，1984年更名为湖南省小学教师培训中心。2003年3月，经湖南省教育厅决定，湖南省编办批准，成为具有独立法人资格、全额拨款的省教育厅直属正处级事业单位。2003年10月，更名为湖南省中小学教师继续教育指导中心。2013年12月，更名为湖南省中小学教师发展中心。是湖南省教育厅直属单位，是湖南的唯一一所致力于优秀教师的培养、全省信息化教育的推进、优秀教育资源利用的省级中小学教师发展中心。

中心宗旨：一切为了教育发展，一切为了教师发展。

（二）中心职责

湖南省中小学教师发展中心是集研究、引领、管理、服务等多种功能于一体的省级示范中心，中心职责主要体现在：

（1）负责全省中小学教师资格考试（面试）、定期注册和全省教师资格认定的相关基础事务性工作。

（2）负责青年骨干教师、学科带头人、教学名师遴选、推荐、培养的相关基础事务性工作。

（3）具体承办全省普通高等学校师范类专业认证工作。

（4）协助省教育厅做好公费师范生培养与管理的相关工作。

（5）负责全省中小学教师培训的业务指导和管理工作。

（6）积极推进中小学教师培训信息化建设工作，协助省教育厅做好"中小学教师信息技术应用能力提升工程"办公室工作。

（7）协助省教育厅做好中小学教师工资收入调研与监测工作。

（8）牵头建设好湖南省中小学教师教育网络联盟，开展中小学教师网络研修。

（9）开展中小学教师专业发展研究。

（10）组织开发并指导使用中小学教师教育课程资源。

（11）组织开展全省培训者、骨干教师和校长培训，指导各级中小学教师培训机构和基地的建设和教育教学工作。

（12）承担省教育厅交办的其他工作。

（三）中心组织结构

中心设有主任一名，副主任两名。领导班子以身作则，榜样示范。

中心设有的科室主要有：

办公室：负责中心党务、政务和财务工作。

教师资格管理科：协助省教育厅做好教师资格管理的相关工作，包括中小学教师资格考试、教师资格（含高校）认定、中小学教师资格定期注册等；协助省教育厅做好特岗教师招聘考试的相关工作。

发展研究科：协助省教育厅做好中小学教师队伍建设的相关研究性工作；协助省教育厅做好教育系统职称改革的相关基础性工作；负责省教育规划教师发展研究专项课题的组织管理工作和中心科研管理工作。

师德建设与师资培养科：协助省教育厅做好中小学教师师德师风建设工作；协助省教育厅做好中小学、名师名校长队伍建设及卓越教师校（园）长研修工作；协助省教育厅做好中小学教师工资收入调研与监测工作；具体承办全省普通高等学校师范类专业认证工作；协助省教育厅做好公费师范管理的相关工作。

远程培训与资源建设科：承担全省以"工作坊研修"为主要方式的教师网络研修工作；负责统一管理、指导全省中小学教师网络研修工作的开展；做好中小学教师培训课程资源建设工作。

培训管理科：协助省教育厅做好"国培计划""省培计划"的基础性工作；做好教师培训学分、省级基地校等培训管理工作；做好市、县教师培训机构管理服务工作；指导全省教师培训工作。

信息技术科：负责做好中心网络安全和信息化工作；协助省教育厅做好"能力提升工程"工作。

示范项目科：做好示范性集中培训项目；做好"送培到市县"的实施工作；做好自主开发的集中培训项目。

后勤中心：负责中心培训基地的后勤管理工作；统筹协调学员宿舍、餐厅、会议室的使用与管理；做好基地设备设施等固定资产的清查与管理工作；牵头做好维稳综治安全工作；为各类培训、活动提供必要的后勤保障。

每个科室纪律都有严格的纪律要求：高效办事，氛围和谐，团队为本，敬业奉献，共同发展。

（四）中心特色

1. 强将精兵、精心策划

中心要对全省中小学教师的专业发展进行顶层设计与宏观管理，中心领导是长期从事教师教育的专业化人才，每个科室的科长都是独当一面的业务骨干，以确保各项工作的顺利开展，其他成员都是得力干将。

2. 打造了辐射全国的教师培训项目——"培训师培养"

针对培训者队伍建设中普遍存在"重遴选，轻培养；重资历，轻能力；重建设，轻使用"的"三重三轻"现状，中心领导达成共识：教师培训专业化首先是培训团队的专业化。在时任湖南省中小学教师发展中心培训管理科科长、国培办主任黄佑生的精心策划，发展中心领导和省厅领导高度认可并大力支持下，计划五年内在全省中小学幼儿园教师中选拔 400 名左右综合素质比较高的教师，进行专门的培训，旨在打造一支有情怀、有思想、有境界、有潜力的教师培训师队伍，组建一支湖南省"十三五"本土化的教师培训师核心专家库。2016 年 11 月，由湖南省教育厅发文、"国培计划"专项经费支持的"湖南省教师培训师培养工程"培训项目正式运作。培训师培养对象的遴选坚持"看培训情怀、培训经验、培训能力，不看资历、不看学历、不看职称"的"三看"和"三不看"原则，在培养理念、培养形式、培训周期、课程设计、过程管理、考核评价等方面大胆创新和突破，如设置了培训讲师、培训项目管理师、培训咨询策划师三类成长目标；根据不同的成长目标精准设计适合成长目标的培训课程；所有的学员按照"选修+必修"的方式修炼五项关键能力：教育教学思想凝练能力、培训基础能力、培训教学实施能力、培训项目管理能力、专家咨询能力；采取省内集中培训、省外进修、名校跟岗、小组专题研讨、送培下乡、工作坊研修、返岗实践"七个培养阶段"；依据出勤率、各阶段成长考核的结果对项目实行差额淘汰制等。通过系统的、系列的、专业的培训，一支"接地气、用得上、干得好"的中小学幼儿园教师培训师团队已经组建，在全省深化教师培训改革、全方位提升培训质量中发挥示范、引领、辐射作用。教育部专家组对湖南省建立的选拔、培训、实践、考核、认证为一体的教师培训师的探索给予高度评价，并誉为"湖南模式"，向全国推介。已经结业与尚在培训周期内的省级教师培训师学员纷纷被邀请到全国各地传经送宝。

3. 树标杆，立典型，促共进

充分调动全省各级教育部门积极参与中小学教师专业发展的策划与实施，积极探索，开拓创新，为教育强省固本强基，并在全省范围内推介各具特色的典型做法，形成"学先进、找差距、同关注、促共进"的良好局面，如长沙市望城区中小学教师发展中心所打造的"研赛培""研训一体""送教下乡"等教师培训培养模式；岳阳市中小学教师发展中心"五维驱动"培训平台构筑模式、"五步交互"培训组织管理模式、"五位一体"远程培训教学研修模式、"五方协力"集中培训教学研修模式等培训模式；湘潭县"塑型工程"精品项目；永兴县教师发展中心扎实推进的"研训一体""理实一体"模式；浏阳市教师发展中心"工作坊研修""送教下乡""手拉手项目""新教师培训"等，都各具特色。

4. 以"项目县"制度促进教师专业发展

为确保全省"国培计划""省培计划"顺利实施，提高培训的效益和质量，湖南省中小学教师发展中心出台了《湖南省"国培计划"项目县建设指导意见》等相关政策，给予市县培训机构国培、省培项目，开展培训者培训、送培到县和项目实施指导、评估，实施国培、省培"项目县"制度，整合培训资源、组建培训团队、改进培训内容、创新培训方式、加强培训的针对性和实效性、尊重评估，为全面提升全省中小学教师专业发展助力。

二、广东省中小学教师发展中心

（一）中心概况

与湖南省只有一家省级中小学教师发展中心的"集约型"建设思路不同，广东省为进一步深化教师发展与管理制度改革，推进落实中小学教师专业标准要求，完善广东省中小学教师专业发展体系，全面提升中小学教师队伍整体素质，根据《广东省人民政府关于全面实施强师工程建设高素质专业化教师队伍的意见》等文件要求，积极探索建立师范院校与市、县（市、区）教育局、学校共同推动中小学教师发展的工作机制的"分散型"建设思路。在广东省高等师范院校或以师范教育为主的高等学校建设省级中小学教师发展中心，充分发挥师范院校和市、县（市、区）的主体作用，形成定位准确、层次分明、特色明显、资源共享、可持续发展的中小学教师发展新体系。经过各高校积极申报，省教育厅和省财政厅组织评审，2015年5月，华南师范大学、广东第二师范学院、肇庆学院、岭南师范学院、韩山师范学院、韶关学院、嘉应学院、广东省外语艺术职业学院八个单位获"省级中小学教师发展中心建设项目"立项。2018年又新添二个新成员：广东技术师范学院教师发展中心、北京师范大学珠海分校教师发展中心。目前，广东省省级中小学教师发展中心共有10个。此外，还在华南师范大学、广东第二师范学院、广东省外语艺术职业学院、广东技术师范学院分别设立"三中心两办"：中小学校长培训中心、中小学教师培训中心、学前教育师资培训中心、中小学教师信息技术应用能力提升工程办公室、职业院校教师素质提高计划项目管理办公室。广东省教育厅对省级中小教师发展中心建设的目标、要求、资金分配、组织管理、监督管理等做了整体规划。

1. 建设目标

形成定位准确的中小学教师发展新体系。按照教育部中小学教师专业标准的总体要求，充分吸收"国培"和其他兄弟省份在教师发展方面的先进经验，形成特色鲜明、资源共享、校地联动、职前职后相衔接的中小学教师发展的体系。

形成较为完善的中小学教师发展的资源体系。根据我省教育事业发展的要求和各地中小学教育教学实际，有效整合校内外相关资源，分类别、分层次、分学科建设中小学教师发展资源，形成较为完善的教师发展课程资源库、培训师资库、各级各类教师的诊断与发展测评工具体系等。

形成推进中小学教师发展工作的新机制。积极探索"校地联动"的工作机制，由市、县（市、区）和中小学校提出教师发展的需求，高校针对地方需求，按照国家和省的相关标准要求，与市、县（市、区）和中小学校共同研究制定推进中小学教师发展的实施方案，共同组织实施。深入开展中小学教师专业发展规律、政策、制度、机制、模式、方式等方面的研究。为市、县（市、区）教育行政部门和中小学校提供中小学教师发展相关服务工作。

2. 建设要求

在师范院校内成立专门负责中小学教师发展的实施机构，统筹负责本校开展中小学教师发展工作，具有稳定的人员队伍、比较完备的设施条件和教师教育教学资源以及相关工作制度，所在单位能保障日常运转所需工作经费等。

拥有一支业务素质较高、结构合理，具有先进教育理念，掌握专业知识和技能，熟悉中小学教育教学情况和特点，能够运用现代教育和教学手段，满足中小学教师省级培训需要的高水平培训者队伍，其中校外专家学者和具有高级专业技术资格的中小学校长、教师应达到30%。各学科要建立首席教师负责制。

应有满足开展中小学教师专业发展所必需的教学条件。包括多媒体教室、计算机教室、图书资料室、电子阅览室、学术报告厅等教学设施，配备与所承担培训的学科、层次相适应的实验仪器和实训设备，并保证培训期间满足参训学员的使用需求。

应具备与其承担任务相适应的培训场所和后勤保障服务能力。一般应具有300人以上同时参加培训的食宿条件（面向全省的发展中心应具有500人以上同时参加培训的食宿条件），或者目前暂不具备上述条件，但学校已有工作计划可在1年内实现。

应有实施远程培训的支持条件。能有效支持教师在互联网上搜索、传递和存储教学信息，实现网上点对点远程学习。服务器、带宽、并发承受能力、多网连通性、视频点播、浏览速度等方面能够满足10万人以上规模的远程培训需要，建有千兆以上局域网，出口带宽不低于100M，互联网百兆到桌面，支持并发在线用户数≥2000人，页面打开平均速度小于5秒，视频浏览速度≥256kbps。培训平台应同时满足电信网和教育网带宽接入，与市、县"校校通"网络相连，与区域内所有学校互联互通。

应有满足中小学教师发展的课程、案例等资源。充分整合并利用学校相关资源，构建支持中小学教师专业发展的课程、案例资源库，满足中小学教师专业发展需要。

与市、县（市、区）教育部门按照"权责明晰、优势互补、合作共赢"的原则建立稳定的合作机制。建立一批稳定的中小学教师教学观摩与实践训练基地。

建立相应的管理制度，包括培训组织管理、学员考核管理、培训团队管理、资源开发管理、经费使用管理、校本研修指导管理、后勤保障以及培训效果跟踪反馈等制度。

3. 资金分配与使用范围

省级中小学教师发展中心建设项目纳入"强师工程"教师管理创新改革工程，由省教育厅、省财政厅根据遴选结果，统筹考虑发展中心定位、整体布局等因素确定资金安排方案，按照规定程序报批。

省级中小学教师发展中心建设项目资金专项用于发展中心的条件建设、资源建设、队伍建设、制度建设等。必须专款专用，不得用于与发展中心建设无关的事项，不得用于发放教职工工资福利，不得提取项目管理费。

4. 组织管理

省教育厅、省财政厅负责省级中小学教师发展中心建设工作的组织领导和统筹规划，研究制定相关支持政策，指导省级中小学教师发展中心的业务开展。

省级中小学教师发展中心实行双重管理。日常工作由所在单位负责管理，业务上接受省教育厅的指导、监督和检查。

省级中小学教师发展中心所在单位要把中小学教师发展相关工作纳入本单位改革与发展的总体规划，不断加强内涵建设和条件建设。

省级中小学教师发展中心要不断完善工作制度，加强自身建设。积极参与竞争，承担国家、省和地方的中小学教师发展的任务，按照规定使用相应获得的专项资金。积极指导中小学校开展校本培训工作。

5. 监督管理

省教育厅、省财政厅按照《广东省强师工程专项资金管理办法》对专项资金的使用情况进行检查和考核，对发展中心的工作情况、制度建设、资源建设、工作绩效等情况进行监测和评估。对违反规定使用、骗取、挪用、截留资金的行为，将追回专项资金，并按照国务院发布的《财政违法行为处罚处分条例》有关规定处理。

（二）中心特色

在广东省教育厅与财政厅的宏观指导下，广东各省级中小学教师发展中心根据省、校、市、区域的情况，不断完善省中小学教师发展中心建设方案，经过几年的积极探索，广东省中小学教师发展中心建设特色主要体现在以下几个方面。

1. 双重管理，严格考核

广东省中小学教师发展中心由省教育厅和省财政厅出台相关支持政策，并规划、指导各项业务的开展。省教育厅有严格的考核标准（见附件1：广东省中小学教师发展中心考核评价指标体系），除了每年各中心都要以书面材料的形式汇报建设情况外，省教育厅每三年现场考核验收省级中小学教师发展中心建设项目，通过听取汇报、现场察看、查阅原始材料、询问答辩、集中评议等方式，并结合网络评审情况，核查项目建设取得的实际成效及省级专项资金使用情况，综合形成项目验收的专家组意见并公布考核优秀、合格、不合格等次。省级中小学教师发展中心在业务上接受省教育厅的指导、监督和检查，日常工作由所在单位负责管理，实行双重管理。

2. 各美其美，美美与共

各高校充分发挥各自的资源优势、学科优势、地域优势，呈现出"各美其美，美美与共"的良好局面。例如，广东第二师范学院省级中小学教师发展中心形成"智慧、创新、未来"的特色，探索 GDES（高校、政府、专家、学校）的协同模式及基于区域整体发展的"一人一案""一校一品""一地一案"的改进模式等；肇庆学院省级中小学教师发展中心所倡导与践行的"教师教育专业化""培养目标卓越化""职前职后一体化""协同育人开放化"等教育理念，形成了教学、实训、竞赛、实践、职后培训、相关研究一体化的教师教育"肇庆模式"，亮点纷呈。

3. 奖惩鞭策，竞争激烈

省级中小学教师发展中心分散在全省不同高校，各高校间无形中有种优胜劣汰的"忧患意识"，尤其是省教育厅组织的考核评比，落后挨批的意识不断激励着各高校唯有砥砺前行，才有更大的发展空间，这种分散起到了很好的竞争与激励作用。

（三）未来发展

（1）不同教师发展中心的建设水平与各高校领导的重视程度密切相关，如果领导重视度不够，不管是硬件建设还是资源建设，都无法实现预期的目标。

（2）由于师资水平、经济条件等诸多因素的影响，教师发展中心的建设水平差距挺大，不合格、合格、优秀等级参差不齐，如何打造各教师发展中心鲜明特色，有待不断探讨、总结与推广。

（3）面向未来，各省级中小学教师发展中心要进一步加强内涵建设，迈向更高的目标。

附件1：

广东省中小学教师发展中心考核评价指标体系

一级指标	二级指标	观测点	评分标准
组织领导（10分）	学校层面（4分）	领导重视经费投入	1. 学校高度重视发展中心建设，将其纳入学校发展规划和学校"创新强校"工程。（1分） 2. 由学校领导担任中心负责人，并实行任期目标责任制。（1分） 3. 学校为中心建设提供经费支持，保障中心日常运转所需工作经费、基础建设经费。学校投入或配套不低于省下拨发展中心的建设经费。（2分）
	专门部门（6分）	机构建设资源整合	1. 发展中心为学校专门的教师教育机构，统筹负责、统一管理所在学校组织开展的中小学教师发展工作；整合校内相关职能机构和资源，促进职前职后有效衔接。（2分） 2. 配备与中心功能相适应的专、兼职管理人员，能统筹校内研究人员、教学人员和技术人员；具有专职教学科研岗人员，其在职称评聘、教学工作量认定、教学成果认定与评价等绩效认定与考核方面享有与校内教学科研机构专业技术人员同等的权利，并有相应的明晰的制度。（2分） 3. 配备专门的办公场所。（1分） 4. 建立完备的工作制度。（1分）
教师队伍（15分）	专任教师（4分）	教师数量首席专家	1. 具有一支熟悉中小学教育教学、满足中小学教师省级培训需要的高水平专任教师队伍。（2分） 2. 建立首席专家制，首席专家具有正高级职称的高校专家学者，或具有正高级职称或特级教师称号且具有长期稳定合作关系的专家型中小学教师或校长。（2分）

一级指标	二级指标	观测点	评分标准
教师队伍（15分）	兼职教师（6分）	结构比例教师管理	1. 聘请高等院校、科研单位、社会知名专家，中小学优秀校长、教师任兼职教师。（1分） 2. 兼职教师管理规范，工作任务明确。兼职教师中校外专家学者和具有高级专业技术资格的中小学校长、教师比例不低于30%。（3分） 3. 每位兼职教师受聘兼任职位的省级教师发展中心不超过2家。（2分）
	研究与管理队伍（5分）	教学能力研究指导培训服务	1. 人均具有1~2门课程教学和若干专题教学能力。（1分） 2. 具有为教师专业发展制订规划和专项培训项目设计、研究指导能力，配有担任工作室、中小学或区域顾问或指导专家。（2分） 3. 具有专门的培训管理、培训服务人员，具备专业培训管理、培训服务能力。（2分）
教学条件（25分）	设备设施（10分）	培训场地生活配套教室设备	1. 有固定培训场地，能满足中小学教师培训需求。（2分） 2. 校舍和配套生活设施能同时承担500人以上专项集中培训（面向区域的发展中心，能同时承担300人以上专项集中培训）。（4分） 3. 具备计算机网络教室、多媒体教室、多功能学术报告厅、心理健康辅导室、图书资料室等专业教室，配备视频投影、教学录播系统、双向视频等设备。（4分）
	实践基地（5分）	基地学校（教师专业发展学校）	1. 应有中小学、幼儿园作为开展教学研究、培养培训的实践基地（教师专业发展学校）。（2分） 2. 具有稳定的省内外及国外合作培养培训基地学校（教师专业发展学校），且不少于30所（面向区域的发展中心，不少于20所）。（3分）
	信息化（10分）	网络环境平台管理数字资源	1. 具有实施远程培训的支持条件：独立带宽不低于1G，能够满足10万人以上远程培训需要。（1分） 2. 具有开展远程学习与校本研修的网络平台。平台可同时满足电信网和教育网带宽接入，与市、县"校校通"网络高速相连，与区域内所有学校互连互通。（2分） 3. 每年承担远程网络培训人数不少于5000人次（面向全省的发展中心，每年不少于10000人次）。（2分） 4. 具有基于广东省中小学教师继续教育基础数据库的教师发展档案信息化管理系统，信息分类登记及时，电子档案齐全，与省教师继续教育信息管理系统、省教育信息平台无缝对接。（2分） 5. 配有可供全省教师共享的教学研究资料库及课程、案例资源库，具备检索与查阅功能。数字资源每年可供访问人数不低于10000人次，能满足发展中心的培训需求。（2分） 6. 每五年数字资源补充更新率不低于20%。（1分）

一级指标	二级指标	观测点	评分标准
目标效能（30分）	培养培训一体化（6分）	培养模式制度建设	1. 具有职前培养与职后培训相衔接、定位准确、层次分明、特色明显可持续发展的中小学教师发展新体系。（1分） 2. 建立职前职后的课程、信息资源、实践基地。（2分） 3. 每年职前师范生培养与职后教师培训双向衔接的学习形式不少于500人次。（1分） 4. 建立职前培养职后培训一体化的工作量认定、绩效考核等制度机制。（2分）
	研究测评（10分）	数据积累专业测评	1. 建立教师专业发展测评机制，开发测评工具，研制分类、分层的教师专业水平与能力发展的标准体系。（2分） 2. 采取多种有效方式，对培训效果实施过程评价和绩效评估。（2分）
		项目研究成果提炼	1. 加强需求调研和培训项目研发，优化培养培训内容，创新教学方法，提高培训的针对性和实效性。（2分） 2. 重视课题研究，每年获得省级以上基础教育或教师教育研究立项或结项的课题不少于1项（面向区域的发展中心获得市级以上立项或结项的课题）。（2分） 3. 重视成果提炼与转化，积极推广研究成果，每年公开发表或出版基础教育研究或教师教育研究成果不少于5项。（面向区域的发展中心，不少于2项）。（2分）
	校地联动（14分）	合作机制	1. 与市、县（市、区）教育部门，市、县教师培训机构，中小学校签订战略合作协议，建立双向推动的教师教育合作机制。（1分） 2. 实行联席会议和定期协商制度，共同研究制订推进中小学教师发展的实施方案，共同组织实施。（2分）
		合作内容	1. 接受区域教育行政部门委托，为各市、县（市、区）教育局研制教师发展整体规划以及各种教师专业发展专项咨询、培训、指导。（1分） 2. 接受市、县教师培训机构或中小学校委托，为中小学校教师专业发展提供咨询、培训、指导和服务。（1分） 3. 为省、市、县相关机构、组织、社区提供学习资源、设施设备与咨询指导等服务，在推动学习型社会建设方面发挥积极作用。（1分）
		合作要求	1. 建立以规划制定、项目实施、资源服务为载体的实质性合作，工作成效得到合作的教育行政部门、中小学校长和教师高度评价，学员满意率在80%以上。（2分） 2. 至少与3家地市教育行政部门（面向区域的发展中心至少与1家地市教育行政部门）、10家县（市、区）教育行政部门签订合作协议。（2分） 3. 每年为县级以上教育行政部门或中小学校提供规划服务与政策咨询不少于10次，每年发布区域教师发展研究报告不少于1次。（2分） 4. 每年与市、县教育行政部门，中小学合作项目合同金额达到300万元，其中面向全省的发展中心项目合同金额达到500万元。（2分）

续表

一级指标	二级指标	观测点	评分标准
资金绩效（10分）		资金管理	1. 建立健全专项资金使用管理制度，确保专款专用。（1分） 2. 按照专项资金管理办法要求组织开展绩效自评，并及时报备相关材料。（1分）
		资金支付	1. 资金支出的合规性，资金管理、费用标准严格按照集中支付或财政报账等制度要求执行，不存在超范围、超标准支出，不存在虚列支出或截留、挤占、挪用资金的情况。（2分） 2. 规范执行会计核算制度，实行专账单独核算，支出凭证合规、有效、完整。（2分）
		使用效率	1. 省级财政专项资金的实际使用情况，使用率=（财政资金实际支出金额÷省财政预算总金额）×100%不低于90%。（2分） 2. 严格按照项目规定和建设方案组织开展有效的检查、监控、督促和落实工作，保障专项资金的使用效益。（2分）
特色创新（10分）		品牌特色创新成果	1. 分层次、分学段、分学科进行品牌项目建设，在国内、省内或本区域形成自己富有影响力的教师教育品牌项目。（2分） 2. 在教师培养、培训、教学研究、资源建设、教育科研等方面改革创新，每年深度指导的中小学校不少于5所，研究成果对全省或区域教师发展实践以及中小学教育教学实践产生重要影响。（3分） 3. 每年省级以上媒体或专业媒体公开报道发展中心成效不少于1次。（2分） 4. 积极打造"粤派名教师、名校长"，在省内外交流场合大力弘扬广东基础教育名教师、名校长风采。（面向区域的发展中心，主要打造具备区域影响力的名教师、名校长）。（3分）

（四）经验与特色

肇庆学院省级中小学教师发展中心是广东省建设最早的省级中小学教师发展中心。肇庆学院省级中小学教师发展中心围绕"专业教育与职业教育分开，职前教育与职后教育统一，教师教育专门化与专业化"的建设理念，追求"形成教师教育系统平台、建设教师教育协同体系、完善教师教育改革机制"的建设目标，在省教育厅领导的关心和指导下，在肇庆学院各级领导的支持与鼓励下，在教师发展中心全体同志的不懈努力与积极探索中，积累了一定的经验，并初步形成了自己的特色。

1. 出台政策文件，推进中心建设

2013年，肇庆学院成立教师教育学院，负责全校师范生教师教育课程教学、技能训练和教育实习的工作。2014 年，肇庆学院成立教师专业能力发展中心，并对发展中心建设的功能、价值和组织框架作了说明；2015年，《肇庆学院在关于做好 2015 年全面深化改革若干重大工作的通知》中，进一步强调将地方高校教师协同育人平台建设成为省级协同育人平台的目标，并要求教务处、人事处、财务处和二级学院共同参与建设。特别是各专业教学教师做到教学业务归口教师教育学院，保证了校内所有教师教育教学资源与条件统筹与归口清晰，实现了校内资源的整合与共享。围绕发展中心的建设，肇庆学院制定了一系列的相关政策文件，先后有《关于大力加强师范教育（教师教育）工作的实施意见》《整合师范教育资源，创新教师培养机制，全面提升我校教师教育办学实力》《关于深化教师教育改革的实施意见》《关于退休特级教师聘用文件》等。这些政策文件对推进教师发展中心建设起到指导性作用。

2. 构建组织框架，确保运转规范

肇庆学院省级中小学教师发展中心是教育厅主管下，以肇庆学院为主导，协同各市、县教育局和中小学教师发展学校建立起来的一种组织框架。按"发展中心平台要与市、县教育行政部门和中小学建立有效的工作联动机制"的要求，中心组织机构如下：一是中心领导小组。组长是学校校长，副组长由核心协同主体单位委派的负责人、各试验区教育局局长和肇庆学院教师教育学院院长担任。二是专家委员会，包括教师专业发展委员会和教师能力提升委员会。由学校整合校内外专家资源，建立教师发展中心专家资源库，聘任经验丰富的专家组成专家委员会。三是教学、实训、培训项目教师团队。实行教学、实训、培训项目负责制，负责人由高学历高职称、教学经验丰富、科研能力强的教师担任，并承担团队的建设工作。四是办公室工作小组。成员主要由肇庆学院教师教育学院办公室主任、肇庆市和各县试验区教育局办公室主任组成，负责协同教师发展中心日常具体的运作和管理工作。在运行方式上，一是建立教师发展中心协商决策机制，领导小组每年定期召开两次会议，共同围绕人才培养、机制体制改革、经费投入、制度建设等重大事宜开展研究和决策；二是中心主要负责人实行聘任制，聘期 4 年；三是建立通畅的对话沟通机制，协同主体的负责人、工作小组成员在发展中心的建设、运作和管理过程中，经常保持对话、沟通，及时反馈问题、经验与诉求，确保各项工作正常开展，提高育人效果。

肇庆学院教师发展中心组织结构

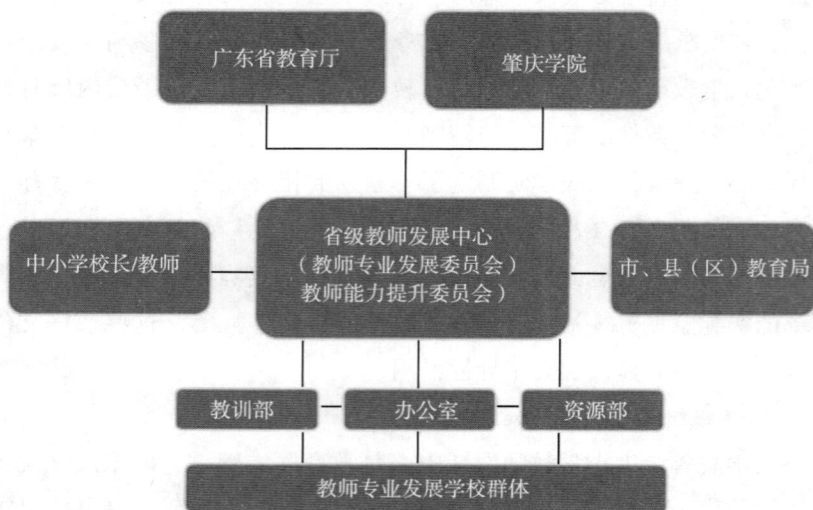

3. 加强团队建设，开发课程资源

肇庆学院中小学教师发展中心在教师教育团队建设上形成了四支团队：一是教师教育优秀教学团队；二是教师教育指导教师和实践指导教师的双导师团队；三是中小学教师教育培训团队；四是教育硕士教学与管理团队。其中，驻地教师团队全部是肇庆学院专业教师，团队成员至少在基地学校驻扎一年并在中小学挂职副校长、教导主任等职务，进行基础教育的教学、研究与指导工作；实践指导教师团队在基地学校聘用，聘期为三年，先后有200多位中小学教师被聘为学生实习工作的实践指导教师，肇庆学院给予聘书与津贴；教师教育培训工作方面聘请了校内外、省内外专家组建了专业水平高、经验丰富的教师教育培训团队，负责日常工作分配和培训资源的建设，既有国内学术造诣高、业内影响大的国内知名学者，如中国社会科学院滕守尧先生、湖南师范大学张楚廷先生、北京师范大学朱旭东教授、华南师范大学卢晓忠教授、陕西师范大学何聚厚教授、华东师范大学熊川武教授等为客座教授，又有具有丰富教学实践经验的国家级、省级教学名师与培训专家，如北京教育学院陈丽教授、苏州教师发展学院唐爱民院长、湖南省中小学教师发展中心贾腊生主任、湖南第一师范学院继续教育学院曾小玲院长、海口市教育研究培训院陈素梅副院长等，还有省内外名校长、中小学正高级、特级名师，如肇庆宣卿中学校长彭银祥、杭州师范大学第一附属小学校长缪华良、广州中学校长彭建平、广州华美英语实验学校校长陈峰等。建立了教师发展中心专门课程资源建设网站，其内容栏目包括中小学教育改革动态、教学与培训教师团队、专家资源库、精品课程资源、教师资格证考试习题库等。

4. 部门分工明确，岗位职责清晰

教师发展中心设有资源建设与咨询部、培训与指导部、研究与测评部、信息技术部等。资源开发与咨询部主要负责中小学教师教学资源库、基础教育研究资源库、资料索引与引文摘录、培训课程资源整理等工作；培训与指导部主要负责培训项目设计、品牌项目打造、区域教师专业发展指导等；研究与测评部主要负责提炼教师教育研究成果、测评体系与工具研制等；信息技术部负责各功能室信息技术设备、器材的管理，指导教师用好各类信息技术设备，做好开展各种活动的记录，以及各种文字、音像视频资料的收集等。各部门所有工作人员都是教育学专业或教育技术学毕业的硕士或博士，理论基础扎实，工作经验丰富，切实保障每一项任务的每一个环节高标准、高规格完成。

路漫漫其修远兮，我们将不忘初心，紧跟新时代要求，坚持校地合作，注重教师教育理论研究与实践研究间的融通，构建协同育人模式，进一步发挥省级中小学教师发展中心的引领与示范作用，为教师教育做出更好、更多的贡献。

第二节　市级教师发展中心

一、苏州市教师发展中心概况

苏州市教师发展中心成立于 2012 年 9 月，于 2020 年 4 月更名为苏州市教师发展学院（苏州教师书院），隶属于苏州市教育局，是苏州市教育局指定承担教师（校长）培训专项职责任务并赋有部分行政管理职能的直属事业单位。中心在苏州古城区核心路段，学士街389号，占地18200平方米，系明代文渊阁大学士王鏊致政归老之地。东连观前、西接石路、南临古胥门、北靠山塘河，地理位置优越，交通方便快捷。整个教师发展中心自然环境优美，文化内涵深厚。中心自成立之日起，坚持师德与师能并重、培养与培训并举，坚持高端化、专业化、国际化、信息化特色，引领教师专业发展、着眼教师队伍建设，以高质量的师资发展高质量的教育，是青年教师成长的快乐大本营，骨干教师专业化发展的摇篮，名特教师成名成家的孵化器，努力营造苏州教育聚名师、塑名家、育名生的良好局面。

二、中心建设

苏州市教师发展学院（苏州市教师发展中心）的整个建筑别具一格，处处洋溢着书香，每一处都构筑出一道亮丽的风景。

三、理念文化

理念：成就自我，成就教育。

文化：筑造，栖居，歌唱，立己，达人，济世。

目标：成就每个教师的生命传奇。

四、组织结构

（一）一室三处

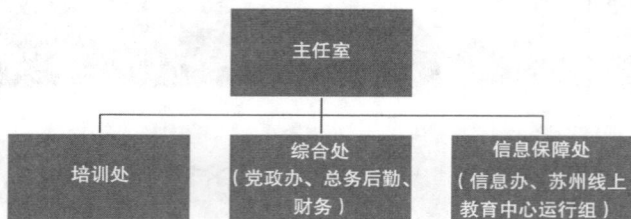

（二）一体四翼

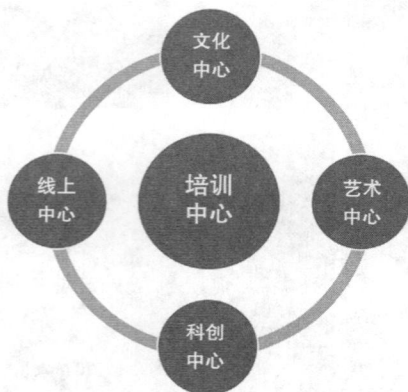

各模块简介：

培训中心：苏州市各级各类教师（校长）培训项目的管理和实施，主要有校（园）长、书记等干部培训、教师全员培训、骨干教师提高培训、名特教师持续发展等项目；国家级和省级教师（校长）培训项目的管理工作；江苏省中小学教师（校长）培训管理平台的日常运行和苏州市直属中小学教师继续教育学时认定的管理工作。

线上中心：苏州线上教育中心是积极响应教育部《教育信息化2.0行动计划》精神的区域具体践行，是教育部全面整治校外培训机构有效疏导举措之一，是新时代背景下开辟互联网教育公共服务的新策略。苏州线上教育中心是以"全名师、全过程、全免费"为核心理念，统筹全市近千名优秀教师资源，向全市 150 多万师生和近 300 万家长提供"名师精品微课资源、名师在线互动问答、名师网络课程直播、在线学习行为分析"四大类教育服务。

文化中心：与苏州市图书馆合作，建立苏州市教师图书馆，读书，聆听窗外声音；以王鏊故居为代表的传统文化教育；以苏州教育博物馆为代表的苏州市教育发展历史的认知学习。

苏州教育博物馆照片

艺术中心：

全国第六届中小学生艺术展演活动（活动掠影）

科创中心：提升教师信息素养，启动"人工智能+教师队伍建设行动"，推动人工智能支持教育教学、培训管理的新路径。

五、亮点与特色

（一）形成了系统的、系列的培训课程体系

苏州市教师发展学院（苏州市教师发展中心）基于不同类别培训对象的角色定位，精准制定课程模块和实施模式，以问题解决为核心、以培训对象为主体、以实践应用为导向开发课程内容，逐步形成了系统设计、丰富完备的课程资源。

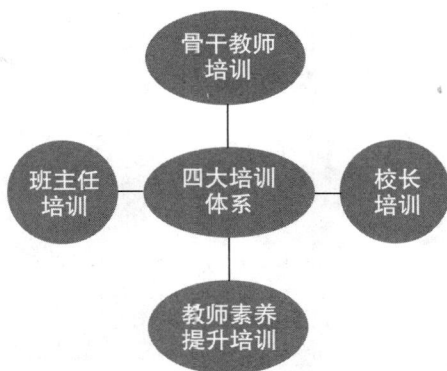

苏州市教师发展中心培训课程体系

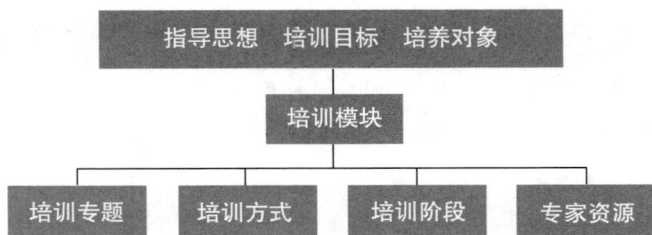

教师培训课程体系

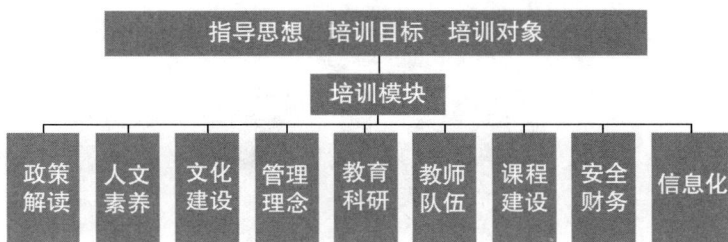

校长培训课程体系

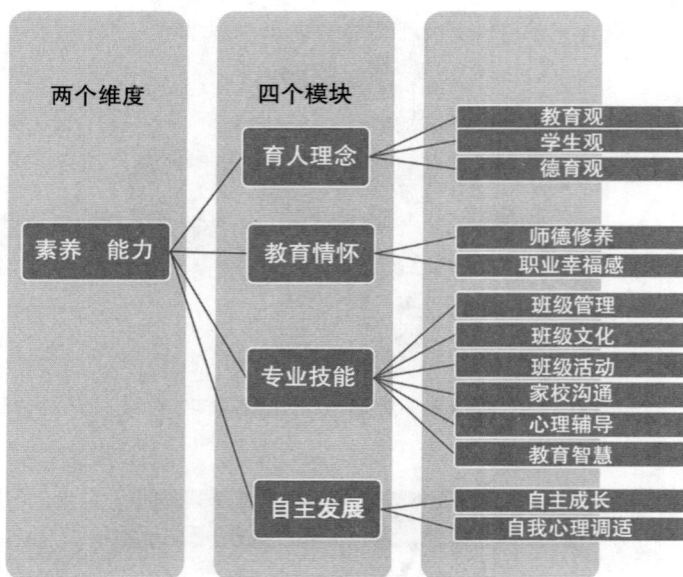

班主任培训课程体系

1. 课程特点

以教师的培训需求来确定培训课程，按需施训，切实体现课程的时代性、参与性、实践性与多样性，形成五大结构模式。

```
┌─────────────────────┐
│      主题讲座        │
│  • 师德修养          │
│  • 理论提升          │
│  • 专业知识          │
│  • 专业技能          │
└─────────────────────┘
                                ┌─────────────────────┐
                                │      案例研究        │
                                │  • 返岗实践          │
┌─────────────────────┐         │  • 行动反思          │
│      任务驱动        │         │  • 分享成果          │
│  • 同题异构          │         │  • 深度反思          │
│  • 比较分析          │         │  • 成果提交          │
│  • 自主分析          │         │  • 考核评价          │
│  • 提出见解          │         └─────────────────────┘
└─────────────────────┘

┌─────────────────────┐         ┌─────────────────────┐
│      问题探究        │         │      实践反思        │
│  • 课程导读          │         │  • 聚焦问题          │
│  • 任务发布          │         │  • 分析问题          │
│  • 课例观摩          │         │  • 互动研讨          │
│  • 自我提升          │         │  • 能力提升          │
└─────────────────────┘         └─────────────────────┘
```

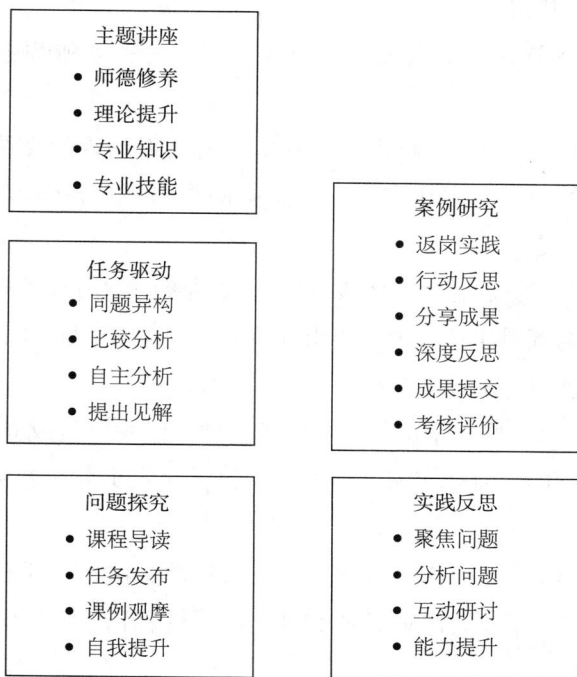

2. 亮点项目多，影响面广

亮点一：为丰富教育人才引培模式，提高教师发展服务水平，激发教师专业发展的内驱动力，苏州市教师发展中心大力推行"我要"系列教师研修活动，变被动培训为主动发展，变外在驱动为内在驱动。

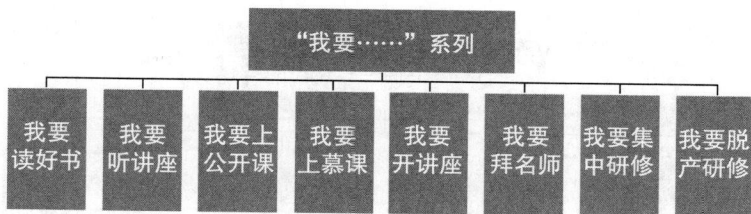

```
                    ┌──────────────────┐
                    │   "我要……"系列    │
                    └────────┬─────────┘
    ┌──────┬──────┬──────┬───┴──┬──────┬──────┬──────┐
 ┌──┴──┐┌──┴──┐┌──┴──┐┌──┴──┐┌──┴──┐┌──┴──┐┌──┴──┐┌──┴──┐
 │我要 ││我要 ││我要上││我要上││我要 ││我要 ││我要集││我要脱│
 │读好书││听讲座││公开课││上慕课││开讲座││拜名师││中研修││产研修│
 └─────┘└─────┘└─────┘└─────┘└─────┘└─────┘└─────┘└─────┘
```

"我要读好书"由特级教师亲自带班，学员免费获得书籍，利用寒暑假等业余时间自读并撰写读书笔记后，参与读书沙龙和名家读书报告会，优秀作品推荐至相关刊物发表。

"我要听讲座"以"苏州教育大讲堂"为主体，邀请国内著名的专家学者讲座。

"我要上公开课"聚焦课堂教学，突出以课案说道理，由专家指导、同伴互助、案例赏析、课堂展示、磨课评课、内省创新等板块组合贯穿而成。

"我要上慕课"则把研修要求上升到参与新近涌现的在线课程，要求教师具备扎实的教学基本功和良好的团队协作力，具备学习的国际视野，把握教育的未来走向。

"我要开讲座"立足全市特级教师、教授级中学高级教师、名教师和名校长的引领与辐射作用，内容要求体现理念与实践的结合，体现对一线教育教学的专业指导和学术支持。

"我要拜名师"则在全国范围内广延名师，组织学员成立学习共同体，通过定期和名师的面对面交流、学习、探讨，缩短了苏州教师与全国名师之间的距离。

"我要集中研修"则依托国内著名高校资源，由相关学科教师自主报名参加系列研修，整个活动理论和实践紧密结合，注重教师专业素养提升。

"我要脱产研修"则是为教师主动提升专业知识和专业能力，提供时间和空间的可能，最大化地满足教师自我提升的需求。

亮点二：三大品牌课程

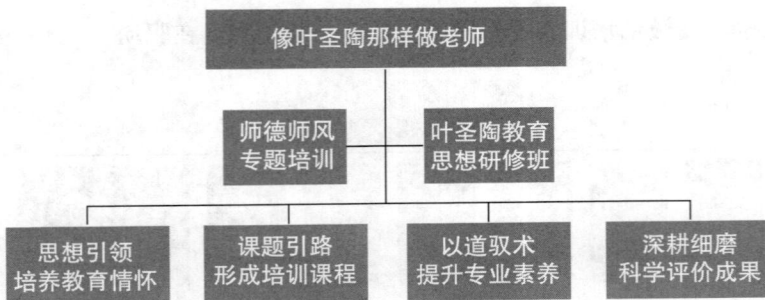

"像叶圣陶那样做老师"课程精准确立研修目标，主干突出特色鲜明。以叶圣陶教育思想贯穿整个培训过程，着眼于提升学员师德素养，重点是对教育教学的理解和认识。深度开发培训资源，着力建构研究体系。研发叶圣陶教育思想读本《如果我当教师》和系列讲座《为人生的教育——名家名师对话叶圣陶》两本培训教材。研修并重，以道驭术，全面提

升专业素养。通过叶圣陶原著阅读和结业论文撰写两个关键环节，深耕细磨结业论文，科学评价培训成果。

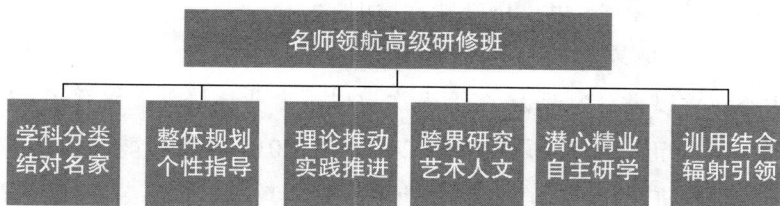

```
┌─────────────────────────────────────┐
│          名师领航高级研修班           │
└─────────────────────────────────────┘
  ┌────┬────┬────┬────┬────┬────┐
┌────────┐┌────────┐┌────────┐┌────────┐┌────────┐┌────────┐
│学科分类││整体规划││理论推动││跨界研究││潜心精业││训用结合│
│结对名家││个性指导││实践推进││艺术人文││自主研学││辐射引领│
└────────┘└────────┘└────────┘└────────┘└────────┘└────────┘
```

根据教育家型人才成长规律和培养对象的实际需求，2017年，苏州市教育局从市名优教师以及省特级教师后备班中选拔出40名优秀学员组成苏州市首届名师领航高级研修班，依托省市知名专家、学者的力量，开展为期两年的递进式高端研修，通过理论、实践导师的有效指导，旨在培养一批政治品格优、教育理念新、教学水平高、科研能力强、综合素养全，并在省内外有一定影响力的教育教学名家。名师领航采用学科分类、师徒结对，整体规划、个性指导，专家引领、自主研学，集中研修、分组实践等培养方式。2018年，首届领航班有6名学员被评为省特级教师，1名学员评上正高级教师。领航班学员兼任乡村骨干培育站和市校合作"我要读好书"项目的导师，建立学科发展共同体，培训成果及时辐射和裂变。

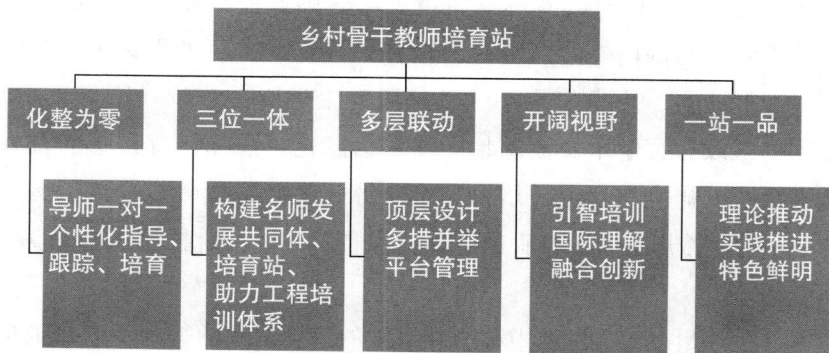

```
┌─────────────────────────────────────┐
│          乡村骨干教师培育站           │
└─────────────────────────────────────┘
  ┌──────┬──────┬──────┬──────┬──────┐
┌────────┐┌────────┐┌────────┐┌────────┐┌────────┐
│化整为零││三位一体││多层联动││开阔视野││一站一品│
└────────┘└────────┘└────────┘└────────┘└────────┘
┌────────┐┌────────┐┌────────┐┌────────┐┌────────┐
│导师一对一││构建名师发││顶层设计││引智培训││理论推动│
│个性化指导││展共同体、││多措并举││国际理解││实践推进│
│跟踪、培育││培育站、││平台管理││融合创新││特色鲜明│
│        ││助力工程培││        ││        ││        │
│        ││训体系  ││        ││        ││        │
└────────┘└────────┘└────────┘└────────┘└────────┘
```

苏州市乡村骨干教师培育站是省市合作的重要项目，也是苏州市乡村教师支持计划中的重点项目。培育站化整为零，实行"导师一对五"个性化培养模式；构建苏州市名师发展共同体、苏州市乡村骨干教师培育站、苏州市"助力工程"兼职教师专业化培训班"三位一体"培训体系，利用优势资源打造一流培训基站；建设网络平台，专题引领，展示导师、学员靓丽风采；关注课堂课例探研，构建培训、展示、研究多层联动机制；搭建国际合作交流新平台，与英国驻上海总领事馆文化教育处合作，引进国际先进的 STEM 课程，开展国际课程培训。

（二）荣誉成果多

中心成立以来，为近 20 多万人次提供了专业化培训，培育了 83 位特级教师、86 位正高级教师；2013—2016 年、2018 年连续被评为江苏省教师校长培训先进单位；2017 年苏州市乡村骨干教师培育站荣获江苏省教师队伍建设优秀工作案例特等奖；"我要"系列培训项目作为区域性案例荣获第四届全国教育改革创新优秀奖。

六、借鉴与启迪

苏州市教师发展中心（苏州市教师发展学院）以"小实体、多功能、大服务"的建设思路开创了全国地级市教师发展中心之先河，已成功成为引领和指导苏州市教师专业发展的四大基地：一是精品培训课程的研发基地。以需求为导向，构建多维度、多层次、菜单式、模块式的教师培训课程体系，为教师提供精准化、个性化、高端化的充电机会。二是苏派名师培养基地。以促进专业成熟、提升专业境界为重点，加快区域内名师发展共同体建设进程，探索具有苏州特色苏派名师发展道路。三是高层次学历教育基地。与国内外知名高校合作开办教育硕士、工程硕士、艺术硕士等专业硕士班，力争使中小学教师研究生学历（学位）不低于 15%。四是教师继续教育学术交流基地。加强信息化、国际化背景下的教师继续教育模式的研究与交流，培育和推广苏州教师继续教育品牌。其教学文化氛围特别浓厚，古色古香的设计，优雅的环境，给教师营造了良好的学习空间。

尤其是苏州市教师发展中心的针对性的、菜单式的教师系列培训项目及采用灵活多样的培训方式，充分发挥学员的主体性和调动学员的积极性，值得同仁借鉴和参考。

第三节 县（区）级教师发展中心

一、佛山市南海区教师发展中心概况

广东省体质健康抽测显示，佛山市南海区优良率、合格率均居于全省前列。

国家义务教育质量监测表明，南海区八年级学生国家认同、对中华传统文化的了解，以及法律素养明显高于全国、全省平均水平。

佛山市南海区教育质量绿色监测显示，2017年、2018年，全区中小学生生活满意度较高，耐挫力、自尊意识、人际交往能力明显增强，网络成瘾、抑郁检出率下降。

近四年约400人获全国信息学竞赛一等奖，20余名信息学特长生被清华、北大保送或自主招生录取。世界科技创新大赛中获金牌9枚，学生发明获专利100多项。近两年，南海学子夺得世界中学生田径比赛金牌5枚，银牌3枚，铜牌2枚；2018年全国中学生田径比赛，狮山高中学生夺得金牌13枚，首获团体总分第一名。南海学子三度登上央视春晚，教师和学生合唱团双双登上2019年央视中秋晚会，南海区20多次亮相中央电视台等。

南海区教师队伍建设存在编制不足，教育资源分布不均衡，培训经费不足，专业发展平台不强，激励机制有待进一步完善，缺少拥有全国影响力的名师、名校、成果等主要问题，南海区领导高度重视教师队伍建设，2018年8月9日，南海区教育局与时任里水镇领导签约共建南海区教师发展中心。计划在里水镇筹建的南海双语实验学校校园内，建设南海区教师发展中心。该中心定位为：立足南海、连通粤港澳大湾区、辐射全国，建设教师专业研训基地、教育科学研究基地、教育成果推广基地、学校品牌培育基地、评价研究应用基地、国际教育交流基地等集"研训用评"一体化的教师成长机制，为提升南海区教育质量、建设南方教育高地做出贡献。2018年8月27日，教育部教师工作司、国家教育行政学院领导莅临南海调研，希望南海区教师发展中心能够打造成为"国内一流，面向国际"的教师发展中心。

二、中心特色

（一）大手笔投资

佛山市南海区教师发展中心是落实品牌教育创新行动的重要举措，由佛山市南海区政府与里水镇政府共同建设，总投资 5 亿（含与南海双语实验学校共用的体育馆、艺术馆），区政府补贴 1.45 亿元。其中教师发展中心面积约 29718 平方米，中心建设体现了"空间与环境的融合、物理与虚拟的融合"。

教师发展中心主要场室指标：

序号	场室名称	数量	容纳人数	备注
1	培训室	20	1000	培训
2	会议室	10	250	会议
3	报告厅	4	1161	会议、观摩
4	多功能厅	1	800	发布、交流
5	演艺厅	1	920	会议、演出
6	体育场馆	1	1000	体育、团建、集会
7	餐厅	4	1000	自助、点餐
8	客房	168	336	

南海区教师发展中心拓扑图

（二）最新研究成果融于功能室建设

例如，与北京师范大学共建的脑科学与教育应用中心位于教师发展中心三楼，与中国科学院共建的科技教育创新中心位于教师发展中心六楼，旨在将脑科学、科技的最新研究成果应用于教育教学。

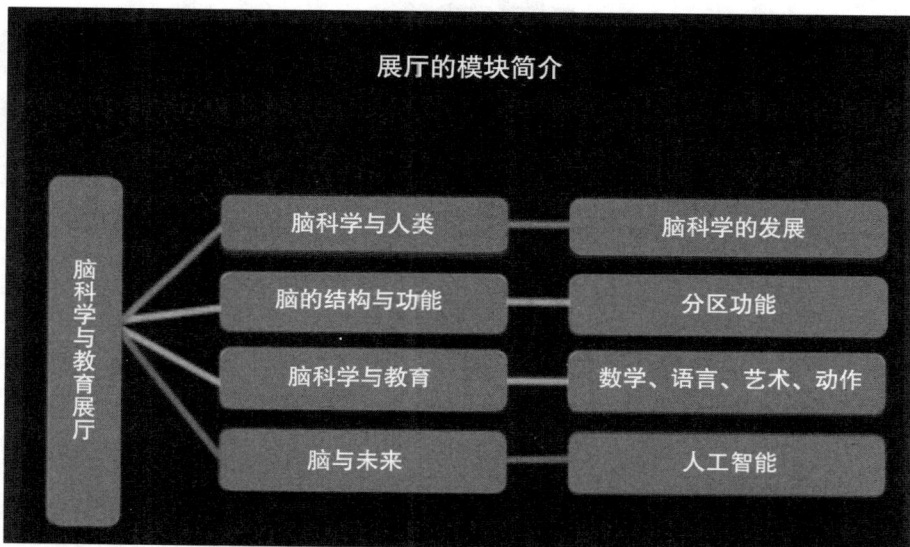

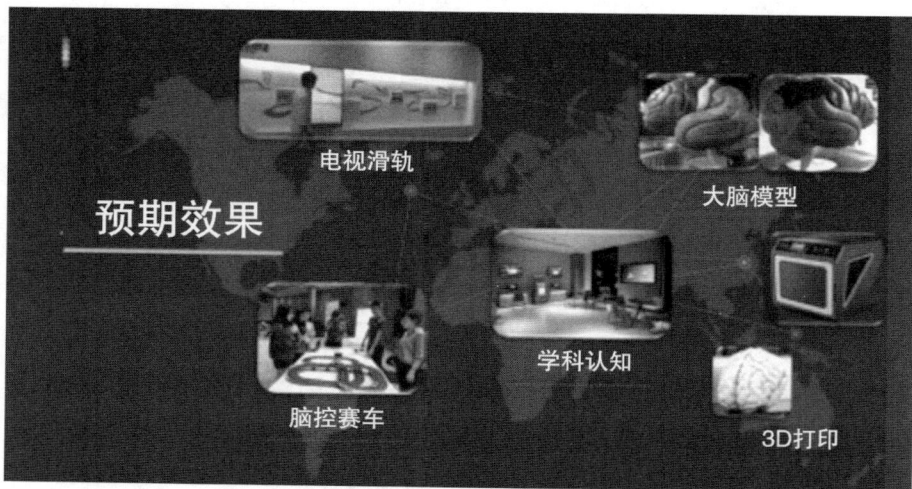

（三）信息化技术与教师教育深度融合

教师教育信息化建设

打造"国内一流，面向国际"的教师发展中心

智能化管理
- ✓ 智能化、个性化业务信息推送
- ✓ Face ID 获得个性化便捷服务
- ✓ 智能设备模式重构、互联互通
- ✓ 线上线下融合，全程互动学习

信息化教培
- ✓ 全流程管理，培训课程体系化
- ✓ 线上线下课程资源汇聚，随时在线
- ✓ 学习随时随心，让教师形成圈子
- ✓ 学与练一体化，跟踪过程培训效果

数字化运营
- ✓ 微信、小程序，C端广泛触达能力
- ✓ 一师一档用户画像，助力终身发展
- ✓ 学、研、用、评一体化的成长机制
- ✓ 多维数据分析，助力教师中心发展

- **八大设计维度**

八大维度，50+应用场景

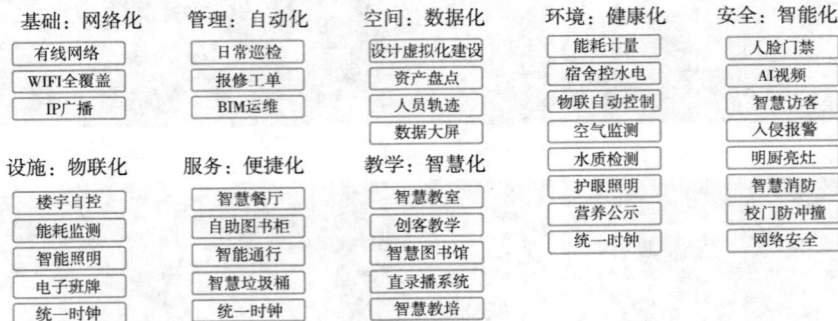

基础：网络化	管理：自动化	空间：数据化	环境：健康化	安全：智能化
有线网络	日常巡检	设计虚拟化建设	能耗计量	人脸门禁
WIFI全覆盖	报修工单	资产盘点	宿舍控水电	AI视频
IP广播	BIM运维	人员轨迹	物联自动控制	智慧访客
		数据大屏	空气监测	入侵报警
设施：物联化	**服务：便捷化**	**教学：智慧化**	水质检测	明厨亮灶
楼宇自控	智慧餐厅	智慧教室	护眼照明	智慧消防
能耗监测	自助图书柜	创客教学	营养公示	校门防冲撞
智能照明	智能通行	智慧图书馆	统一时钟	网络安全
电子班牌	智慧垃圾桶	直录播系统		
统一时钟	统一时钟	智慧教培		

- **融合场景构思-学前**

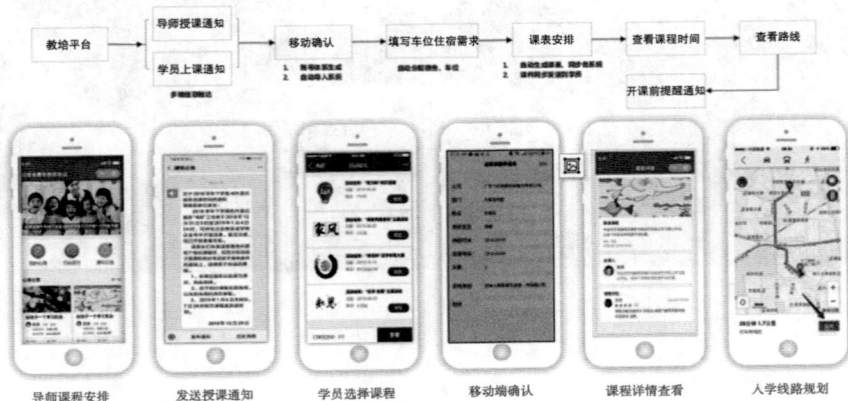

| 导师课程安排 | 发送授课通知 | 学员选择课程 | 移动端确认 | 课程详情查看 | 入学线路规划 |

- **融合场景构思–学中**

课前通知　导师查看课堂考勤　线上线下的同步课堂　课堂反馈及评价

- **融合场景构思–学后**

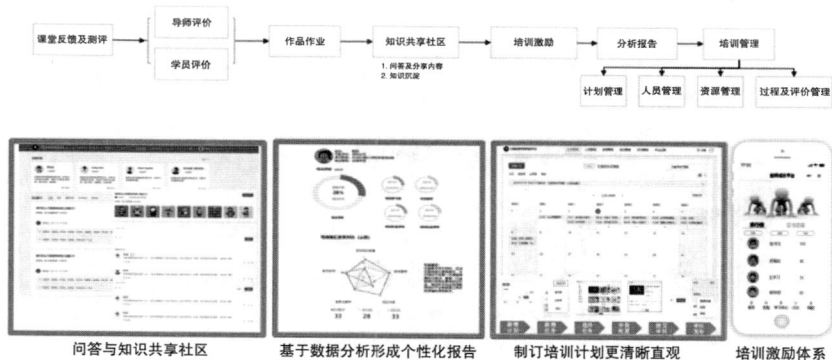

问答与知识共享社区　基于数据分析形成个性化报告　制订培训计划更清晰直观　培训激励体系

- **智慧课堂–网络课堂**

构建常态化互动直播双师课堂，以学员为中心

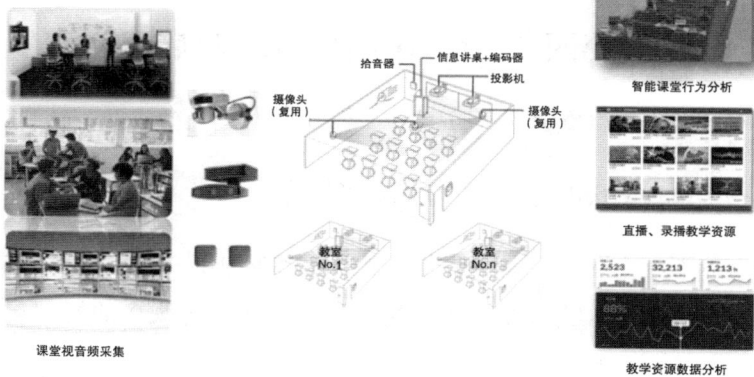

课堂视音频采集

智能课堂行为分析

直播、录播教学资源

教学资源数据分析

- **智慧课堂–专递课堂**

教师发展中心搭建的"专递课堂"可实现省、市、区、较多级联动的教学模式，促进区域内教师培训提升

- 一带多：通过专递课堂，推广"省平台资源接入"、"市、区覆盖的教学和教研组织模式。

- 开足开齐开好：依托先进的信息化产品，通过多种同步课堂方式，使各地教师培训资源得以充分利用，实现把教师培训工作开足、开齐、开好。

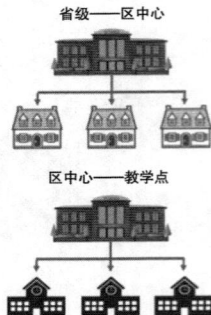

省级——区中心

区中心——教学点

主讲教室　听课教室

- 智慧课堂–名师课堂

"名师课堂"可进行远程音视频教研、在线文档协作等，提供丰富的在线文档模板，让教育局/教师发展中心管理者随时随地高效线上组织教研，全方位满足教育不同场景下的教研需求

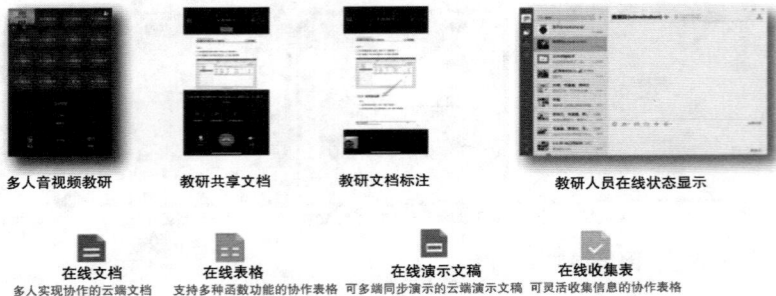

多人音视频教研　　教研共享文档　　教研文档标注　　教研人员在线状态显示

在线文档　　在线表格　　在线演示文稿　　在线收集表
多人实现协作的云端文档　支持多种函数功能的协作表格　可多端同步演示的云端演示文稿　可灵活收集信息的协作表格

第四节　中小学校教师发展中心

本节以东莞市松山湖实验中学为案例进行介绍。①

一、东莞市松山湖实验中学的办学理念

东莞市松山湖实验中学是全日制公办初级中学，学校以"对每一位学生终身发展负责"为办学宗旨，构建符合现代教育观念的智慧教育模式，

———————————

① 资料由东莞市松山湖实验中学提供。

培养具有民族精神、国际视野、创造性人格的学生。

松山湖实验中学办学突出"创新性""实验性"和"示范性"，以教育信息化建设为重点，以学生全面而个性化发展为目标，是一所"办学个性化、学习国际化、施教科学化、校园数字化"的现代化学校。学校大胆改革教学模式和学习方式，采用"走班制"与"导师制"相结合的教学机制，学生上午按行政班上课，下午根据自主选择走班上课。学校实施"创造教育"课程体系，开设了培养学生人文、科学、健康、交往素养的选修校本课程，积极培养学生创新能力，实施"课内外主题实践""项目合作"等教学方式，在评价方式上构建"智慧评价"体系，积极探索拔尖创新人才培养机制。

二、教师发展中心的宗旨与组织架构

学校重视教师专业发展，2015 年学校设立了教师发展中心，教师发展中心以"推进教学改革，交流教学经验，提升教学能力，提高教学质量，服务教师发展"为宗旨与职责。教师发展中心由校长、主管教学副校长直接领导，设负责人三人，下设学术委员会、学科教研组、松知院、松实谈、青蓝工程、各项目工作坊等组织。

三、教师发展中心建章立制，中心运作常态化、制度化

为规范教师发展中心运作，学校教师发展中心先后建立了系列方案和制度，包括课程建设、个人发展档案、教师发展规划、教师业务档案、学术委员会章程、学术委员会主任岗位职责、教师培训记录、外出学习交流制度等。

在课程建设方面，建立了国家课程、校本课程、研学课程、综合实践课程等课程实施方案，让每位教师在教学中有明确的指引。

新教师入职时，要求填写《个人发展档案》和《教师发展规划表》，并做好"青蓝工程"师徒结对。《个人发展档案》收集教师专业学习的成就和进步的材料，真实反映教师专业成长历程，是教师师德、教育教学、教育科研、继续教育等全方位的记录和展示。《教师发展规划表》在教师正式调入学校一个学期后，由学科组长或其他高级教师指导，教师本人制定。内容包括个人专业发展状况的自我评估、专业发展的自我设计及专业发展希望得到的帮助等。《教师发展规划表》每五年更新一次。

每学期要求每位教师填写《教师业务档案》，保持稳步发展。业务档案是教师任职期间完成教学工作量、教学效果、教研成果及个人专业化成长等基本情况的重要历史记录，是教学管理工作中的重要档案之一，是教师考核评价、职称评审及职务聘任的重要依据。《教师业务档案》包括以下材料：教师基本情况登记表和教师学期工作情况登记表，教师获奖材料及荣誉证书的复印件，教师论著、论文、科研成果证书的复印件等。

建立学术委员会，明确学术委员会主任职责。校学术委员会是学术研究、学术评估和师资培养的全校最高学术组织，委员会是在学校行政班子直接领导下，以提高学校教育教学和教研水平为目的，参与学校各项重大决策，对学校教育科研进行指导和带动，并对校内教育科研成果进行鉴定、推广的纯学术性业务机构。主要工作包括学术咨询、学术研究、学术指导、学术推介、学术评估、师资培养等。学术委员会主任在学校教师发展中心领导下，参与对学校教育科研、教师队伍建设等相关工作。通过学术委员会组织校本培训、教育科研活动，组织各教研组以及松实谈、松知院等组织开展培训活动，做好相应的培训记录，填写教师培训记录，全方位、多层次推进教师培训。

学校鼓励教师外出交流学习，为使教师培训学习有成效，有影响，教师发展中心制定了《外出学习交流制度》。外出学习交流制度主要包括指导思想、外出学习原则、外出审批程序、学习培训要求、返校后续工作等。让教师的外出学习真正有针对性、有成效性。

为促进教师专业发展，教师发展中心积极搭建平台，鼓励教师及时反思总结教学经验，中心制定了《东莞市松山湖实验中学名师工程建设实施方案》和《东莞市松山湖实验中学卓越教师培养计划》，选拔新秀教师每两年进行一次、卓越教师每三年进行一次，实行动态管理。

四、教师发展中心开展的主要活动及取得的成效

学校为每位省、市、区名师开设专门工作室，各教研组有专门的教研活动室，此外，还有微课制作室、创客教室、未来教室、聚艺坊等多功能教研功能室。教师发展中心每学年固定开展青蓝工程项目、开展松知院教师教育演讲、松实谈教师发展沙龙等活动，每学期开展校本培训，探索走

向深度学习的智慧课堂。

青蓝工程师徒结对

松知院教师教育演讲

每学期的松知教育论坛

每学期的松知教育论坛

学校教师发展中心成立以来，经过 6 年的发展，有效促进学校教师专业成长，东莞市的名师工程、学科带头人、名师工作室主持人等市级以上教师最高荣誉获得者都在本校。学校师资力量雄厚，新招聘教师研究生比例占 86.3%。全校 60% 以上教师具有研究生学历，师德高尚，业务精湛。目前拥有正高级教师 2 人，特级教师 1 人，广东省名校长、名教师 2 人，东莞市名师 3 人，东莞市学科带头人 15 人，东莞市教学能手 40 人，松山湖园区名师、名班主任 10 人、学科带头人 14 人、骨干教师 46 人。

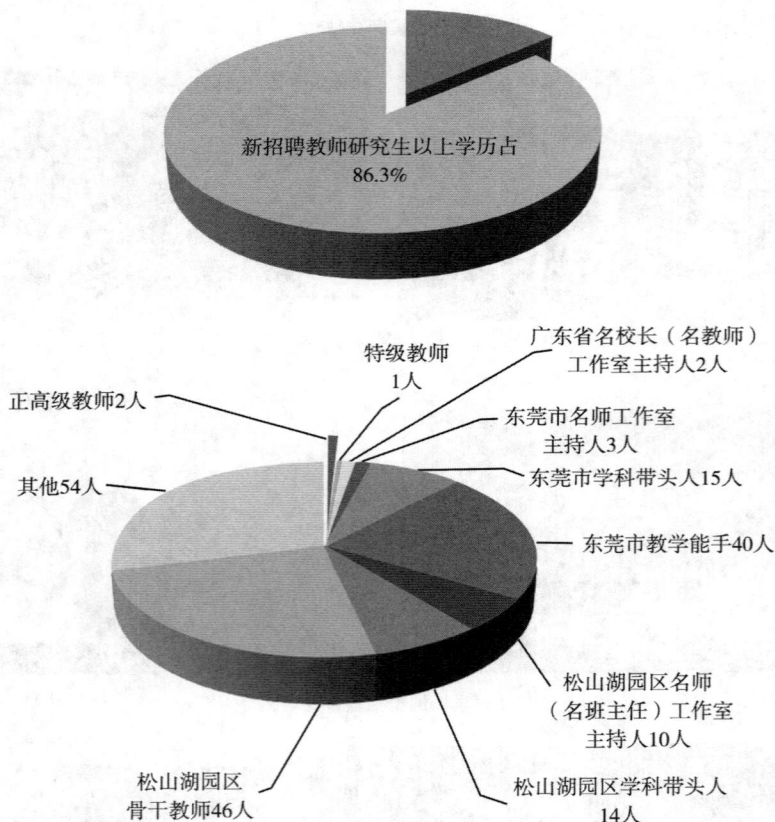

新招聘教师研究生以上学历占 86.3%

近年来，学校先后荣获"东莞市首批品牌学校""广东省基础教育校本教研基地""广东省中小学教师校本研修示范学校""东莞市首批'品质课堂'实验学校""首批中国 STEM 教育领航学校""国家教育信息化产业技术创新实验学校""教育部全国基础教育信息化应用典型案例学校"

"中国创客教育实验学校""全国青少年校园足球特色学校""广东省五一劳动奖状""广东省平安校园""广东省书香校园""广东省航空航天特色学校""东莞市百校创新人才培育基地""东莞市慕课试点学校"等多项荣誉，学校10个教研组被评为"东莞市首批'品质课堂'实验教研组"，学校教师专业发展成效显著。

参考文献

【中文文献】

[1] 玛丽莲·科克伦-史密斯，沙伦·费曼-尼姆赛尔，D·约翰·麦金太尔. 教师教育研究手册：变革世界中的永恒话题 [M]. 范国睿等译. 3 版. 上海：华东师范大学出版社，2017 年.

[2] 王淑娟. 美国中小学项目式学习：问题、改进与借鉴 [J]. 基础教育课程，2019（6 上）.

[3] 周成海. 美国中小学"教师巡课"介评 [J]. 外国教育研究，2015（8）.

[4] 杜新秀. 美国中小学教师专业发展的制度设计 [J]. 基础教育参考，2017（20）.

[5] 杨艳玲. 日本教师教育的发展趋势及启示 [J]. 国家教育行政学院学报，2007（8）.

[6] 孙兴华，薛玥，武丽莎. 未来教师专业发展图像：欧盟与美国教师核心素养的启示 [J]. 教育科学研究，2019（11）.

[7] 宁莹莹. 英国教师专业发展标准的形成、特点及启示 [J]. 教学与管理，2018（7）.

[8] 唐小燕，楼桦，罗大晕. 国外名校教师发展中心建设经验分析及其启示 [J]. 常州信息职业技术学院学报，2018（5）.

[9] 教育部. 全国教育事业发展统计公报 [R]. http://www.moe.gov.cn/jyb_ sjzl/sjzl_ fztjgb/201907/t20190724_ 392041.html.

[10] 黄正平. 论我国教师教育理论的缺失与建构 [J]. 南京社会科学，

2017（5）.

［11］李国强.保罗·朗格朗与终身教育理论——兼论西方终身教育理论对我国教育现代化的启示［J］.教育研究，2017（6）.

［12］田振华.全人教育理论视阈下小学全科教师的培养研究［J］.天津师范大学学报（基础教育版），2018（4）。

［13］李谊，周婷.小原国芳全人教育思想的理论构架及其渊源［J］.湖南行政学院学报，2006（3）.

［14］张少平.刍议台湾全人教育：理论基础 核心理念 当代价值［J］.文化学刊，2017（1）.

［15］叶长红.赋权增能理论下中小学教师专业发展的新路径［J］.教学与管理，2019（6）.

［16］杨晓娜.诺丁斯关怀教育理论与教师的重解读［J］.文教资料，2018（13）.

［17］赵萱.美国教师入职教育理论范式演变：基于话语转换的视角［J］.教师教育研究，2019（4）.

［18］高燕林，梁婷婷.21世纪以来美国教师教育政策评析及启示［J］.现代教育科学，2016（1）：145-149.

［19］杨莉君，王彦峰.加拿大新入职教师教育政策及其对我国的启示［J］.教师教育研究，2014（5）：100-106.

［20］覃丽君，陈时见.欧盟教师教育政策及其发展走向［J］.比较教育研究，2013（12）.

［21］覃丽君.德国教师教育政策的历史变迁与发展特征［J］.教师教育学报，2014（4）.

［22］殷爽，陈欣.日本公平中小学教师评价制度改革：背景、内容与问题［J］.外国教育研究，2016（5）.

［23］张燕.二战后澳大利亚教师教育政策的变革［J］.职业教育研究，2016（1）.

［24］严玉萍.美国中小学教师同行评价研究［J］.内蒙古教育，2011（8）.

［25］教鑫，刘桂秋.美国中小学教师专业发展评价探究及启示［J］.延安

职业技术学院学报，2012（1）.

［26］郑洁. 教师教育认证背景下美国中小学教师入职评价模型研究——教学工作样本模型解析及启示［J］. 江苏第二师范学院学报，2019（5）.

［27］郝世文，饶从满. 由问责走向合作：美国中小学教师评价 PAR 模式研究［J］. 现代教育管理，2019（10）.

［28］李玲晨. 美国科罗拉多州中小学教师示范评价体系及其启示［J］. 教育测量与评价，2019（9）.

［29］肖清清，朱华. 17 省市中小学教师胜任力评价标准比较研究［J］. 江苏教育，2019（54）.

［30］俞亚萍，王红梅，梁云. 美英澳教师教育政策的共性研究及启示［J］. 黑龙江高教研究，2019（12）：84-88.

［31］苗学杰. 美国中小学教师专业成长新路径——教师进步计划述评［J］. 基础教育参考，2008（2）.

［32］曲铁华，杨洋. 奥巴马政府时期的美国联邦教师教育政府探析［J］. 外国教育研究，2019（10）.

［33］孟潇潇，张晓霞. 德国中小学教师专业发展评价研究［J］. 教师教育论坛，2018（4）.

［34］王金龙，徐义武. 终身教育理论漫谈［J］. 山东电大学报，2002（2）.

［35］UNESCO《教育 2030 行动框架》对于我国现行教师专业发展评价方式的启示［J］. 四川文化产业职业学院学报，2018（2）.

［36］汪群，高琨，胡永斌. 美国中小学教师专业标准：介绍与启示［J］. 中国教育技术装备，2018（6）.

［37］刘淑杰，谢巍. 美国中小学校长在教师评价中的作用及面临的挑战［J］. 教育测量与评价，2016（5）.

［38］刘玉. 美国城市教师驻校计划的进展，成效与困境［J］. 外国教育研究，2012，（9）.

［39］杜静. 英国教师在职教育的特点探析［J］. 教育研究，2012，（12）.

［40］陈永明. 国际师范教育改革比较研究［M］. 北京：人民教育出版社，1999.

［41］范冰. 教师在职培训：英国的经验与启发［J］. 比较教育研究，2004（1）.

［42］彭苏三. 美国教师教育的新发展："城市教师驻校模式"及其对我国的启示［J］. 外国教育研究，2012，（8）.

［43］汪波. ITT：芬兰教师在职培训计划述评—以物理教师为例［J］. 外国中小学教育，2013（5）.

［44］彭定新. 在中小学教师培训中推行学科组长负责制的探索［J］. 中国电力教育，2009.

［45］郑百伟等. 教师继续教存模式研究与探索［M］. 北京：中国人民大学出版社，2009：44-47.

［46］蔡宝来. 基于教师专业发展的教师教育实践模式［J］. 全球教育展望（3）：41-46.

［47］季诚钧，陈于清. 我国教师专业发展研究综述［J］. 课程·教材·教法，2004（12）：68-71.

［48］叶澜，白益民，陶志琼等. 教师角色与教师发展新探［M］. 北京：教育科学出版社，2013.

［49］戈明亮. 浅析教师专业发展理论［J］. 时代教育，2017，1（1）：5.

［50］蔡安琪. 南洋公学师范院培养模式及现代启示［J］. 教育现代化，2015（2）：29.

［51］刘卫华. 中国现代教育的肇始——癸卯学制［N］. 人民政协报-教育周刊，2004（2）.

［52］人民教育：大力稳定和发展小学教育，培养百万人民教师.［J］人民教育，1951（6）第三卷：7.

［53］黄书光. 共和国中小学教师专业发展的政策研究［D］. 上海：华东师范大学，2011.

［54］刘英杰. 中国教育大事典［M］. 杭州：浙江教育出版社，1993：967.

［55］陶然，赵更群. 中国教师百科全书［M］. 北京：中国国际广播出版社，1994 年，第 123 页.

［56］中共中央、国务院. 中国教育改革和发展纲要［S］. 1993-02-13.

［57］教育部. 面向 21 世纪教育振兴行动计划［S］. 1998-12-24.

［58］教育部. 关于大力加强中小学教师培训工作的意见［S］. 2011-01-04.

［59］国务院. 国务院关于加强教师队伍建设的意见［S］. 2012-08-20.

［60］中共中央国务院. 关于全面深化新时代教师队伍建设改革的意见
［S］. 中华人民共和国教育部. 2018-01-20.

［61］教育部等五部门. 关于印发教师教育振兴行动计划（2018—2022 年）
的通知［S］. 2018-02-11.

［62］教育部新闻办官方微信"微言教育"（2019-01-24）

［63］教育部. 关于进一步加强中小学在职教师培训工作的意见［S］. 1980-08.

［64］刘英杰. 中国教育大事典（上）［M］. 杭州：浙江教育出版社，1993：803.

［65］蔡丽红. 我国教师进修院校的历史演进［J］. 黑龙江教育学报，2010
（7）.

［66］杨婷婷：多元视角下的中国中小学教师教育政策研究［D］. 桂林：
广西师范大学，2006.

［67］龙宝新. 论国外教师专业发展的现状与走向［J］. 现代基础教育研究，
2016（3）.

［68］蔡其勇. 论基础教育课程改革与教师专业发展［J］. 中国教育学刊，
2003（8）：46-50.

［69］龙宝新. 当代国际教师教育研究［M］. 北京：科学出版社，2018
（1）.

［70］时伟. 专业化视野下教师继续教育的理论与实践——高师院校职能
定位与应答［D］. 上海：华东师范大学，2003：85.

［71］温寒江. 师资培训概论［M］. 北京：北京师范大学大学出版
社，1989.

［72］国家教育委员会. 关于加强在职中小学教师培训工作的意见［S］.
1986-02-21.

［73］金长发，张贵新. 师范教育史［M］. 海口：海南出版社，2002：265.

［74］滕敏. 我国教师教育一体化背景下教师进修院校转型存在的问
题——以安徽省 F 县教师进修学校为例［J］. 教育观察，2013（6）.

［75］管俊培. 光荣与梦想——中国教育改革开放 30 年［J］. 基础教育改

革动态，2009（6）.

［76］荀渊. 教师教育一体化改革的回顾与反思［J］. 教师教育研究，2004（7）.

［77］教育部. 关于进一步加强县级教师进修培训机构建设的指导意见［S］. 2002-03-01.

［78］孟琳. 上海市教师专业发展学校的现状研究［D］. 上海：上海师范大学，2019.

［79］广东省教育厅. 关于省级中小学教师发展中心建设项目考核验收结果的通报［S］. 2019.

［80］广东省教育厅. 关于推进县级教师发展中心建设的意见［S］. 2017-12-29.

［81］广东省教育厅. 继教中心深入开展调研活动积极推进粤东西北市县教师发展中心建设和"三区"教师全员轮训工作，2020-1-20.

［82］2019 中国教师培训白皮书［M］. 北京师范大学学习设计与学习分析重点实验室奥鹏教育研究院，2019-12-17.

［83］教育部. 关于加强和改进新时代基础教育教研工作的意见［S］. 2019-11-20.

［84］广东省教育厅. 关于建立健全新时代基础教育与教研体系的实施意见［S］. 2020-05-21.

［85］教育部. 关于启动国家级教师教学发展示范中心建设工作的通知［EB/OL］.［2013-10-01］. http://www.moe.gov.cn/publicfiles/business/htmlfiles/moe/A08_gggs/201207/139396.html.

［86］凝聚一群幸福人——湖南省教师培训师培养工程掠影［J］. 未来教育家，2019（1）6-17。

［87］广东省教育厅广东省财政厅关于开展广东省中小学教师发展中心建设项目竞争性申报工作的通知［Z］. 粤教师函〔2014〕131 号.

［88］关于省级中小学教师发展中心建设项目立项的通知［Z］. 粤教师函〔2015〕54 号.

［89］广东省教育厅关于组织开展省级中小学教师发展中心建设项目考核验收工作的通知［Z］. 粤教师函〔2019〕15.

［90］约书亚·梅罗维茨. 消失的地域电子媒介对社会行为的影响［M］. 肖志军，译. 北京：清华大学出版社，2002：24.

［91］Anna Craft. 创造力和教育的未来数字时代的学习［M］. 张恒升，译. 上海：华东师范大学出版社，2011：37.

［92］汤林春. 2035教育现代化义务教育的使命与担当［J］. 中国教育学刊，2018（9）：14-19.

［93］邢星. 乡村小规模学校可以办成中国未来教育的样板吗？［J］. 人民教育，2018（21）：73-76.

［94］曹培杰. 未来学校的内涵误区及趋势［J］. 中国电化教，2017（7）：9-13.

［95］魏忠. 人工智能趋势视角下的未来教育［J］. 中小学信息技术教育，2017（7）：9-11.

［96］苟渊. 未来教师的角色和素养［J］. 人民教育，2019（12）：36-40.

［97］杨新晓，陈殿兵. 国际比较视野下教师专业培训的趋势与启示——基于经合组织的系列数据报告［J］. 中小学教师培训，2020（6）：73-78.

［98］袁振国. 教师培训的历史转型［J］. 未来教育家，2016（12）：8-9.

［99］余新. 有效教师培训的七个关键环节——以"国培计划——培训者研修项目"培训管理考研修班为例［J］教育研究，2010（2）：77-83.

［100］陈向明. 实践性知识：教师专业发展的知识基础［J］. 北大教育评论，2003（1）.

［101］刘捷. 专业化：挑战21世纪的教师［M］. 北京：教育科学出版社，2002.

［102］张娜，申继亮. 教师专业发展：能动性的视角. 教育理论与实践［J］. 教育理论与实践，2012（7）.

［103］陈佑清. 教学论新编［M］. 人民教育出版社，2011：108-283.

［104］郑孝梅. 具身认知理论对教师专业素养提升的启示［J］. 中国成人教育，2019（2）：83-85.

［105］王美君，顾銮斋. 论国际视野中的教师核心素养［J］. 天津师范大学学报（社会科学版），2018（1）：44-49.

［106］曾文茜，罗生全. 国外中小学教师核心素养的价值分析［J］. 外国中小学教育，2017（7）：9-16.

［107］叶澜. 新世纪教师专业素养初探［J］. 教育研究与实验，1998（1）：12-16.

［108］班华. 让教学成为道德事业［J］. 思想理论教育，2007（4）：22-24.

［109］诺丁斯. 学会关心——教育的另一种模式［M］. 北京：教育科学出版社，2003：4.

［110］程路，任国平.《人民教育》专访教育部教师工作司司长任友群：在新的历史起点上推动教师队伍建设提质增效［J］. 人民教育，2021（5）.

［111］朱旭东. 论教室文化的构建［J］. 华东师范大学学报（教育科学版），2020（3）.

［112］叶文梓. 觉者为师——教师专业化的超越与回归［J］. 教育研究，2013（12）：97-101.

［113］尤瓦尔·赫拉利. 未来简史［M］. 林俊宏，译. 北京：中信出版社，2017.

［114］唐科莉，张娜. 未来学校的八个特征［N］. 中国教育报，2020-03-20.

［115］李树林. 论培训的内涵及其变化［J］. 职教论坛. 2007（8）上.

［116］鱼霞，毛亚庆. 论有效的教师培训［J］. 教师教育研究. 2004（1）.

［117］陆福跟. "研训一体"的内涵与特质：中小学教学实场［J］. 中小学教师培训，2014（4）.

［118］张杰. 论研训一体中的问题意识［J］. 继续教育. 2010（9）：18-20.

［119］陈霞. 教师培训课程设计［M］. 上海：上海教育出版社. 2019：43.

［120］周南昭，赵丽，任友群. 教师教育改革与教师专业发展：国际视野与本土实践［M］. 上海. 华东师范大学出版社. 2007.

［121］戴锡莹、王以宁. 柯氏成效评估模式对教师信息化技术培训评估的启示［J］. 电化教育研究. 2003（12）.

［122］张玉华. 校本培训研究与操作［M］. 上海：上海教育出版社.
2003：26-27.

［123］郑金洲. 问题教学［M］. 福州：福建教育出版社. 2005：71.

［124］韩巍巍. 教师培训课程的高阶设计模式—以北京市海淀区导师制研
修课程的本土化开发为例［J］. 中小学教师培训. 2017（9）：15.

［125］侯兵. 电力企业培训质量提升与员工素质管理探究［J］. 商品与质
量，2015（12）：21.

［126］陆金元. 新教师专业成长初探［J］. 情感读本，2015（8）：20.

［127］邓建中. 新时代中小学教师培训展望［J］. 教师教育论坛，2018
（2）：25.

［128］蒋次美. 以课例为载体的教学行动研究模式探析［J］. 教育实践与
研究，2018（2）：21.

［129］林秀春. 福建省体育教师训后跟踪指导模式设计与应用研究［J］.
武夷学院学报，2017（10）：18.

［130］管培俊. 加强师范教育需完善经费投入机制［J］. 中国科技产业，
2019（2）：8.

［131］金蕾. 石油企业职工培训监督之我见［J］. 胜利油田党校学报，
2016（12）：20.

［132］武文涛. "学习空间"视角下应用型本科高校教师专业发展研究
［J］. 中国成人教育，2018（12）：30.

［133］吕敏霞. 民办幼儿园教师培训需求调研结果的有效性问题分析［J］.
河南教育学院学报，2015（5）：30.

［134］廖仁梅. "大先生"理念在思政工作中的实现路径研究［J］. 黑龙
江教育，2018（3）：10.

［135］周建松. 高职院校"三教"改革：背景、内涵与路径［J］. 中国大
学教学，2019（9）：30.

［136］新华网. 中共中央、国务院印发《中国教育现代化 2035》［EB/
OL］.［2019-02-23］. http：//www. moe. gov. cn/jyb_ xwfb/s6052/
moe_ 838/201902/t20190223_ 370857. html.

［137］国家标准全文公开系统，智慧校园总体框架［EB/OL］.［2018-06-

07］ http：//openstd. samr. gov. cn/bzgk/gb/newGbInfo？ hcno
=EB82492C508C0A5148B86E2C5BEE8E30.

［138］中华人民共和国国家标准. 电子计算机场地通用规范［S］.（GB/T 2887
2000）.

［139］杨现民，唐斯斯，李冀红. 发展教育大数据：内涵价值和挑战［J］.
现代远程教育研究，2016（1）：50-61.

［140］中华人民共和国教育部. 教育部等八部门关于引导规范教育移动互
联网应用有序健康发展的意见［EB/OL］.［2019-08-15］. http：//
www.moe.gov.cn/srcsite/A16/moe_ 784/201908/t20190829_ 396505.
html.

［141］顾明远. 教育大辞典［M］. 上海：上海教育出版社，1998.

［142］余胜泉，朱凌云.《教育资源建设技术规范》体系结构与应用模式
［J］. 中国电化教育. 2003（3）：51-55.

［143］胡振华，蔡新. 高校教师教育资源科系统模型与实施策略［J］. 图
书情报知识，2012（4）：11-16.

［144］未来教师的六种角色和四大素养［EB/OL］. https：//new.qq.com/
omn/20190820/20190820A0LVJA00.html.

［145］姚瑶，刘和文. 传播学视野下教师教育资源数字化建设之策划［J］.
现代情报. 2015（5）：83-86.

［146］秦桂芳. 教师教育资源概念疏解［J］. 当代教育科学. 2010.（2）：
53-54.

［147］朱旭东，袁丽. 论二次转型背景下大学教师教育资源整合［J］. 教
师教育研究. 2016（3）：1-6.

［148］王瑞娥，杨虎. 中小学教师培训课程资源库建设的研究与实践［J］.
继续教育. 2018（6）：9-12.

［149］中华人民共和国教育部. 教育部关于深化中小学教师培训模式改革
全面提升培训质量的指导意见［EB/OL］.［2013-5-6］http：//old.
moe. gov. cn//publicfiles/business/htmlfiles/moe/s7034/201305/151910.
html.

［150］顾泠沅. 教学任务与案例分析［J］. 上海教育科研，2001（3）：2-

6，36.

［151］廖哲勋. 关于课堂教学案例开发的理性思考［J］. 课程·教材·教法，2003（6）：20-25.

［152］单莲芳. 教学案例的撰写［J］. 教学与管理，2004（26）：34-35.

［153］陈先锋. 撰写教学案例：教师专业发展的实践力量［J］. 教师教育论坛，2016（6）：22-24.

［154］孙河川. 教师评价指标体系的国际比较研究［M］. 北京：商务印书馆，2011.

［155］中华人民共和国中央人民政府. 关于全面深化新时代教师队伍建设改革的意见［EB/OL］. http：//www.gov.cn/zhengce/2018-01/31/content_5262659.htm.2018-1-31.

［156］刘范美. 中小学教师专业发展评价现状与对策探析［J］. 教育理论与实践，2019（39）：34-36.

［157］梁永生. 联网技术与应用［M］. 北京：机械工业出版社. 2010.

［158］王晓明. 成都七中网校落地偏远山区谱写区域优质均衡"教育梦"［J］. 中国教育信息化，2014（12）：24-26.

［159］易国栋，亢文芳，李晓东. "互联网+"时代百年名校的责任与担当——成都七中全日制远程直播教学的实践探索［J］. 中小学数字化教学，2018（4）：83-85.

［160］田俊，王继新，王萱. "互联网+在地化"：乡村学校教学质量提升的实践研究［J］. 中国电化教育. 2019（10）：38-46.

【英文文献】

［161］Rukya Hassen. 教育与实践［J］. Female Teachers Professional Development Through Action Research Practice，2016（7）.

［162］Cevat Celep.Ö ğ retmenlerin Hizmet içi E ğ itiminde Üniversitelerin Rolü［J］. Akdeniz Universities Egitim Dergisi，2004（1）.

［163］John Schwille，Martial Dembelé，UNESCO-IIEP.Global perspectives on teacher learning：improving policy and practice. International Institute for Education Planning Unesco，2007.

［164］ Neil R. Current models and approaches to in-service teacher education. British Journal of In-service Education, 1986, （2）: 58-67.

［165］ Whitehead D J.The Disseminiation of Educational Innovations in Britain London: Houghton and Stoughton, 1980.

［166］ Anna Lindh Foundation.National Centre for professional Development in Education ［EB/OL］. http://www. euromedalex. org/about, 2012-08-20.

［167］ Navarro J C, Verdisco A. Teacher Training in Latin America: Innovations and trends.http://www.iadb.org/sds/edu, 2000-08-01.

［168］ Zeichner K, Tabachnick B R.Are the effects of university teacher education "washed out" by school experience? Journal of Teacher Education, 1981（3）: 7-11.

［169］ Lambert G R.Why is continuing education necessary? Ottawa: Canadian Teacher's Federation, 1976: 19.

［170］ Concept of teacher education ［DE/OL］. http://www.mu.ac.in/myweb_test/ma%20edu/Teacher%20Edu cation%20-%20IV.pdf, 2012-09-01.

［171］ Walshe J, Hirsch D. Staying Ahead: In-service Training and Teacher Professional Development ［R］. OECD Publishing, 1998: 23-26.

［172］ European Commission.Notices from European union Institutions and Bodies ［J］. Official Journal of the European Union, 2007（12）: 1-4.

［173］ Leithwood, K. A. The Principal's Role in Teachers' Development ［A］//Fullan, M.; Hargreaves, A. （Eds.）. Teacher Development and Educational Change ［M］. London: Falmer Press, 1992: 112-116.

［174］ Richards, J. etc. Professional Development for Language Teachers ［M］. New York: Cambridge University Press, 2005: 7.

［175］ Glaser, R.Thoughts on Expertise ［A］//Schooler, C., Schaei, W. （Eds.）. Cognitive Functioning and Social Structure over the Life Course ［M］. Norwood, New Jersey: Ablex, 1987: 45-49.

［176］ Dahlstrom, L. etc. Reconstructive Education and the Road to Social Justice: the Case of Post-Colonial Teacher Education in Namibia ［J］.

International Journal of Leadership in Education, 1999, （3）, 149 -164.

[177] Darling-Hammond, etc.Policies that Support Professional Development in an Era of Reform [J]. Phi Delta Kappan1995, (8): 597-604.

[178] Futrell, M. etc. Linking Education Reform and Teacher Professional Development: the Efforts of Nine School Districts [M]. Washington, DC: George Washington University, 1995: 32-37.

[179] Ancess, J.Teacher Learning at the Intersection of School Learning and Student Outcomes [A] //Lieberman, A.; Miller, L. (Eds.). Teachers Caught in the Action: Professional Development that Matters. New York: Teachers College Press, 2001.

[180] UNESCO Institute for Statistics, 2006 [EB/OL]. http: //www. uis. unesco.org/Pages/default.aspx, 2006-06-01.

[181] Craig H J, Kraft R J, Du Plessis J.Teacher development: Making an impact [M]. US Agency for International Development, 1998: 125-129.

[182] Sabatini, John P. Teacher Perspectives on the Adult Education Profession: National Survey Findings about an Emerging Profession [EB/OL]. http: //www. eric. com, 2000-10-01.

[183] Linda Darling-Hammond et al.How High-Achieving Countries Develop Great Teachers [EB/OL]. http: //edpolicy.stanford.edu, 2010-08-01.

[184] Jenny DeMonte, High-Quality Professional Development for Teachers [EB/OL]. https: //www. american. progress. org/issues/education/ report/2013/07/15/69592/high-quality-professionaldevelopment-for- teachers, 2013-07-15.

[185] Prospect Primary school teacher [EB/OL]. http: //www.prospects. ac. uk/primary_ school_ teacher_ job_ description.htm.2014-08-01.

[186] Caena F.Education and training 2020 thematic working goup "professional development of teachers". http: //ec. europa. Eu/education/policy/ strategic-framework/doc/teacher-development_ en.pdf, 2011-06-01.

[187] Reicher S R.Urban teacher in-service training: building teacher resilien-

cy. http：//www. nasponline. org/conventions/handouts2008/posters/
PO% 20058% 20Urban% 20Teacher% 20In － Service% 20Handout%
20Final. doc，2015-01-23.

[188] OECD.Creating Effective Teaching and Learning Environments：First Re-
sults from TALIS ［M］. Organization for Economic Cooperation&Devel，
2009：48.

[189] UNESCO：International Institute for Educational Plannin.Teacher Profes-
sional Development：an International Review of the Literature ［EB/
OL］. www.unesco.org/iiep，2003-10-15.

[190] Guskey，T. Evaluating Professional Development［M］.Thousand Oaks：
Sage Corwin，2000：22-29.

[191] OECD. Teachers matter：attracting developing and retaining effective
teachers ［EB/OL］. http：//www. oecd. org/education/school/
34990905.pdf，2005-06-01.

[192] UNICEF. In－Service Teacher Training：Rights and Obligations in a
Changing Society ［J］. Informationfor the Educational Press，1997
（2）：57-68.

[193] Peter Birch et al.The Teaching Profession in Europe：Practices，Percep-
tions，and Policies ［EB/OL］. http：//ec.europa.eu/eurydice，2015-
07-10

[194] Kang N.，Hong M. Achieving excellence in teacher workforce and equity
in learning opportunities in South Korea ［J］. EducationalResearcher，
2008（4）：102-118.

[195] The International Alliance of Leading Institutes （IALEI）.Transforming
Teacher EducationRedefined Professionals for 21st Century Schools
［EB/OL］. http：//www.highered.nysed.gov/NCATECR.pdf，2008-06
-01.

[196] Pauline Musset. Initial teacher education and continuing training policies
in a comparative perspec tive—Current practices in OECD countries and
a literature review on potential effects ［R］. www. oecd. org/edu/

calidad educativa, 2010-10-01.

[197] Birch et al.The Teaching Profession in Europe: Practices, Perceptions, and Policies [EB/OL]. http://ec. europa. eu/eurydice, 2015-07-10.

[198] Linda Darling-Hammond et al.Professional Learning in Learning Profession: A StatusRe-port on Teacher Development in the United States and Abroad [EB/OL]. http://learningforward. org/docs/pdf/nsdcstudy-technical report2009. pdf? sfvrsn=0, 2009-02-10.

[199] Juan Navarro. et al.Teacher Training in Latin America: Innovations and Trends [EB/OL]. www.iadb.org/sds/edu, 2000-08-01.

[200] UNESCO Institute for Lifelong Learning. Global Report on Adult Learning and Education [R]. https://uil.unesco.org/adult-education, 2019.

[201] Aubrey H. Wang. Preparing Teachers Around the World [EB/OL]. www.ets.org/re search/pic, 2003-05-01.

[202] European Commission.New priorities for European cooperation in education and training [EB/OL]. http://ec.europa.eu/education/documents/et-2020-draft-joint-report-408-2015_ en. pdf, 2015-08-26

[203] Urban Teacher Residency United.Over view of Teacher Residencies. http://www. utrunited. org/EEassets/docs/Conc eptual Grounding Core Principles 2.pdf. 2010-03-13; Berry, B., Montgomery, D., Curtis, R., Hernandez, M., Wurtzel, J., &Snyder, J.Creating and Sustaning Urban Teacher Residencies; A New Way to Recruit, Prepare and Retain Effective Teachers. Chapel Hill, NC: Aspen Institute and Center for Teaching Quality.2008: 5.

[204] Lieberman, A.7 Mace, D.P.Making Practice Public: Teacher Learning in th 21st Century.Journal of Teacher Education.2010, 61 (1-2): 77-88; Boyle-Baise, M., McIntyre, D.J.What Kind of Experience? Preparing Teachers in PDS or Community Settings.In: M. Cochran-Smith, et al. (eds.), Handbook of Research on Teacher Education: Enduring Questions in Changing Contexts. 2008: 316.

[205] Francesca Caena. Educational effectiveness research and teacher profes-

sional development: an overview [EB/OL. European Commission, http://ec.europa.eu/education/policy/strategic-frame work/doc/teacher-development_ en.pdf, 2011-06-01.

[206] Stringfield S. et al. Urban and suburban/rural special strategies for educating disadvantaged children: Findings and policy implications of a longitudinal study [M]. US Department of Education, Planning and Evaluation Service, 1997: 5-18.

[207] European Commission.Study on Policy Measures to improve the Attractiveness of the Teaching Profession in Europe. http://ec.europa. eu/education/library/study/2013/teaching-profes sion1_ en.pdf, 2013-08-15.

[208] Hopkins D. School Improvement in an Era of Change: School Development Series [M]. Books Interna tional, Inc., 1994: 23-31.

[209] European Training Foundation.School-based In-service Teacher Training in Montenegro: A Handbook for Policy Makers and Practitioner [EB/OL]. http://www. erisee. org/sites/default/files/3 _ Teacher%20training_ Montenegro.pdf, 2013-06-01.

[210] Dillon - Peterson B. Staff development/organization development - perspective [J]. Staff development, 1981: 1-10.

[211] Michael T.Hannan. John Freeman.The Population Ecology of Organizations.The American Journal of Sociology, 1977, 82 (5) 929-964

[212] Osterman, Karen F.Kottkamp.Robert B.Reflective Practice for Educator: Improving Schooling Through Professional Development Casa Conejo: Corwin Press, Inc, 1993

[213] AINLEYJ, Carstens R. Teaching and learning international survey (TALIS) 2018 conceptional framework, OECD Education Working Papers [R]. Paris: OECDPublishing, 2018.

[214] KUNTERM, KLUSMANN U, BAUMERT J, et al.Pro-fessional Competence of Teachers: Effects on Instruction-al Quality and Student Development [J]. Journal of Edu-cational Psychology, 2013, 105 (3).

［215］SHERIN VAN ES. E A, SHERIN M G. Learning to No-tice: Scaffol-ding New Teachers' Interpretations of Classroom Interactions ［J］. Jour-nal of Technology and Teacher Education, 2002, 10 (4).

［216］KHALED HASHEM M, JOHN OOMMEN B. Using Learning Automata to Model the "Learning process" of

［217］the Teacher in a Tutorial-like System ［J］. IEEE Trans Cybern, 2013, 43 (6).

［218］LAUT J. Identification of Critical Teaching Abilities ［J］. Ability, 2000, 25.

［219］MCDIARMID G W, CLEVENGER-BRIGHT M. Rethin-king Teacher capacity ［M］//COCHRAN - SMITH M, FEIMAN - NEMSERS, MCINTYRE D J, DEMERS K E.Handbook ofResearch on Teacher Edu-cation: Enduring Questions in Changing Contexts. New York: Routledge, 2008.

［220］Clayton M. Christensen, Michael B. Horn, Curtis W. Johnson, Disrupting Class ［M］. New York: McGraw-Hill, 2011.

［221］J. Manyika, M.Chui, B. Brown, et al. Big Data: The next frontier for innovation, completion, and productivity ［OL］. ［2012-10-02］, ht-tp//: www.mckinsey.com/.

［222］RL Villars, CW Olofson, M Eastwood. Big data: What it is and Why You Should Care ［M］. White Paper, IDC, 2011.